고급서양조리

The Professional Western Cuisine

고급 서양 조리

The Professional Western Cuisine

고급서양조리

The Professional Western Cuisine

김경환, 주종찬, 김종성
이강춘, 고기철, 손선익, 최영준

Seok Hak Dang
석학당 www.shbooks.co.kr

Preface

요리에는 무언가 말할 수 없는 묘한 매력이 있다. 요리를 하면 할수록 더욱더 어려워지고 신중해지며 조심스럽게 반복되는 일상생활 속에서도 손을 놓지 못하여 '요리에 있어 들어가는 문은 있어도 나오는 문은 없다'는 고민에 빠져있는 이런 모습이 30여 년간 조리사로 일한 나만의 부족함이 아닐까 싶다.

인간으로 태어나 세상을 맞이하는 첫 시점부터 요리는 우리의 삶과 함께 한다. 자신이 태어난 나라의 식재료에서부터 역사와 문화를 함께 접하면서 만들어지는 새로운 음식, 새로운 식재료의 모든 것이 경이롭고 새롭게 다가오기 때문일 것이다.

필자는 오랜 시간 동안 실무에서 접했던 여러 가지 어려운 점과 중요한 노하우를 기록하면서 조리를 공부하는 예비 조리인에게 조금이나마 도움을 주기 위해 부족하지만 한 권의 책으로 엮어 보았다.

전문 조리사가 되려면 꼭 알아야 할 핵심적인 이론과 가장 현대적인 레시피 위주의 실기로 나누어 산업기사, 기능장, 기능대회의 기출문제를 중심으로 가능한 현장 실무의 조리기술을 살려 예술적으로 표현하고자 노력하였고, 각종 대회나 상위 자격증을 준비하시는 모든 분께 실질적인 지침서가 되고자 노력하다.

본서의 구성은 호텔 및 외식업체의 현장에서 이루어지고 있는 실무적 내용을 기본 바탕으로 국가직무능력표준(NCS)에 따른 학습모듈을 기준으로 구성하였으며, 각 장 앞부분에는 이론중심으로 전문지식을 이해하고 레시피를 살펴보게 하였다. NCS 능력단위에 접근하여 전채조리, 수프조리, 셀러드조리, 파스타조리, 어패류조리, 육류조리, 더운 채소조리, 곡물조리, 샌드위치조리, 조식조리, 디저트까지 상세히 다루어 실용적인 지침서가 될 수 있게 구성하였다.

서양요리를 이해하고 공부하는데 필요한 내용과 정보를 주기 위해 많은 시간을 할애하여 노력하였지만 이론적인 부분의 오류, 레시피 상의 오류 등 많은 부족함이 보일 것으로 생각된다. 몇번의 교정을 통해 가급적 오류를 줄이려고 하였으나 아쉬운 부분이 생기지 않나 싶다.

앞으로 추가적인 수정 보완을 통해 좋은 자료가 되도록 노력 할 것을 약속한다.

이 책이 발간되기까지 도움을 주신 석학당 윤용호 사장님, 편집 디자인팀 윤영모 실장님, 그리고 매일 늦게 들어오는데도 묵묵히 옆에서 지켜준 나의 가족 그리고 도움을 주신 모든 분께 감사의 말씀을 전한다.

2020년 03월

저자일동

Contents

Contents

Contents

1. 전채요리(Appetizer)

1-1. 전채요리의 개요

서양요리 풀코스 요리에서 첫 코스에 등장하는 요리로 식욕촉진제라 할 수 있다. 육류, 해산물, 가금류, 채소류 등 각각의 재료를 이용하여 차게 또는 뜨겁게 조리하여 주 요리(Main dish)에 균형이 잡히게 하며 분량은 다른 요리에 비하여 소량이어야 되고, 맛은 식욕을 촉진하기 위하여 신맛으로 자극 할 필요가 있다.

최근에는 조리장의 상상력과 조리감각을 최대한 발휘하여 어떤 모양의 접시에 어떤 재료를 사용하여 예술적인 감각으로 다양하게 연출하는 전채요리가 만들어지고 있다.

과학적이고 예술적인 감각을 요구하는 전채 요리는 다양한 조리법과 재치 있는 기술로 시각과 미각을 동시에 만족시켜야 하고 서양요리에서 첫 인상이 중요하듯 고객에게 첫 식사 코스의 강한 인상을 남김으로써 전체메뉴에 대한 만족도를 높이는 역할을 하기도 한다

또한 전채는 식욕을 촉진하는데 목적이 있으므로 다음 사항을 고려하여 조리하여야 한다.

① 신선한 재료와 조미료를 사용하여 신맛과 짠맛을 조화시켜 식욕을 촉진하여야 한다.

② 한 입에 먹을 수 있는 크기로 만들며 알맞은 1인분의 양을 정한다.

③ 예술적 감각을 살리고 주 요리와 균형이 잡히도록 고려한다.

④ 허브나 계절채소를 사용하고 색채감을 살린다.

1-2. 전채요리의 종류

1) 카나페(Canape)

작은 빵을 의미하는 카나페는 보통 빵 위에 다양한 식재료 즉 생선, 소시지, 햄, 피클, 달걀, 새우, 치즈 등을 얹어서 한입에 먹을 수 있도록 작고 앙증맞게 오픈 샌드위치형식으로 만든 것을 말한다.

최근 카나페의 변형은 빵 대신 다른 베이스를 사용하며, 크래커, 단단한 채소, 필로도우, 토르티야 등 풍부한 경험의 조리장에 의해 생산과정에서 창의성과 응용성, 예술성이 요구되기에 다양한 요리방법과 재료의 특성을 파악하고 재료의 조화를 잘 이해해야 멋진 카나페를 만들 수 있다.

2) 오르뒤브르(Hors d'oeuvre)

식사 전이나 칵테일 리셉션처럼 식사가 제공되지 않을 때에 식사와 분리되어 제공되는 음식을 가리킨다.

난류, 육류, 해산물류, 채소류, 가금류 등의 재료를 이용하여 한입에 넣을 수 있도록 작게 만드는데 카나페와 같이 빵이나 크래커를 필요로 하지는 않는다. 오르뒤브르는 찬 것과 더운 것으로 분류하고, 가공하지 않은 그 자체의 식재료를 사용하여 맛과 형태 모양이 유지되는 플레인(Plain)과 조리사의 감각과 기술로 연출되어 모양형태는 바뀌어도 맛은 유지되는 드레스드(Dressed)로 나눈다.

3) 칵테일(Cocktail)

칵테일은 차갑게 제공해야 하며 산뜻하고 크기를 작게 하여 너무 많이 씹지 않아야 한다. 보통 칵테일 그라스에 채소를 곁들어 예쁘게 담고 칵테일소스를 같이 제공하는 것이 일반적인데 주재료는 새우를 비롯한 굴, 참치 같은 해산물이다.

4) 레리쉬(Relishes)

레리쉬라는 말에는 맛을 즐긴다, 풍미가 있다는 의미와 전채요리란 뜻이 포함되어 있다.

레리쉬는 채소를 예쁘게 모양을 내어 마요네즈 소스와 곁들여 제공하는데 약간 깊은 유리 그릇이나 넓은 컵 등에 분쇄한 얼음을 채우고 그 사이에 채소스틱을 놓아 제공하는 것이 일반적이다.

5) Delightful dip

"살짝 적신다, 또는 담근다"라는 의미가 있으며, 딥(Dip)자체는 일종의 걸쭉한 소스형태로 그 자체만으로 구실을 못하며, 크래커, 칩, 토틸라(또르띠아) 등에 채움으로써 비로소 제 구실을 할 수 있다. 그러나 사전에 채워 넣는 것은 극히 드물고 적당한 서비스용 볼에 담아 딥을 제공하고, 크래커, 칩, 토틸라 등을 별도로 제공하여 고객이 직접 그 위에 얹어 먹을 수 있게 제공하는 것이 일반적이다.

그 이유로 딥에는 습기가 많기 때문에 미리 얹어 놓으면 크래커 등에 습기가 스며들어 부서지기 때문이다. 딥을 만들 때는 농도가 가장 중요하다는 것을 유념해야 한다. 또한 너무 두꺼운 크래커나 칩은 부서지고 너무 묽은 딥은 흘러 내려 곤란하다. 대부분의 딥은 치즈를 기본으로 하여 다양한 재료를 첨가함으로써 독특한 맛을 지니게 된다. 딥은 제공되기 30분 전까지는 냉장에 보관되어야 한다.

1-3. 세계 3대 진미 재료

1) 거위간(Foie gras)

프랑스 요리에서 거위나 오리의 비대해진 간을 뜻하는 말로써 푸아그라(Foie gras)라 한다. 양질의 단백질, 지질, 비타민, 각종 무기질을 함유하고 있어 빈혈이나 스테미너 증강에

필요한 성분이 풍부하다. 조제가공품을 만들기 위해 거위간(Foie gras)을 우유, 와인, 물에 하룻밤 정도 재웠다가 다시 여러 가지 스파이스, 양념과 아르마냑, 포트와인 등의 혼합액에 절이는 섬세한 작업을 거친다. Sweet wine 계열과 잘 어울린다.

푸아그라는 거위간을 이용한 요리로써 술, 향신료 등을 혼합하여 절인 다음 형틀에 넣어 오븐에서 열을 가하여 익힌다. 프랑스가 세계에서 자랑하는 진미의 하나로써 알자스, 튜루즈, 카스로뉴, 페리고뉴 등이 명산지이다. 기러기과에 속하는 거위는 야생기러기를 순화하여 고대부터 가축으로 사육되어지고 있고 푸아그라 생산용의 거위는 뚜루즈 종에 한정되어 있다.

프랑스의 거위사육종가에서는 푸아그라용 거위사육방법과 일반 거위사육방법을 달리하여 보통 4~5개월까지는 자유로이 실외에서 방치하여 사육한 뒤 그 후 거위가 운동하지 못하도록 컴컴하고 따뜻한 방에 가두어 비대해지도록 사육한다. 거위의 인후(咽喉)에 무리하게 강제적으로 먹이를 억지로 밀어 넣어 기형적으로 간을 비대하게 만드는 방법이 가바쥬(gavage)이다. 거위 한 마리를 약 1개월간 25kg의 옥수수를 쪄 거위고기 기름과 소금을 혼합한 것으로 1일 3회 정도 무리하게 억지로 먹이게 되는 것이다. 이 방법으로 거위의 간을 체중의 1/7~1/8 정도까지 크게 비대하게 한다. 이렇게 해서 만들어진 푸아그라는 700g~900g의 중량이 되지 않으면 양질이라고 일컬어지지 않는다. 푸아그라와 가슴 고기는 중량을 달아서 진공 팩에 넣어서 출하한다. 진공 팩을 하게 되면 10일 정도, 거듭 자외선을 쐬면 15일 정도는 보존이 가능하다. 진공 팩을 하기 전에 품질을 등급별로 분류한다. 등급은 4등분으로 분류된다.

최상등급(extra), 1급(premier), 2급(deuxieme), 퓌레(puree) 분류되며 보통 푸아그라는 생산량의 약 50%는 1급으로 등급이 부여된다.

2) 철갑상어 알(Caviar)

철갑상어는 이란의 북쪽 흑해 카스피해(海)의 영해에서 가장 이상적인 자연환경 속에서 성장한다. 눈이 녹는 시기가 되면 카스피해로 흘러 들어가는 하천에 물이 흐르게 되면 철갑상어가 강으로 거슬러 올라간다. 살아 있는 철갑상어를 잡아 난소를 끄집어내어서 1시간 안에 알을 하나하나 분리시켜서 3~4회 조심스레 씻어 물기제거 후 5~8%의 가는소금을 첨

가하여 유리병 같은 매끄러운 그릇에 공기가 안 들어가게 밀봉 후 염장 한 것이 캐비아이다. 보통 냉장고에서 일주일 정도 숙성 후 섭취한다.

신선한 캐비아는 단백질 지방, 미네랄, 또 다량의 비타민이 함유되어 있으며 10g의 신선한 캐비아는 250kcal의 열량을 가지고 있다. 소화작용도 좋고 몸이 불편한 환자들에게 아주 좋은 식품이다.

카스피해에서 대부분 생산되며 남획으로 인해 멸종의 위기로 치닫고 있다. 그러나 다행히 양식기술의 발달로 현재는 우리나라에서도 양식을 하여 보급되고 있다.

철갑상어는 벨루가(Beluga), 오세트로바(Osetrova), 세루가(Seluga) 3종류로 나누며 벨루가 품종이 그중 제일 크고 비싸다. 캐비어와 어울리는 술로는 주로 보드카와 샴페인이다. 캐비어는 블리니(blini)에 샤워크림을 바른 후 캐비어를 얹어 먹기도 하고 진주 조개층으로 만들어진 접시와 스푼으로 제공되며 결이 부드러운 삼각 토스트와 다진 양파, 레몬즙, 크림 등과 같이 제공하는 것이 정석이다. 딱딱한 비스킷 종류는 삼가 하는 것이 좋다.

캐비어의 종류

① 베루가(Beluga) : 최상급으로 희소성이 커 가장 비싸다. 가장 큰 종류의 철갑상어 알로 350파운드까지 낳으며 은빛 회색을 띠고 굵으며 질이 1등급이다.

② 골든 스터렛(Golden stullett) : 작은 철갑상어로 45파운드의 알을 품는다. 향미가 뛰어나 황제에게 공납을 했을 정도로 귀하다. 노란색에 회색빛을 띠고 있으며, 이란과 러시아에서 생산된다.

③ 오세트로바(Osetra): 중간 크기로 노란색에 회색빛을 띠고 있으며 맛이 고소하다, 이란과 러시아에서 생산된다.

④ 세브루가(Sevruga) : 가장 작은 철갑상어의 일종으로 무게가 25~120파운드 정도 생산된다. 알의 작고 회색을 띠며 조직이 섬세하며 뛰어난 맛을 지니고 있다.

⑤ 쉬프(Schip:러시아식 별칭) : 무게 175파운드의 철갑상어 알로서 2등급으로 25파운드 까지 생산된다.

⑥ 보타르가(Botarga:일명 Ketarogen) : 철갑상어에서 얻어지는 것이 아니고 연어(Salmon), 창꼬치농어(pike-perch), 살기(grayling), 참다랭어(tuna)등의 알로 만든다. 붉은색을 띠며 크기가 매우 굵다. 주로 장식용이나 가니쉬(Garnish)용으로 쓰인다.

3) 송로버섯(Truffle)

트러플은 검은 다이아몬드(Black diamond)라 불린다. 독특한 향으로 인해 사랑의 감정을 만들어내는 것으로 느껴지고 있다. 지구상에는 70여종의 트러플이 존재하는데 프랑스 페리고 지방의 Blacktruffle과 이탈리아 피에몽트 지방의 White truffle이 방향(芳香)이나 형태, 질에서 최상의 트러플로 인정받고 있다. 괴피과에 속하는 트러플은 본래 버섯의 일종이지만 자양균류이다. 이 자양(子襄)은 세포 내에서 균이 성장하는 것을 의미하고 있다.

트러플을 만드는 자양균이 떡갈나무와 개암나무 등의 수목의 지근(支根)과 관계를 가지고 공서(共棲)하고 있다는 것이다. 위의 나무 아래 흙속에서 자라는데 이것을 찾는 방법 또한 특이 하다. 돼지를 이용하여 트러플을 찾는데 일단 돼지가 트러플을 발견하면 즉시 촉촉한 흙으로 감싸 조심스럽게 가져와서 사람 손때가 묻지 않게 헝겊으로 견고하게 싸서 향기가 빠져나가지 않게 보관한다.

모두 북위 40~47도의 범위의 프랑스, 이탈리아, 독일, 포르투칼 등 특정 지방에 한해 생산 된 것이 특색이다. 트러플의 자라는 기간이 8~12년이기 때문에 생산량을 조절하기가 어렵고 해마다 생산량이 줄어들고 있다.

1-4. 전채 재료의 특성

1) 전채에 많이 사용되는 재료

전채요리에 많이 사용되는 재료는 채소를 비롯한 육류, 가금류, 해산물, 유제품 등 종류별로 다양하게 사용하고 있다. 아래의 [표 1-1]은 전채에 많이 사용되는 재료를 나타낸 것이다.

[표 1-1]

종류	재료	특징	조리법
육류	소	안심, 등심, 방심, 드라이 비프	염지 후 드라이, 팬 프라이, 생(生)
	돼지	프르슈토 햄, 소시지, 베이컨	염지 후 드라이
가금류	닭	가슴살, 날개, 안심, 근위	스팀잉, 훈제, 딥 프라잉
	오리	가슴살, 다릿살, 간	훈제, 팬 프라잉
	거위	간	팬프라잉
	꿩	가슴살	생(生)
해산물	생선	연어, 송어, 광어, 도미	훈제, 염지, 생(生), Poaching, 팬프라잉
	패류	관자살, 홍합, 백합, 굴, 전복	훈제, 염지, 생(生), Poaching, 팬프라잉
	연체류	문어, 낙지 ,쭈꾸미, 꼴뚜기, 오징어	생(生), Poaching
	갑각류	바닷가재, 꽃게, 대게, 새우	생(生), Poaching, 보일링, 딥프라잉, 스팀잉
유제품	치즈류	크림, 리코타, 에멘탈, 브리에	생(生)
	크림류	생크림, 휘핑크림, 사워크림	
	발효유	요구르트	

2) 전채에 사용되는 채소류의 특성(Vegetable appetizer)

전채 요리에 많이 사용되는 생으로 먹을 수 있는 채소 모두 사용해도 되며, 향이 많이 나거나 맛이 강한 채소는 요리의 특성에 맞게 사용해야 한다. 전채에 많이 사용 되는 채소는 엽채류와 과채류를 많이 사용하며 어린잎, 새싹, 식용꽂, 허브 등을 이용하여 다양하게 연출하고 있다.

1-5. 전채요리의 조리

1) 전채요리의 조리수칙

① 새콤 달콤한 맛이 식욕을 촉진하게 해야한다.

신맛과 짠맛이 조화롭게 어울려 침샘을 자극하여 먹고 싶은 욕구를 일으켜야 한다.

② 주요리보다 소량으로 만들어야 한다.

포션(Portion)을 작게 하고 다음 요리에 대한 기대감을 가질 수 있도록 한다.

③ 예술성 있게 연출해야 한다.

모양과 색채, 맛이 어우러지게 세프의 창작성이 깃든 예술작품을 만들어야 한다.

④ 계절감, 지역 식재료 사용으로 다양성을 살려야 한다.

계절 식재료와 지역농산물 사용하면 값싸고 영양가 높고 신선하다.

⑤ 반복된 조리법을 사용하지 않는다.

다양한 조리법으로 주 요리에 사용되는 조리법, 재료가 중복으로 사용되지 않도록 하고 영양적으로 균형이 잡히도록 한다.

2) 콩디망(Condiments) 조리하기

전채 요리와 어울리는 콩디망은 양념, 조미료, 향신료를 말한다. 전채 요리의 특성에 따라 콩디망을 선택하고 제공해야 하며, 버무리거나 절여서(Marinade) 담아주는 형식과 전채 요리에 뿌려서 제공되거나 작은 접시에 따로 제공되기도 한다.

아래 [표 1-2]는 전채 요리에 사용되는 콩디망(Condiments) 종류와 특징을 나타낸 것이다.

[표 1-2]

종류	특징
쿨리 (Coulie)	쿨리는 퓌레 혹은 용액의 형태로 잘 조려지고 많이 농축된 맛을 가진 음식이라고 했다. 현대의 쿨리는 소스와 같은 농도에 날것이나 요리된 과일이나 채소로, 달콤한 형태의 맛과 모양으로 만들어진다. 토마토 쿨리가 대표적이다.
퓌레 (Puree)	과일이나 채소가 블렌더나 프로세서에 의해 갈아진 형태로, 다시 걸러진 부드러운 질감의 액체형태 음식을 말한다.

오일 앤 비네그레트 (Oil vinaigrette)	기본적인 소스로 오일과 식초를 3:1의 비율로 섞어 소금과 후추로 양념하여 만든다. 허브를 다져 넣으면 허브 비네그레트가 된다. 해산물이나 채소 요리에 어울리는 양념이다.
베지터블 비네그레트 (Vegetable vinaigrette)	오일과 식초를 3:1의 비율로 섞어 양파, 홍피망, 청피망, 노란 파프리카, 마늘, 파슬리 등을 작은 주사위 모양으로 잘라 소금과 후추로 양념하여 사용한다. 해산물 요리에 많이 사용된다.
살사류 (Salsa)	살사는 신선한 재료로 만든 멕시칸 살사와 익혀진 재료로 만드는 처트니, 렐리시, 콤포트 등으로 나뉜다. 대표적인 토마토살사는 토마토를 작은 주사위 모양으로 잘라 다진 양파, 올리브오일, 레드와인 식초, 파슬리 다 진 것을 섞고 소금과 후추로 양념하여 만든다.
마요네즈 (Mayonnaise)	정제된 식물성 유지와 달걀노른자를 유화시켜 반고체 식품으로 만든 소스이다. 채소와 같이 먹거나 무쳐서 사용한다.
발사믹 소스 (Balsamic sauce)	포도주를 발효시켜 만든 발사믹 식초를 반으로 조려 올리브오일와 소금, 후추로 간을 해서 사용한다.

1-6. 전채요리 완성

1) 전채 요리의 접시 담기

식사 시 처음에 제공되는 요리로 식욕을 촉진하는 역할을 하며 맛과 색, 모양 등이 조화롭게 배열하여 예술적 감각이 표현되어야 하고 시각적인 효과로 눈을 자극해야한다.

주재료와 곁들임 재료의 위치 선정, 식사하는 사람의 편리성, 음식의 외관과 원가를 고려 하고, 재료 및 접시의 크기 등을 고려하여 플레이팅을 해야 한다. 접시 담기에서 가장 중요한 요소는 접시를 선택하는 것이다. 요리의 모양, 색 등에 어울리는 접시를 선택하는 것이 중요하다.

① 접시를 선택한다.

같은 음식도 담는 접시에 따라 모양 및 시각적인 효과를 다양하게 나타내어 전혀 다른 분위기를 연출할 수 있으므로 접시의 선택이 중요하다.

② 접시의 모양

원형 접시는 부드럽고 친밀감을 나타내며 테두리나 무늬의 색상에 따라 다양함을 연출할 수 있고 삼각형 접시는 날카롭고 빠른 이미지를 가지며, 사각형 접시는 안정되고 세련된 느낌을 주는데 모던하며 개성이 강하고 독특한 이미지를 표현하며, 타원형 접시는 여성적이며 우아함, 원만한 느낌을 준다. 마름모형 접시는 정돈되고 안정된 느낌을 준다.

③ 접시의 형태

테두리가 있는 것과 테두리가 없는 것, 깊이 파인 것과 파이지 않은 것 등으로 구분하여 선택한다.

④ 접시의 크기

일반적으로 메인 육류 요리의 경우 12인치를 사용하는 것이 원칙이나, 최근 그 기준이 없어지고 있다.

2) 전채 접시 담기 할 때 고려할 점

전채 요리의 접시 담기에 필요한 요소는 모양, 균형, 색상, 향, 크기, 질감으로 접시 담을 때 고려할 점은 다음과 같다.

① 고객의 편리성이 우선 고려되어야 한다.

② 재료별 특성을 이해하고 적당한 공간을 두고 담는다.

③ 접시의 특성에 따라 다르지만, 내원을 벗어나지 않게 한다.

④ 일정한 간격과 질서를 두고 담는다.

⑤ 소스(Sauce)는 너무 많이 뿌리지 않게 적당하게 뿌린다.

⑥ 가니쉬(Garnish)는 요리 재료의 중복을 피해 담는다.

⑦ 전채 요리의 양과 크기가 주요리보다 크거나 많지 않게 주의한다.

⑧ 색깔과 맛, 풍미, 온도에 유의하여 담는다.

Assorted Seafood Cocktail 해산물 칵테일

1. 해산물은 손질하여 셀로우 Poaching을 하여 준비한다.
2. 게살은 잘게 뜯어 소금과 후추, 레몬주스로 양념한다.
3. 칵테일 소스를 만든다.
4. Poaching한 해산물을 작은 접시에 각각 담아주고 2의 게살 샐러드는 얇게 썬 무에 말아 준비한다.
5. 접시 중앙에 각각 해산물을 모양을 잡은 후 어린잎을 올려 준다.
6. 만들어 놓은 칵테일 소스를 카테일 주위로 뿌려주고 연어알로 장식한다.

★ 칵테일 소스는 굴, 가리비, 새우 같은 살짝 데친 해산물 요리에 곁들여 먹는 소스로 홀스레디쉬나 핫소스를 곁들여 매운맛을 창출하기도 한다.

Cocktail Sauce 칵테일 소스

1. 토마토 케찹에 준비한 모든 재료들을 넣는다.
2. 잘 섞이도록 저어준다.
3. 기호에 따라 특별한 맛을 위해 브랜디를 넣기도 한다.

토마토 케찹 120g, 레몬 주스 20mL, 화이트와인 10mL, 우스터 소스 5mL, 타바스코 3mL, 다진 양파 15g, 다진 마늘 5g, 흰 후추 pinch, 소금 pinch, 브랜디 dash, 홀스레디쉬소스 5g

INGREDIENTS	W/MEASURES
가리비살(Scallop)	20g
새우(30미)(Shrimp)	1ea
게살(Crab)	10g
화이트와인(White Wine)	5mL
칵테일 소스(Cacktail Sauce)	30mL
연어알(Salmon Caviar)	10g
무순(Baby Leaves)	15g
물냉이(Cresson)	5g
무(Turnip)	5g
체리토마토(Cherry Tomato)	1ea
올리브오일(Olive Oil)	5mL
소금(Salt), 후추(Pepper)	pinch

Lobster Tart 바닷가재 타르트

1. 바닷가재살을 손질하여 랩에 말아서 살짝 Poaching한다.
2. 어린잎 모둠을 물에 담궈 싱싱하게 한다.
3. 레드 피망 소스를 만든다.
4. Poaching한 바닷가재살을 스몰다이스로 썰어 처빌, 차이브 다진 것과 올리브오일, 레몬주스, 화이트와인, 소금 · 후추로 양념 한다.
5. 원형 몰드에 양념한 바닷가재살을 넣고 접시 중앙에 모양을 잡은 후 어린잎을 올려 준다.
6. 만들어 놓은 레드 피망 소스를 바닷가재살 주위로 뿌려주고 연어알로 장식한다.

Red Pimento Sauce 레드 피망 소스

1. 레드 피망을 오븐에 구워 껍질을 제거 한다.
2. 블랜더에 올리브오일, 레몬주스, 화이트와인, 레드피망 넣고 곱게 갈아 채에 거른다.
3. 2에 소금 · 후추를 넣어 소스를 완성한다.

INGREDIENTS	W/MEASURES
바닷가재 살(Lobster)	80g
처빌(Chervil)	10g
차이브(Chive)	5g
레몬주스(Lemon Juice)	5mL
화이트와인(White Wine)	2mL
레드 피망소스 (Red Pimento Sauce)	30mL
연어알(Salmon Caviar)	10g
어린잎 모둠(Baby Leaves)	15g
올리브오일(Olive Oil)	5mL
소금(Salt), 후추(Pepper)	pinch

Key points

1. 바닷가재살을 너무 오래 데치면 부피가 작아지며 질겨지므로 살짝 데친다.
2. 타르타르를 만들 때 먼저 양념의 모든 재료를 섞은 다음, 틀에 재료를 넣어서 마무리 하는 것이 좋다.

Lobster Salad with Herbs 바닷가재 샐러드와 레드와인 비네그래트 소스

1. 바닷가재는 깨끗이 씻어 껍질을 제거하고 소금, 후추와 레몬즙으로 간을 한 후에 비닐랩으로 동그랗게 말고 다시 한번 더 알루미늄 호일로 말아 채소스톡에 포치하여 식힌다.
2. 지급된 허브는 손질하여 냉수에 담가 놓고 세 가지 피망과 양파는 0.5cm 크기 정도의 마름모형으로 썰어 끓는 물에 살짝 데쳐 식혀 놓는다.
3. 메추리알은 완숙으로 삶아서 4등분 한다.
4. 바닷가재를 약 5mm 두께로 썰어 접시중앙에 둥글게 담고 바닷가재 아래 메추리알을 보기좋게 나열한다.
5. 4에 3가지 피망 마름모를 주위에 정갈히 놓고 가운데에 허브샐러드를 보기 좋게 담고 레드와인 비네그레트를 주위에 뿌린다.

Key points

1. 바닷가재는 과도하게 조리되면 질기므로 3/4 정도만 익힌다.
2. 삶을 때 모양을 잡기 위해 중앙에 꼬챙이를 끼우고 랩이나 호일로 싸서 조리한다.
3. 접시에 담을 때 전체적인 조화와 색상의 배열에 유의한다.
4. 허브 샐러드는 내기 직전에 비네그레트를 뿌려 준다(채소가 시드는 것을 방지).

바질오일 만들기

올리브오일 100mL 에 바질 100g, 설탕 10g, 소금 5g 넣어 핸드 블랜더로 돌려준다.

Vegetable Stock 채소스톡

1. 채소는 적당한 크기로 잘라서 찬물을 붓고 끓이면서 레몬과 향신료를 넣는다.
2. 채소향이 우러나면 소금을 넣고 걸러서 사용한다.

양파 50g, 당근 30g, 샐러리 20g, 레몬 1/6ea, 월계수잎 1leaf, 통후추 3g, 소금 pinch, 물 600mL

Red Wine Vinaigette 레드와인 비네그레트

둥근볼에 식초, 디종 머스타드, 샬롯 다진 것, 레드와인을 넣고 잘 풀어 준 다음 올리브오일을 서서히 부어주면서 휘핑기로 잘 저어준 후 소금과 후추로 양념한다.

식초 5mL, 레드와인 15mL, 올리브오일 30mL, 샬롯 10g, 디종 머스타드 1t, 소금 · 후추 pinch

INGREDIENTS	W/MEASURES
바닷가재(Lobster)	80g
홍피망(Red Pimento)	20g
파란피망(Geen Pimento)	20g
노란 파프리카(Yellow Paprika)	20g
딜(Dill)	3g
치커리(Chicory)	5g
차이브(Chive)	1stalk
레드치커리(Red Chicory)	3g
세이지(Sage)	2g
바질(Basil)	2g
양파(Onion)	50g
메추리알(Quail Egg)	1ea
레몬(Lemon)	1/4ea
크림(Fresh Cream)	30mL
소금(Salt), 후추(Pepper)	pinch
채소스톡(Vegetable Stock)	600mL
레드와인 비네그레트 (Red Wine Vinaigette)	30mL
바질오일 (Basil Oil)	10mL

Tuna Tartar on Toast Bread 멜바토스트 위에 얹은 참치무침

1. 재료는 깨끗이 손질하여 정리하고 채소는 찬물에 담가 놓는다.
2. 참치를 작은 주사위(Small Dice : 3mm×3mm×3mm)로 썰어 샬롯, 케이퍼, 다진 올리브, 레몬주스와 올리브오일, 소금·후추를 넣고 고루 버무려 준비한다.
3. 토스트빵은 3×5cm정도의 크기로 자른 다음 양쪽 면에 버터를 얇게 고루 발라서 팬을 적당히 달군 후 노릇노릇하게 구워낸다.
4. 레몬은 깨끗이 씻어 얇게 줄리엔(Julienne : 2mm×2mm×4cm)으로 썰어 준비하고 반으로 썰어 주스를 짠다.
5. 양념된 참치를 작은 수저를 이용해서 퀴넬(Quenelle) 모양으로 빚어서 준비된 멜바토스트 위에 올려 접시에 담는다.
6. 허브와 레몬으로 장식하고 레몬비네그레트를 허브 위에 살짝 뿌리고 두 가지 피망오일을 곁들여서 완성한다.

Key points

1. 이미지와 달리 참치살은 멜바토스트 위에 참치 퀴넬을 올린다.
2. 퀴넬 모양이 잘 나오기 위해선 참치와 양념의 비율이 좋아야 한다.
3. 요구하는 양은 1인분 기준 3개가 적당하다.

Lemon Vinaigrette 레몬 비네그레트

1. 레몬껍질은 흰 부분을 제거하고 잘게 다져 놓는다.
2. 믹싱 볼에 레몬주스와 디종 머스타드, 소금 · 후추를 넣어 잘 풀어 준 다음 올리브오일을 서서히 부어주면서 휘핑기로 잘 저어준다.

레몬주스 10mL, 디종 머스타드 5g, 올리브오일 30mL, 소금 pinch, 레몬 제스트 5mL, 굵게 으깬 후추 pinch

Red Pimento Oil 붉은 피망 오일

1. 피망의 씨를 제거하고 적당한 크기로 잘라 블랜더에 넣고 갈아 즙을 낸다.
2. 즙을 소창에 걸러 소스포트에 걸쭉하게 될 때까지 조려서 식힌다.
3. 핸드 블랜더에 조린 즙과 소금을 넣고 10초 정도 돌린 후 올리브오일을 조금씩 부어가면서 유화를 시켜서 사용한다.

붉은 피망 200g, 올리브오일 50mL, 소금 pinch

Yellow Paprika Oil 노란 파프리카 오일

1. 파프리카의 씨를 제거하고 적당한 크기로 잘라 블랜더에 넣고 갈아 즙을 낸다.
2. 즙을 소창에 걸러 소스포트에 담아 걸쭉하게 될 때까지 조려서 식힌다.
3. 핸드 블랜더에 조린 즙과 소금을 넣고 10초 정도 돌린 후 올리브오일을 조금씩 부어가면서 유화를 시켜서 사용한다.

노란 파프리카 200g, 올리브오일 50mL, 소금 pinch

INGREDIENTS	W/MEASURES
참치살(Tuna Meat)	70g
레몬(Lemon)	1/6ea
통후추(Whole Black Pepper)	3g
레몬 비네그레트 (Lemon Vinaigette)	15mL
케이퍼(Caper)	5g
올리브오일(Olive Oil)	20mL
딜(Dill)	2g
처빌(Chervil)	3g
식빵(Toast Bread)	2slices
붉은 피망 오일 (Red Pimento Oil)	6mL
올리브(Olive Oil)	5mL
샬롯(Shallot)	10g
소금(Salt), 후추(Pepper)	pinch
노란 파프리카 오일 (Yellow Paprika Oil)	6mL

Stuffed Salmon Roulade with Apple Julienne & Crab Meat in Tomato Vinaigrette

사과와 게살이 들어간 연어말이와 토마토 비네그레트

1. 연어는 껍질을 벗기고 두께 2mm정도로 얇게 포를 떠서 딜, 소금 · 후추로 절여 놓는다.
2. 사워크림, 사과 줄리안, 게살, 다진 양파, 레몬 즙, 설탕, 소금 · 후추를 적량씩 넣고 섞어서 내용물을 만든다.
3. 비닐을 펼쳐 놓고 위에 저민 연어살을 나란히 넓게 펼쳐놓고 수분을 면보로 제거한 후 사과 줄리엔을 제외하고 섞은 2의 내용물을 양파 채 썬 것과 오이를 넣고 위에 딜과 처빌, 케이퍼 잎으로 장식한다.
4. 3을 김밥 말 듯이 균일하게 말은 후 적당한 크기(약2cm정도)로 썰은 후 접시에 담고 양파 채 썬 것과 오이로 장식하고 위에 작은 딜(Dill)과 처빌(Chervil), 케이퍼(Caper) 1/2쪽씩을 얹는다.
5. 주위에 토마토 비네그레트를 정갈하게 뿌려서 완성한다.

Tomato Vinaigrette 토마토 비네그레트

1. 토마토는 브랜칭하여 껍질을 벗기고 콩카세로 썰어 놓는다.
2. 둥근볼에 식초, 양파, 후추를 넣고 잘 풀어준 다음 올리브오일을 조금씩 부어주면서 휘퍼기로 저으면서 섞다가 소금으로 간한 후 토마토콩까세를 넣어 완성한다.

토마토 콩카세 30g, 설탕 5g, 올리브오일 20mL, 식초 5mL, 양파 5g, 소금 · 후추 pinch

INGREDIENTS	W/MEASURES
연어(Fresh Salmon)	100g
오이(Cucumber)	30g
사과(Apple)	1/2ea
레몬(Lemon)	1/4ea
사워크림(Sour Cream)	30mL
처빌(Chervil)	1stalk
게살(Crab Meat)	30g
토마토 비네그레트 (Tomato Vinaigrette)	30mL
딜(Dill)	1stalk
케이퍼(Caper)	5g
소금(Salt), 후추(Pepper)	pinch

Seared Tuna with Tomato Salsa and Salad Bouquet

토마토 살사를 곁들인 살짝 구운 참치와 부케 샐러드

★ 살사(Salsa)는 에스파니아어로 소스라는 뜻이다. 멕시코 전통음식인 또르띠아 요리에 빠지지 않고 들어가는 매콤한 소스이다. 보통 중남미지역에서 널리 이용되고 있고 새콤한 맛, 달콤한 맛 ,매콤한 맛 등 들어가는 재료에 따라 다양한 맛이 연출되고 있으며, 열을 사용하지 않고 순수 재료만 사용하여 맛을 내는 것이 보통이다.

1. 참치살을 깨끗이 닦아 물기를 제거한 후 향신료 크러스트(Spice Crust)를 참치 표면에 골고루 묻혀 간이 들게 마리네이드(Marinade) 한다.
2. 소스 재료는 깨끗이 손질한 후 냉수에 담가 싱싱하게 한 후 물기를 제거하고 냉장시켜 놓는다.
3. 중불이 팬에 향신료에 절인 참치의 표면을 향신료가 떨어지지 않게 주의하며, 골고루 색깔 낸 후 식힌다.
4. 준비된 참치를 적당한 두께와 수량으로 썰어 접시에 담고,그 위에 올리고 보기 좋게 부케를 만들어 함께 곁들인다. 토마토 살사를 참치 주위와 샐러드 다발에 뿌린 후 완성한다.

INGREDIENTS	W/MEASURES
참치(Fresh Tuna)	80g
레드치커리(Red Chicory)	3g
오이(Cucumber)	20g
토마토 살사(Tomato Salsa)	40g
향신료 크러스트(Spice Crust)	15g
딜(Dill)	3g
팽이버섯(Winter Mushroom)	5g
차이브(Chive)	2stalks
붉은 피망 오일(Red Pimento Oil)	5mL
소금(Salt), 후추(Pepper)	pinch
치커리(Chicory)	5g
라디치오(Radichio)	3g
적머스타드 잎(Red Mustard Leaf)	2g
노란 파프리카 오일(Yellow Paprika Oil)	5mL

Spice Crust 향신료 크러스트

모든 향신료를 작은 블랜더에 넣고 잘게 으깬 후에 사용한다.

통후추 10g, 다임 5g, 겨자씨 5g, 파프리카 10g, 마늘가루 5g, 월계수잎 1leaf, 소금 pinch

Red Pimento Oil 붉은 피망 오일

29page 참조

Yellow Paprika Oil 노란 파프리카 오일

29page 참조

Tomato Salsa 토마토 살사

토마토는 껍질과 씨를 제거하여 작은 주사위(Small Dice : 3mm×3mm×3mm)한 후 믹싱 볼에 다진 양파, 올리브오일, 레드와인 식초, 고수 다진 것을 분량씩 섞어 넣고 소금 · 후추로 간을 하여 토마토 살사(Tomato Salsa)를 만들어 냉장시킨다.

레드와인 식초 5mL, 소금 · 후추 pinch, 다진 양파 10g, 레몬주스 5mL, 코리엔더 3g, 올리브오일 30mL, 토마토 30g

Gravlax Salmon with Sweet Dill Mustard Sauce

그라브락스 연어와 달콤한 딜 머스타드 소스

1. 연어는 깨끗이 손질하여 물기를 닦은 후 브렌디를 뿌려 준비하고 약 5분 경과 후에 굵은 소금, 설탕, 으깬 통후추, 딜을 섞어 마리네이드(Marinade)한다.
2. 준비된 허브, 채소는 깨끗이 손질하여 찬물에 담구어 싱싱하게 한다.
3. 절인 연어에 생긴 여분의 수분을 조심해서 닦아내고 두께 2mm 정도로 썰어 접시에 보기 좋게 담는다.
4. 준비된 채소를 연어 주위에 예쁘게 담는다.
5. 소스를 연어 주위에 보기 좋게 뿌리고 발사믹 비네그레트를 샐러드 위에 쳐서 완성한다.

Dill Mustard Sauce 딜 머스타드 소스

둥근볼에 달걀 노른자와 양겨자, 설탕, 식초, 후추를 넣고 고루 섞어준 후 올리브오일을 조금씩 넣으며 섞은 후 소금을 넣고 고루 섞어 딜(Dill)머스타드 소스를 만든다.

양겨자 20g, 달걀 1ea, 화이트와인 식초 10mL, 올리브오일 50mL, 소금 · 후추 pinch, 딜 3stalks

Balsamic Viaigrette 발사믹 비네그레트

1. 살롯은 잘게 다져 놓는다.
2. 믹싱 볼에 다진 살롯, 후추, 디종 머스타드를 넣고 잘 풀어준 후 발사믹식초를 넣고 잘 풀어준다.
3. 2에 올리브오일을 서서히 부어주면서 휘핑기로 유화가 되게 잘 저어주면서 소금으로 간하여 마무리한다.

발사믹 식초 20mL, 디종 머스타드 5g, 올리브오일 60mL, 소금 pinch, 살롯 10g, 검은후추 2g

INGREDIENTS	W/MEASURES
연어(Fresh Salmon)	120g
굵은 소금(Natural Salt)	30g
설탕(Sugar)	20g
통후추(Whole Black Pepper)	10g
딜(Fresh Dill)	1stalk
세이지(Sage)	1stalk
브랜디(Brandy)	20mL
머스타드 잎(Mustard Leave)	10g
오이(Cucumber)	10g
비트 잎(Beet Leave)	10g
차이브(Chicory)	2stalks
처빌(Chervil)	2g
체리토마토(Cherry Tomato)	1ea
발사믹 비네그레트 (Valsamic Vinaigette)	15mL
딜 머스타드 소스 (Dill Mustard Sauce)	30g

★ 페루 전통음식으로 보통 남미에서 애용되고 있으며 지중해를 비롯한 세계적으로 알려 지면서 각기 다른 방식으로 발전하였다. 생선이나 해물을 이용하여 레몬비네그레트 소스에 마리네이드(Marinade) 하여 양념이 되게 하여 제공하였다.

Lemon Vinaigrette 레몬 비네그레트

1. 레몬껍질은 흰 부분을 제거하고 잘게 다져 놓는다.
2. 믹싱 볼에 레몬주스와 디종 머스타드, 소금 · 후추를 넣어 잘 풀어 준 다음 올리브오일을 서서히 부어주면서 휘핑기로 잘 저어준다.

레몬주스 10mL, 디종 머스타드 5g, 올리브오일 30mL, 소금 5g, 레몬 제스트 5g, 굵게 으깬 후추 2g

Ceviche Seafood with Lemon Vinaigrette

해산물 샐러드와 레몬 비네그레트

1. 허브와 채소는 깨끗이 손질하여 찬물에 담가둔다.
2. 해산물은 깨끗이 손질한 후 작은 바닷가재는 껍질을 제거하고 소금 · 후추, 레몬으로 양념하여 랩으로 감싼 후 랩으로 동그랗게 말아 끓는 소금물에서 익히고 관자와 오징어는 화이트와인, 다진 양파, 소금 · 후추, 레몬주스로 Shallow Poached 하여 준비하고 홍합은 따로 화이트 와인으로 Shallow PoachEd 하여 준비한다.
3. 레몬은 깨끗이 닦아 물기를 제거한 후 껍질은 얇게 떠서 줄리앙으로 썰어 끓는 물에 살짝 데쳐낸 후 설탕을 조금 넣고 조려서 제스트를 만든다.
4. 준비된 해산물은 일정한 크기로 자른 후 모두 합하여 레몬 비네그레트, 으깬 통후추, 다진 차이브, 다진 피망을 넣고 버무려 접시 한가운데에 담고 살사재료는 물기를 제거한 후 보기 좋게 형태를 만들어 해산물 옆에 담는다.
5. 해산물 위에 레몬 제스트로 장식하고 샐러드 위의 소스는 서브하기 바로 전에 뿌린다.

INGREDIENTS	W/MEASURES
어린 바닷가재(Baby Lobster)	60g
물오징어(Squid)	1/3whole
홍합(Mussel)	3ea
관자(Scallop)	2ea
새우(30미)(Shrimp)	3ea
세이지(Sage)	3g
비트 잎(Beet Leaf)	2g
레몬(Fresh Lemon)	1/6ea
통후추(Whole Black Pepper)	2g
딜(Dill)	2g
라디치오(Radichio)	3g
붉은피망(Red Pimento)	5g
화이트와인(White Wine)	30mL
레몬 비네그레트 (Lemon Vinaigette)	30mL
차이브(Chive)	2stalks
치커리(Chicory)	5g
설탕(Sugar)	5g
양파(Onion)	20g
소금(Salt), 후추(Pepper)	pinch

Red Tuna Tartar with Herb Salad and Sesame Dressing 참깨 드레싱으로 맛을 낸 참치 탈타르

1. 모든 허브는 찬물에 담가 싱싱하게 한다.
2. 달걀은 삶아서 노른자와 흰자를 분리해서 흰자는 곱게 다져 놓는다.
3. 붉은 참치살은 브뤼누아즈(Brunoise : 2mm × 2mm × 2mm)로 썰어 레몬주스, 올리브오일, 다진 양파, 다진 올리브, 달걀 흰자, 다진 케이퍼, 핫소스로 양념하여 준비한다.
4. 3가지 피망은 브뤼누아즈(Brunoise : 2mm × 2mm × 2mm)로 썰어 올리브오일과 소금 · 후추로 양념한 후 접시 중앙에 원형으로 놓는다.
5. 4위에 양념한 참치를 원형 틀을 이용하여 놓는다.
6. 5위에 양파 채 썬은 것을 놓고 허브샐러드를 정갈하게 올리고 그 위에 레디쉬 채 썰은 것으로 장식한다.
7. 참깨 드레싱에 토마토 콩카세을 섞어서 허브샐러드 위와 참치 주변으로 뿌려서 완성한다.

Sesami Dressing 참깨드레싱

1. 마늘은 곱게 다져 놓는다.
2. 둥근볼에 간장, 설탕, 식초, 다진 마늘, 후추를 넣고 잘 섞어준다.
3. 2에 다음 참기름을 서서히 부어주며 휘핑기로 잘 저어주어 만든다.

간장 10mL, 식초 5mL, 참깨 5g, 참기름 30mL, 다진마늘 3g, 설탕 10g, 후추 pinch

INGREDIENTS	W/MEASURES
붉은색 참치(Redtuna)	80g
양파(Onion)	1/2ea
레디쉬(Radish)	1ea
고수(Coriander)	5g
차이브(Chive)	2stalks
토마토(Tomato)	15g
케이퍼(Caper)	5g
달걀(Egg)	1ea
청피망(Geen Pimento)	10g
홍피망(Red Pimento)	10g
노란 파프리카 Yellow Paprika)	10g
처빌(Chervil)	5g
핫소스(Hot Sauce)	5mL
레몬(Lemon)	1/8ea
소금(Salt), 후추(Pepper)	pinch
딜(Dill)	3g
물냉이(Water Cress)	5g
참깨드레싱(Sesami Dressing)	35g

Ricotta Cheese Terrine with Tomato Confit

리코타 치즈 테린과 토마토 콘피

1. 재료는 깨끗이 씻어 정리 정돈하고, 시금치는 잎만 다듬어 데쳐 낸 후 찬물에 식혀 면보위에 펼쳐 놓아 물기를 제거한다.
2. 리코타치즈를 만든다.
3. 당근과 피망은 껍질을 벗기고 브뤼누아즈(Brunoise : 2mm × 2mm × 2mm)로 썰어 끓는 물에 데친 다음 식힌다.
4. 2와 3을 섞고 소금과 약간의 설탕으로 간을 하여 내용물을 만든다.
5. 비닐 위에 시금치 잎(케일, 대파 푸른잎)을 겹겹이 깐 후 위에 치즈를 삼각형으로 말아 적당한 크기로 자른다.
6. 토마토 콘피를 접시에 원형으로 깔고 그 위에 치즈 썰은 것과 사과를 곁들여 완성한다.

INGREDIENTS	W/MEASURES
우유(Milk)	500mL
토마토 콘피(Tomato Confit)	5pieces
생크림(Fresh Cream)	250mL
노란 파프리카(Yellow Paprika)	20g
시금치(Spinach)	40g
사과(Apple)	1/2ea
설탕(Sugar)	20g
레몬(Lemon)	1ea
올리브오일(Olive Oil)	20mL
백리향(Thyme)	2g
마늘(Garlic)	2g
바질(Basil)	2g
당근(Carrot)	20g
박하잎(Mint Leaf)	2g
소금(Salt), 후추(Pepper)	pinch

Tomato Confit 토마토 콘피

1. 토마토는 끓는 물에 살짝 데쳐서 찬물에 빠르게 식힌 다음 껍질을 제거하여 1/8등분하여 씨를 제거한다.
2. 1을 마늘 슬라이스 한 것과 바질 썰은 것, 다임 다진 것, 소금 · 후추를 넣고 버무려 양념한 후 시트팬(Sheet Pan)에 펼쳐 놓는다.
3. 2를 약 80℃ 정도 되는 오븐에서 상태를 보아가며 약 9~12시간 정도 토마토의 수분을 제거한다.

토마토 1ea, 마늘 얇게 저민 것 3g, 소금 · 후추 pinch, 올리브오일 10mL, 다임 다진 것 2g

리코타 치즈 만들기

1. 비등점 온도로 우유(500g)를 데운다.
2. 생크림(250mL)을 섞는다.
3. 소금(5g) 설탕(20g)을 넣고 간을 맞춘다.
4. 수증기가 올라오면 레몬즙을 넣고 한번 저은 후 분리되는 것을 확인한다.
5. 면보에 거른다.
6. 걸러진 리코타는 면보 그대로 적당한 곳에 매달아 원하는 만큼 수분이 빠질 때까지 놓아두면 편리하다.

유자청 소스

유자청 30g, 레몬웨이지 1ea, 올리브오일 20g, 화이트와인식초 10mL, 물엿 20g, 소금 · 후추 pinch 전재료 믹스한다. 해산물은 계절에 따라 달리 제공 할 수 있다.

INGREDIENTS W/MEASURES

참치살(Tuna)	30g	굴(Oyster)	20g	킹크랩살(King Clab)	30g
전복(Abalone)	15g	사과(Apple)	20g	어린잎채소(Mesclun)	10g
양상추(Head Lettuce)	10g	라디치오(Radicchio)	10g	루콜라(Arugula)	10g
유자소스(Citron Sauce)	30g	레몬웨이지(Lemon Wage)	1ea	올리브오일(Olive Oil)	30mL
화이트와인식초(White Wine Vinegar)	30mL	소금(Salt), 후추(Peper)	pinch		

Assorted Seafood with Citron Sauce 여러 가지 해산물과 유자소스

1. 참치를 손질하여 겉 표면을 살짝 돌려가며 색깔을 낸 뒤 식혀 다진 허브오일을 발라 준비한다. 1cm 두께로 썰어 준비한다.
2. 채소스톡에 굴과 가리비살을 살짝 포치하여 식혀 놓는다.
3. 킹크랩다리살을 데쳐 준비해 놓는다.
4. 사과를 껍질을 살려 브뤼누아즈(Brunoise : 2mm × 2mm × 2mm)로 잘라 설탕물에 담구어 놓는다.
5. 유자청소스를 만든다.
6. 샐러드 믹스를 싱싱하게 한 다음 물기를 제거 해 준비한다.
7. 접시에 해산물 먼저 모양 있게 담아주고 샐러드 믹스 올리고 유자소스를 뿌려주고 장식한다.

key points

1. 색상 균형을 살려 접시에 담고 연어를 양념할 때 레몬, 오일과 식초의 비율에 유의한다.
2. 연어슬라이스 할 때 모양이 유지되게 주의하여 썰어준다.

Smoked Salmon & Shrimp with Lemon Vinaigrette and Herbs 레몬비네그레트와 훈제연어

1. 재료를 깨끗이 손질, 채소와 허브는 찬물에 담가놓는다.
2. 연어살을 부서지지 않게 0.3cm정도로 슬라이스한다.
3. 새우는 살짝 데쳐 껍질을 제거해 놓는다.
4. 레몬은 웨이지로 썰어준다.
5. 레몬비네그레트 소스를 만들어 준비한다.
6. 접시에 채소와 허브로 장식하고 연어와 새우를 위에 놓는다.
7. 케이퍼와 캐비어를 놓고 딜로 장식한 후 레몬비네그레트 소스를 뿌려준다.

Lemon Vinaigrette 레몬 비네그레트

1. 레몬의 껍질은 흰 부분을 제거하고 곱게 썰어 올리브 오일에 튀겨낸다.
2. 믹싱 볼에 레몬주스와 디종 머스타드, 소금 · 후추를 넣어 잘 풀어 준 다음 올리브오일을 서서히 부어주면서 휘핑기로 잘 저어준다.

레몬주스 10mL, 디종 머스타드 5g, 올리브오일 30mL, 소금 5g, 레몬 제스트 5mL, 굵게 으깬 후추 2g

INGREDIENTS	W/MEASURES
연어살(Salmon Meat)	60g
케이퍼(Caper)	3g
새우(30미)(Shrimp)	1ea
레몬(Lemon)	1/6ea
올리브오일(Olive Oil)	10mL
딜(Dill)	1stalk
처빌(Chervil)	1stalk
치커리(Chicory)	1stalk
양상추(Head Lettuce)	10g
캐비어(Cavia)	10g
살롯(Shallot)	5g
통후추(Whole Black Pepper)	3g
소금, 후추(Salt,Pepper)	pinch
레몬 비네그레트 (Lemon Vinaigette)	30mL

Lobstar & Scallops with Green Salad

바닷가재, 가리비살과 채소샐러드

1. 채소를 찬물에 담가 싱싱하게 살린 후, 물기를 제거하고 부케를 만들어 놓는다.
2. 바닷가재, 가리비살을 반으로 갈라 와인을 살짝 뿌린 다음 소금 · 후추로 간을 한 후 Poaching한다.
3. 체리토마토는 둥글게 슬라이스 하여 가리비와 함께 돌려 담는다.
4. 연근은 얇게 썰어 물에 살짝 데친 후 물기 제거하고 기름에 튀긴다.
5. 가운데에 채소 부케를 놓고 이탈리안 드레싱을 뿌린 다음, 페스토 소스를 곁들여 완성한다.

Italian Dressing 이탈리아 드레싱

1. 허브를 잘 씻어 물기 제거 후 다져 놓는다.
2. 올리브오일과 레드와인식초는 3:1 비율로 계량하여 잘 섞어준다.
3. 2에 1를 넣고 소금과 후추로 양념 후 잘 섞어준다.
4. 마늘 1쪽을 넣고 보관 후 사용한다.

올리브오일 300mL, 레드와인 식초 120mL, 처빌 1stalk, 딜 1stalk, 바질 1leaf, 소금 · 후추 pinch, 마늘 1clove

Red Pimento Sauce 레드 피망 소스

1. 레드 피망을 오븐에 구워 껍질을 제거 한다.
2. 블랜더에 올리브오일, 레몬주스, 화이트와인, 레드피망 넣고 곱게 갈아 고운 채에 거른다.
3. 2에 소금 · 후추를 넣어 소스를 완성한다.

INGREDIENTS	W/MEASURES
바닷가재살(Lobstar)	30g
가리비살(Scallop)	6ea
체리토마토(Cherry Tomato)	3ea
레드치커리(Red Chicory)	2leaves
로메인상추(Romain Lettuce)	5leaves
롤라로사(Lolla Rosa)	2leaves
모둠새싹(Assorted Sprout)	10g
이탈리안드레싱 (Italian Dressing)	30g
레드 피망 소스 (Red Pimento Sauce)	30g
소금(Salt), 후추(Pepper)	pinch

호박 구이

1. 팬에 오일과 마늘을 넣고 호박을 구워준다.
2. 간을 조절한다.
3. 민트 잎을 손으로 뜯어 호박에 넣어준다.
4. 맛이 잘 어우러지도록 해 준다.

1. 해초를 줄리엔(Julienne : 2mm × 2mm × 4cm)으로 자른다.
2. 버팔로 모차렐라를 토막 낸다.
3. 유장이 빠질 수 있도록 채에 받쳐둔다. 유장은 버리지 않고 담아 둔다.
4. 모차렐라와 해초를 섞어준다.
5. 소금 간을 한다.
6. 모차렐라치즈에 해초를 채워 준 다음 냉장고에 보관한다.
7. 밀가루, 전분, 달걀, 빵가루 순으로 튀김옷을 준비한다.
8. 165℃ 온도의 땅콩 오일에 튀긴다.
9. 키친 타올에 올려 기름기를 제거한다.

★ Colatura di alici 꼴라투라는 호박색의 투명한 액상 소스를 말한다. 한국식으로 보자면 멸치액젓과 유사할 것이다. 이것은 포화 상태인 물과 소금 용액에 멸치를 넣고 숙성시키는 전통적인 작업 방식을 통해 얻어진다. 이 용액의 기원은 고대 로마인으로 거슬러 오르는데 그들은 이와 매우 유사한 Garum이란 소스를 사용하였다.

소스 용

모차렐라 유장과 민트 잎 5장, 레드와인 식초, 엑스트라 버진 올리브오일을 핸드 기로 에멀션 한다.

마무리와 담기

1. 각 개인 접시에 호박을 담아 준다.
2. 접시 중앙의 호박 위에 튀긴 해초를 올린다.
3. 소스로 양념한다.
4. 신선한 민트 줄기로 장식한다.

INGREDIENTS	W/MEASURES
초절임 호박 용	
둥글게 자른 호박	4ea
신선한 민트 잎	5leaves
엑스트라 버진 오일	15mL
마늘	1clove
소금	pinch
소를 채운 해초	
빵가루	100g
버팔로 모차렐라	160g
해초류	30g
소금	pinch
밀가루	50g
옥수수 전분	30g
달걀	1ea
땅콩 오일	1mL
마무리	
민트	4stalks
민트 잎	8leaves
꼴라투라	as needed
레드와인 식초	20mL
올리브오일	50mL

Seared Goose Liver with Braised Mushroom

양송이 볶음을 곁들인 거위간 구이

1. 거위간을 손질한 후 80g으로 자른 다음 밀가루를 묻혀놓는다.
2. 후라이팬에 버터를 두른 후 갈색을 낸 후 오븐에 넣고 속까지 익힌다.
3. 다른 냄비에 버터를 두른 후 잘라 놓은 버섯을 볶아 준 다음 레드와인을 넣고 조려준 뒤 생크림과 설탕, 소금, 후추, 데미글라스를 넣어 조려 완성한다.
4. 차이브를 다져놓는다.
5. 접시에 브레이징 한 버섯을 깔고 거위간을 올려 준 다음 차이브 다진 것을 뿌려 완성한다.

INGREDIENTS	W/MEASURES
거위간(Goose Liver)	80g
양송이(Bottom Mushroom)	15g
표고(Shiitake Mushroom)	15g
느타리(Peurotus Ostreatus)	15g
새송이버섯(Newpine Mushroom)	15g
데미글라스소스(Demiglace Sauce)	30g
레드와인(Red Wine)	20mL
생크림(Fresh Cream)	15mL
설탕(Sugar)	5g
소금(Salt), 후추(Pepper)	5g
차이브(Chive)	2stalks

Scallops with Shiitake Mushroom and Balsamic Vinaigrette 발사믹비네그레트와 표고버섯을 곁들인 관자요리

1. 관자는 손질하여 냄비에 양파 다진 것과 관자살을 넣고 소금과 백후추를 조금 뿌리고 화이트와인으로 Shallow Poaching 한다.
2. 차이브는 잘게 썰고 통후추는 으깨 놓는다. 노란 파프리카, 붉은 파프리카의 반은 잘게 다져 놓고, 반은 가늘게 채 썰어 찬물에 담궈 놓는다.
3. 표고버섯은 적당한 크기로 썰어 올리브오일에 볶아주면서 소금으로 간을 한다.
4. Poaching해서 식힌 관자를 1/2 두께로 썰어 표고버섯과 차이브, 다진 바질, 발사믹 드레싱을 적당량 넣어 버무린다.
5. 접시에 채소샐러드를 깔고 피망샐러드와 무친 관자를 예쁘게 담아낸다.

Balsamic Essence 발사믹 엣센스

발사믹 식초를 반으로 조려 농도가 걸쭉하게 만들거나 다른 방법으로 발사믹 식초 200mL에 설탕 50g, 물엿 50g을 섞어 농도가 걸쭉해 질 때까지 조려 주는 방법이 있다.

Balsamic Viaigrette 발사믹 비네그레트

35page 참고

INGREDIENTS	W/MEASURES
관자(Scallop)	65g
표고버섯(Shiitake Mushroom)	20g
비트잎(Beet Leave)	1leaf
겨자잎(Mustard Leave)	1leaf
세이지(Sage)	1leaf
양파(Onion)	10g
붉은 파프리카(Red Paprika)	10g
노란 파프리카(Yellow Paprika)	10g
차이브(Chive)	2g
바질(Basil)	2g
화이트와인(White Wine)	20mL
발사믹비네그레트(Balsamic Viaigrette)	30mL
백후추(White Pepper)	pinch
레몬(Lemon)	1/8ea
올리브오일(Olive Oil)	15mL
소금(Salt)	pinch

Caponata

시칠리아의 전통요리로서 아랍인들의 영향을 받은 요리로 올리브오일에 보통 가지를 튀겨, 양파, 토마토, 케이퍼 등을 물기 없게 볶아서 새콤달콤한 소스를 곁들이는 요리이다.

Shrimp with Eggplant Caponata 새우를 곁들인 가지 카포나타

1. 새우를 내장과 껍질을 제거하고 손질하여 머리쪽 살을 벌려 나비모양으로 준비한다.
2. 샐러리와 양파는 다이스로 썰어 살짝 데쳐 놓는다.
3. 토마토를 블랜칭하여 살을 분리하여 콩까세한다.
4. 가지 다이스로 썰어 후라이펜에 기름과 양념하지 않고 수분이 증발 할 정도로 볶아놓고 그린올리브는 손톱크기로 4쪽 설어 놓는다.
5. 깊은 보울에 준비한 채소 모두를 올리브오일, 소금과 후추로 양념한다.
6. 후라이펜에 설탕을 붓고 열을 가해 캐러멜화 시킨 다음 식초를 넣어 캐러멜 농도가 될 때까지 조려 주도록 한다.
7. 5와 6을 합쳐 양념 후 원형틀을 접시 중앙에 놓고 담아준다.
8. 후라이팬에 새우를 익혀 중앙에 놓은 채소 주위에 예쁘게 담아 완성한다.

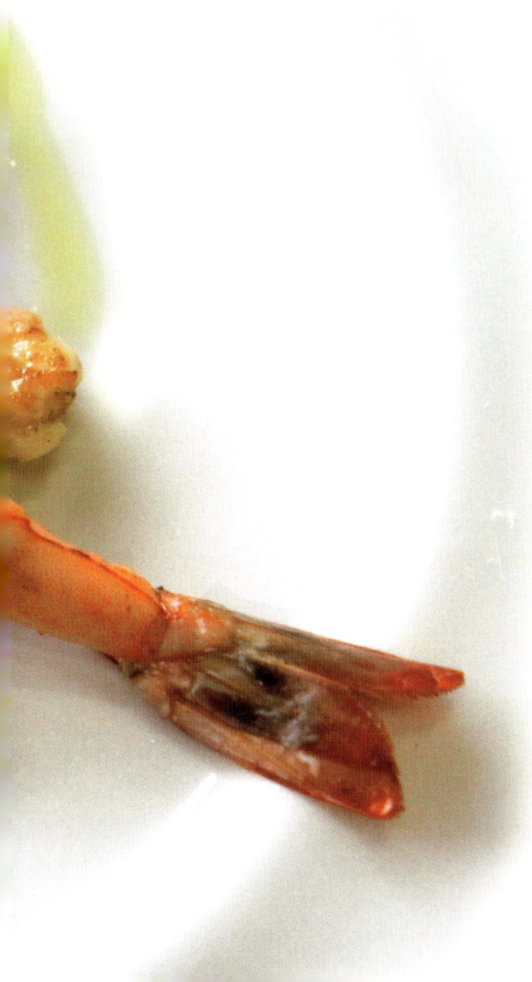

INGREDIENTS	W/MEASURES
중하(Shiba Shrimp)	3whole
가지(Eggplant)	50g
토마토(Tomato)	50g
그린올리브(Geen Olive)	1ea
잣(Pine Nut)	30g
양파(Onion)	30g
샐러리(Celery)	30mL
케이퍼(Caper)	30g
올리브오일(Olive Oil)	30mL
설탕(Sugar)	50g
화이트와인식초(White Wine Vinegar)	20mL
소금(Salt), 후추(Pepper)	pinch

Snail with Potato and Bottom Mushroom

감자와 양송이를 곁들인 달팽이요리

1. 달팽이는 내장과 껍질, 불순물을 제거하여 준비한다.
2. 감자는 둥글게 썰어 끓는 물에 데쳐낸 후 후라이팬에 정제버터를 넣고 갈색으로 구워준다.
3. 양송이는 껍질을 얇게 벗겨 웨이지로 6등분한다.
4. 시금치는 데쳐서 물기를 꼭 짜고 버터에 볶아 놓는다.
5. 파슬리는 다져 면보에 싸서 수분을 제거하여 준비한다.
6. 팬에 버터를 넣고 다진 마늘과 양파를 갈색이 날 때까지 볶다가 손질한 달팽이와 양송이를 넣고 볶은 후 레드와인을 넣어 조려준다.
7. 5에 데미글라스를 넣고 1/2정도 조린 후 버터 몬테하고 다진 파슬리를 넣어 마무리한다.
8. 접시에 구운 감자를 동그랗게 돌려 담고 가운데에 볶은 시금치를 놓고 그 위에 달팽이를 소복하게 담아 세이지로 장식한다.

★ 프랑스 디종 지방의 요리로써 포도농장의 포도잎을 달팽이가 갉아 먹여 피해를 주게 되자 영주가 농민들에게 달팽이를 잡아 먹으라고 한 것이 이 요리의 시작이라는 설이 있다. 달팽이에는 뮤신이라는 점액을 함유하고 있는데 이것이 조직의 수분을 유지시키고 혈관 내장 등에 윤기를 준다, 남성에게는 정력, 강장식품으로 여성에게는 미용 식품으로 미식가들에게 널리 사랑 받고 있다.

INGREDIENTS	W/MEASURES
달팽이(캔)(Snail)	10ea
레드와인(Red Wine)	30mL
양파(Onion)	50g
마늘(Garlic)	1clove
양송이(Bottom Mushroom)	10g
감자(Potato)	100g
시금치(Spinach)	20g
버터(Butter)	50g
파슬리(Parsley)	1stalk
세이지(Sage)	2g
데미글라스(Demi Glace)	30g
소금(Salt), 후추(Pepper)	pinch

Stuffed Onion with Salami Sausage & Light Peecorino Fondue 속을채운 양파와 페코리노 폼듀

1. 파이팬에 소금을 깔고 양파를 껍질 채 뿌리 부분을 소금에 심어 180℃ 오븐에 30분 구워준다.
2. 감자를 소금물에 푹 삶아 곱게 으깨어 놓는다,
3. 감자량의 20% 정도 당근을 다져 으깬 감자에 넛맥을 뿌리고 마늘 반 쪽을 강판에 갈아 첨가하고 파슬리 다진 것도 넣어 골고루 섞어준다. 여기에 살라미소시지를 다져 합쳐준다.
4. 익은 양파를 윗부분과 아랫부분을 잘라 속을 파낸다.
5. 양파 빈 공간에 3.의 감자를 채워 넣어 페코리노치즈 갈은 것을 양파 위에 뿌려 덮어서 진한 갈색이 될 때까지 오븐에 익혀준다.
6. 오븐에 나온 후 약간 식힌 다음 반으로 잘라 사용한다.
7. 생크림을 데운 다음 파르미자노 레자노 치즈와 페코리노 치즈를 같은 비율로 넣고 걸쭉한 농도가 되게 핸드블랜더에 갈아준다.
8. 6.의 양파에 뿌려 준다

INGREDIENTS	W/MEASURES
양파(Large Red Onions)	1ea
감자(Medium Potatoes)	1ea
살라미 소시지(Salami Sausage)	50g
파르미자노 레자노(Parmigiano Reggiano)	20g
파슬리(Parsley)	2stalks
마늘(Garlic Clove)	1/2ea
당근(Carrot)	20g
소금(Coarse Salt)	200g
넛맥(Nutmeg)	20g
페코리노치즈(Pecorino Cheese)	50g
생크림(Heavy Cream)	100mL

★ 이 요리는 사이드 디쉬, 더운 에피타이저로 사용할 수 있고, 살라미를 빼면 채식주의자 메뉴로도 가능하다.

★ 양파를 껍질 채 뿌리 부분을 소금에 심어주는 것은 삼투압현상으로 소금이 양파의 수분을 빼앗고 소금의 짠맛이 양파에 스며들기 때문이다.

2. 수프(Soup)

2-1. 수프의 개요

수프는 스톡(Stock)을 기초로 하여 육류, 생선, 채소, 가금, 야생조류 등을 단독 또는 조합으로 결합하며 만든 유동식이다. 국물을 다시 한번 조리하거나 또는 곁들임을 첨가하여 수프를 조리함으로 국물이 주요리가 되는 것과 건더기가 주요리가 되는 것이 있다. 전채요리와 마찬가지로 메인 요리를 먹기 전에 가볍게 먹는 식욕촉진제 역할을 한다. 가벼워야하며 거칠거나 양이 많으면 안 된다. 가볍고 위에 부담을 적게 주고 쉽게 섭취 할 수 있어 최근에는 유아식이나 노인, 환자식으로 널리 애용되고 있다.

수프의 역사를 살펴보면 8~9세기경 로마에서는 냄비에 음식물을 넣고 익혀 먹었는데, 이때 감칠 맛 나는 국물을 따로 먹었다. 르네상스시대에 프랑스인은 포타쥐(Potage)의 토대가 되는 국물(Bouillon)을 만들어 이용하였다. 당시에는 국물과 건더기를 따로 먹었는데 세월이 지나 국물에 건더기를 넣어 먹는 방식으로 변하였다. 즉, 마시는 것이 아니라 떠먹는 독립된 하나의 요리로 발전하였다. 우리나라의 경우도 밥과 국을 따로 제공 하지만 국에 말아서 먹는 것과 같은 방식이다. 우리나라의 유동식을 살펴보면 미음, 죽, 탕, 국 등이 있으며 미음과 죽은 전채의 성격으로 제공되었으며, 탕과 국은 부식으로도 애용하여 왔다. 때로는 칼국수나 떡국, 또는 만둣국처럼 주식이 되는 경우도 있고 외국의 경우도 러시안 채소 수프, 잉글리쉬 클램 차우더수프, 헝가리안골라쉬 수프 등이 주식으로 사용되기도 한다.

2-2. 수프의 종류(Kind of Soup)

수프는 온도에 따라 더운 것과 찬 것, 농도에 따라 맑은 것과 걸쭉한 것이 있다. 또 이용한 스톡이나 내용물에 따라 그 성격이나 명칭이 달라진다.

맑은 수프는 전분을 사용하지 않으며, 콩소메가 그 대표이고, 채소 수프와 부이용, 보르시치가 있다. 콩소메는 스톡이나 부용에 내용물과 향신료를 넣어 정제한 것으로 맑고 진한 갈색을 내야 한다. 콩소메의 어원이 "완성시키다"는 의미의 "콘수메이트"에 있다. 이것은 콩소메가 완전한 수프라는 뜻이라고 할 수 있다.

1) 더운 수프(Hot Soup)

① 부용(Bouillon)은 고기 덩어리와 뼈를 채소와 함께 물에서 장시간 푹 끓여서 주로 포타쥐의 토대가 되는 맑게 끓인 국물이다. 달걀흰자를 넣어 맑게 정제해서 콩소메로 사용한다. 채소 수프 등과 같이 재료 자체의 맛을 살리고 싶을 경우에는 푹 끓이는 시간을 짧게 조리한 맛이 연한 부용을 사용하고 콩소메 같이 푹 끓인 고기나 채소의 맛을 포타쥐로 마무리해서 맛을 낸 경우에는 긴 시간 푹 끓인 부용을 사용하도록 구분되어 있다.

쇠고기를 주재료로 만드는 비프 부용, 닭고기를 주재료로 만드는 치킨 부용으로 사용 구분하는 경우도 있지만, 보통 주방에서는 쇠고기, 닭고기 모두를 사용해 조화롭게 맛을 내고 편하게 사용한다.

② 콩소메를 위한 스톡은 고품질의 아주 신선한 것이어야 한다. 이를 위해서 소량의 스톡을 미리 끓여 맛과 향을 본다. 만약 스톡의 품질에 신뢰가 없다면 새로운 스톡을 준비하거나 신선한 맑은 수프를 사용한다.

정제되기 위해서는 살코기 간 것, 달걀흰자, 미르포아, 허브와 향신료 그리고 토마토나 다른 산성의 재료들은 혼합한다. 이 모든 재료들이 잘 조화를 이룬 콩소메(Consomme)를 준비하는데 다양한 역할을 한다. 재료들의 혼합은 스톡에서 불순물을 제거하고 맛을 유지함으로써 깔끔한 맛의 수프를 만들어 낼 수 있다. 언제나 완성된 콩소메의 좋은 맛과 질을 위해서 미르포아와 고기를 함께 잘 갈아주며 위생과 맛을 유지시키기 위해서는 달걀흰자와 더불어 아주 차게 보관해야 한다.

미르포아는 잘 섞이고 빠르게 맛이 어우러지도록 잘게 썰거나 갈아줘야 하는데 양파, 당근, 샐러리, 마늘, 대파, 순무 그리고 버섯과 같이 다양한 향의 채소들이 대표적이다.

신맛을 가지고 있는 것들을 제외한 정제 혼합물들은 섞어서 시간이 허락한다면 여러 시간 또는 하룻밤 정도 완전히 차갑게 해준다. 토마토같이 신맛을 내는 재료는 스톡과 정제 혼합물과 섞기 전에 넣어야 좋은 맛이 형성된다.

갈색을 내준 양파는 맛과 향을 더하기 위해 넣어준다. 다른 맛을 위한 재료들은 필요에 따라 특별한 맛을 내기 위해 사용된다.

허브와 향신료들 또한 정제 혼합물에 포함된다. 타라곤, 파슬리, 차이브, 딜, 타임의 잔가지나 줄기를 다른 신선한 허브, 정향, 월계수 잎, 통후추, 주니퍼베리 또는 오향, 생강과 레몬그라스들은 현대에 와서 콩소메를 연출하는데 특색을 이루기도 한다.

③ 걸쭉한 수프는 스톡에 첨가한 식품으로부터 걸쭉한 성분을 추출한 것이다. 밀, 감자, 마카로니, 쌀, 보리 등과 닭, 생선, 육류 등을 이용한다.

크림수프는 스톡에 흰색 루(White Roux)를 타서 끓여 걸쭉하게 하여 걸러내고 우유나 크림을 첨가하여 묽게 한다.

퓌레 수프는 완두콩, 리마 콩 같은 두류, 싱싱한 채소나 말린(Dried) 채소를 조리하여 분쇄기나 채에 내려 만든 수프를 "퓌레 수프"라 한다. 전분함량이 많은 채소나 감자, 쌀, 밀가루, 크림으로 농밀도를 맞추며 가니쉬는 챠이브, 파슬리, 크루톤(Croutons)을 곁들인다.

차우더는 생선, 조개, 감자와 채소로 만든 크림 형태의 건더기가 있는 수프다. 새우(Prawn Shrimp), 가시발새우(Scampi), 게(Crab), 바닷가재(Lobster) 등의 갑각류로 만든 걸쭉한 크림 형태의 수프를 비스큐(Bisque)라고 한다.

특별한 수프는 특정지역에 기원이 있는 것으로 훌륭한 전통과 역사가 있는 것이 많다. 잉글리쉬 크램 차우더(English Clam Chowder)는 이주민이 추위가 혹심한 겨울을 무사히 넘기는데 도움을 주었다. 이탈리아의 미네스트론(Minestrone)과 프랑스의 양파 수프 등이 있다.

2) 차가운 수프(Cold Soup)

차가운 수프는 대체적으로 서양요리에서 전채요리 개념이며 디저트로 활용이 되며 다른 요리들을 새롭게 하는 역할을 하고 차갑게 제공되는 요리이기 때문에 충분한 맛이 우러나도록 냉장 상태에서 몇 시간 혹은 하루 저녁 충분한 시간을 두고 여러 가지 맛이 잘 우러나도록 차갑게 해서 맛을 보는 것이 필요하다. 차가운 수프는 여름 식단으로 많이 이용하며, 체중조절과 체질개선 등의 목적으로 식이요법을 하는 사람들이 애용한다. 과일 수프, 찬 젤리 콩소메, 채소 수프, 감자 수프, 딜과 오이수프, 가스파초, 요구르트 수프 등이 있다.

차가운 수프들은 어떤 종류의 재료에 따라서 세 가지 조리법 중 하나의 방법에 의해 만들어진다. 채소와 과일 수프는 수프의 농도를 충분히 낼 만큼 아주 잘게 다지거나 퓌레에 의해 만들어진다. 크림수프는 벨루테(veloute), 베샤멜(bechamel), 감자 퓌레(potato puree)와 같은 농도 첨가제에 의해 만들어지며, 맑은 수프는 진한 스톡을 만들어 맑게하여 필요하다면 소량의 젤라틴 첨가에 의해 만들어진다.

① 채소와 과일 수프(Vegetable and Fruit Soup)

차가운 채소와 과일수프는 더운 날씨에 제공되는 전 세계적으로 인기 있는 음식이다. 많은 나라의 음식에는 각기 계절에 맞는 특별한 차가운 음식들이 있다. 체리(cherries), 멜론(melon), 토마토(tomato), 고추(peppers) 혹은 오이(cucumbers) 등이 좋은 예이다. 채소 과일수프는 가즈파쵸(gazpacho)와 같은 유쾌한 거친 식감으로부터 차가운 멜론수프와 같은 벨벳(velvet)과 같은 부드러운 식감까지 다양하다. 스톡이나 주스와 같은 것 들이 진한 퓌레를 묽게하기 위해 종종 사용된다.

② 크림 스타일 수프(Cream Style Soup)

차가운 크림수프는 더운 크림수프와 벨벳과 같은 부드러운 식감을 가져야 한다. 맛을 보고 평가 하고 식감과 점도를 잘 살펴야 한다. 차가운 수프는 차가워졌을 때 더 진해지므로 수프가 크림과 같이 부드럽지만 굳어지지 않도록 점도를 조정해야 한다. 좋은 차가운 수프는 맛을 보았을 때 지방으로 인해 너무 느끼함을 느끼지 않아야 하므로 다른 재료들에 비해 너무 많은 양의 크림을 넣지 않도록 해야 한다.

크림 우유 버터를 만들고 난 우유(buttermilk) 장식재료 그리고 그래니테(granite)와 같은 다른 재료들이 추가적으로 들어갈 수가 있다.

비쉬와즈(vichyssoise)는 찬 크림 스타일의 수프의 고전적인 예이다. 이는 감자와 대파의 퓌레로 만들어진다. 다른 차가운 수프들은 크림 스타일 혹은 벨루테 수프를 기초로 해서 만들어진다. 전통적으로 차가운 크림 요거트 혹은 크렘 프레쉬(creme fraiche)로 마무리를 한다.

③ 맑은 차가운 수프(Crear Cold Soup)

맑은 수프를 완벽하게 잘 만들기 위해서는 깊고 풍부한 맛이 있어야만 한다. 수프의 구성은 젤리처럼 서빙을 하려고 한다면 녹은 젤라틴의 첨가에 의해 수정되어지기도 한다. 모든 맑은 수프가 젤리같지는 않지만 목적하는 접시 구성 방법에 따라 몇몇 레시피들은 맛있는 스톡 가니쉬가 되거나 만들어진 그 자체로 구성을 하였다.

맑은 차가운 수프는 진하고 깨끗한 스톡 혹은 주스가 기본이다. 향을 뽑은 용액 엑기스 혹은 잘 걸러진 퓌레들이 독특한 특징을 만들기 위해서 종종 사용되기도 한다. 콩소메 젤리(jellied consommes)와 같이 전통적인 맑은 차가운 수프는 젤을 만들기 위해 젤라틴을 충분히 잘 녹여서 넣어준다. 젤리 맑은 수프는 야들야들하게 살짝 모양을 유지하고 입에서는 바로 녹여야 한다.

가금류의 맑은 수프에도 육류의 위와 같은 사실이 적용된다. 이것은 스튜한 암탉이나 더 성숙한 야생조류들의 깊은 향미를 얻기 위한 최선이 선택이다.

생선의 경우 신선도는 생선이 비교적 지방질인지 또는 살코기인지에 주로 관련이 있다. 따라서 넙치, 광어, 도다리, 대구와 같은 하얀색의 살코기를 가진 고기의 살이 사용된다. 고등어와 같은 등 푸른, 기름지고 향이 강한 종류의 생선들은 생선 특유의 비린내 때문에 사용에 신중해야 한다. 갑각류와 조개류의 경우 대부분 바다 밑에서 생활하기 때문에 잔모래들의 흔적을 제거하기 위하여 매우 조심스럽게 걸러 주어야 한다. 소량의 액체를 가지고 조리되어진 갑각류들은 양질의 맑은 국물을 얻을 수 있다.

맑은 수프를 위해 여러 종류의 채소들로부터 나온 유익한 부산물들은 맑은 수프를 만들기 위하여 사용되어질 수 있으며 콜리플라워, 양배추와 같은 양채류들은 아주 강한 향을 가지고 있어 채소 향의 강도와 맑은 수프의 조화에 어떤 영향을 줄 수 있다는 것을 고려해야 한다.

3) 스페셜 수프(Special soup(Potages speciaux))

특별한 수프는 특정지역에 기원이 있는 것으로 훌륭한 전통과 역사가 있는 것이 많다. 특이한 재료를 사용하여 만들거나 독특한 방법으로 조리하는 수프류로써 잉글리쉬 크램 차우더(English Clam Chowder)는 이주민이 추위가 혹심한 겨울을 무사히 넘기는데 도움을 주었다. 대표적으로 이탈리아의 미네스트론과 프랑스의 양파 수프 등이 있고 그밖에 바닷가재 비스크 수프(Crayfish bisque Soup), 생선 수프(Fish Soup), 게임 수프(Puree of Game Soup), 모조 자라 수프(Real Soup Lady Gurzon) 등이 있다.

(1) 채소 수프(Vegetable Soups : Potages Aux Legumes)

여러종류의 채소를 주사위 꼴로 썰어 소테하여 끓이는데 걸러내지는 않는다.

다진 파슬리나 챠이브(Chive) 또는 처빌(Chervil)로 가니쉬 해야만 하며 밀가루나 감자를 사용하여 농도를 맞춘다.

(2) 퓌레 수프류(Puree Soups : Potages Purees)

싱싱한 채소나 말린(Dried)채소를 사용하여 조리하여 분쇄기나 채에 내려 만든 수프를 흔히 "퓌레 수프"라 한다. 전분함량이 많은 채소나 감자, 쌀, 밀가루, 크림으로 농밀도를 맞추며 가니쉬는 챠이브, 파슬리, 크루톤(Croutons)을 곁들인다.

(3) 스페셜 수프류(Special Soup : Potage Speciaux)

특이한 재료를 사용하여 만들거나 독특한 방법으로 조리하는 수프류

① 바닷가재 비스크 수프(Crayfish Disque Soup)

② 생선 수프(Fish Soup : Velout de Poisson)

③ 게임 수프(Puree of Game Soup : Puree de Gibier)

④ 모조 자라 수프(Real Soup Lady Gurzon)

4) 내셔널 수프류(National Soup : Petages Nationaux)

조리하는 방법이 아주 다양하고 독특해서 수프의 명칭을 그 기원이 되는 국가에서 불리우는 대로 표기한 것이다.

① 부야베스 알라 프로 방살 : Bouillabaisse a la Provencale

② 뷰제카 수프 : Busecca(Busecca Soup) Italian Specialty

③ 가스파초 : Gazpacho(Spanish Specialty)

④ 미네스트론 수프 : Minestrone Soup(Italian Specialty)

⑤ 멀리거토우니 수프 : Mulligatawny Soup(Indian Specialty)

2-3. 수프의 곁들임(Garnish with Soup)

수프의 맛과 모양을 빛나게 하는 역할을 하는 것이 곁들임(Garnicher)이다. 곁들임은 해당 수프와의 조화와 어울림을 고려하여 선정하는 것이 바람직하고 수프를 조리 할 때 사용한 육류나 생선, 채소나 향신료를 적절한 모양과 크기로 자른 다음 제공하는 것이 일반적이다.

곁들임 채소는 신선한 것으로 선정하고 일정한 모양으로 자른 다음 살짝 데치거나 튀겨 사용한다. 당근, 양파, 샐러리, 파슬리, 대파, 휜넬 등과 같이 향이 많고 감미가 있는 것이 좋다. 곁들임의 크기는 작고 모양이 예쁜 것이 좋으며, 크림수프에는 크루톤(Crouton), 사워크림(Sour Cream), 휘핑크림(Whipping Cream)이 일반적이며 채소, 파슬리, 달걀요리, 덤블링(Dumpling), 팬 케익(Pan Cake), 송로버섯(Truffle) 등을 맑은 수프에 보편적으로 많이 사용된다. 다음은 수프의 곁들임 재료를 상세히 설명한 것이다.

[표 2-1]

곁들임	
크루톤(Croutons)	식빵을 정방형(1cm) 크기로 썰어 정제 버터를 묻혀 오븐에서 갈색이 나게 구운 것인데 크림수프나 퓌레수프에 곁들인다. French Bread에 치즈를 얹어 구운 것을 어니언 수프에 사용하기도 한다 . Bread, Toast, Pastry 등으로 만들기도 하며, Choux와 Cream Puffs은 속을 채워서 제공
곡류	쌀과 보리 등을 삶아서 가니쉬로 이용
육류	쇠고기, 소혀(Tongue) 등을 작은 주사위, 성냥개비, 막대모양으로 썰어 넣는다.
가금류	육류와 마찬가지로 잘게 썰거나 채로 만들어 넣는다.
치즈	치즈 볼 또는 분말로 만들어 넣거나 크루톤에 녹여 쓰기도 한다.
유제품	샤워 크림(Sour Cream)과 휘핑크림(Whipping Cream)이 이용된다. 생크림 거품기로 휘핑하여 크림수프나 비스큐 수프에 사용
어패류	수프에 사용한 조개류, 갑각류를 충분한 양으로 잘게 썰어 넣는다.
파스타	롱파스타, 쇼트파스타 등 파스타류를 미네스트로네수프나 채소수프
향미채소	버섯, 당근, 샐러리, 호박, 토마토, 휀넬, 차이브, 딜 등을 여러 가지 모양과 크기로 만들어 데쳐 넣는다. 대개 Julienne, Brunoise, Paysanne, Printaniere등으로 만들어 사용한다.
크레이프(Crepes)	달걀, 밀가루, 소금을 혼합하여 팬에 얇게 구운 다음, 세모, 네모 또는 둥글게 썰어 띄어 준다.
달걀로얄(Royal)	달걀, 우유, 부이용, 소금을 섞은 다음 중탕에 익혀서 식으면 다이아몬드 모양으로 썰어 띄워준다.
덤블링(Dumpling)	밀가루, 간(肝)류, 채소, 생선, 육류, 양파, 파슬리, 허브, 달걀, 빵, 쌀, 감자, 라비오리, 파스타 등으로 만들어 사용한다.

Egg Omelet Shreds	달걀에 파르메산 치즈, 허브, 곱게 다진 햄 등을 넣고 섞은 다음, 오믈렛처럼 익히면서 둥글게 만다. 기름종이로 싸서 식힌 다음 얇게 슬라이스해서 수프에 띄워준다.
견과류	싹 구운 슬라이스 아몬드, 멜바- 토스트, 크래커류, 패스추리와 브레드스틱 등 크리스피한 재료들을 단독으로 또는 다른 것과 함께 제공한다.

(1) 콩소메 수프(Consommé soup) 주요 곁들임

Consommé quenelles : 육류, 치킨, 퀴넬을 장식한 것

Consommé royal : 달걀을 중탕으로 찐 후 식혀 다이아몬드 모양으로 썰어 띄운 것

Consommé julienne : 채소(무, 당근, 샐러리, 부추)를 익혀서 성냥개비모양으로 썰어 띄운 것

Consommé celestine : 얇은 팬 케이크을 구워 얇게 채 썰어 띄운 것

Consommé paysanne : 채소를 은행잎 모양으로 얇게 썰어 띄운 것

Consommé puff pearls : 걸쭉한 팬케이크 반죽을 콜렌더에 부어 뜨거운 기름에 튀겨내어 기름을 뺀 후 서빙 시 뿌려준다.

2-4. 수프 조리 시 도구의 선택과 사용

조리 기구를 갖출 때 맑은 수프를 조리할 수 있을 만큼 충분한 용량의 큰 냄비를 선택하는 것이 좋다. 표면에 불순물이나 기름을 쉽게 걷어낼 수 있을 뿐만 아니라 조리하는 동안 수프가 끓어 올라도 충분할 만큼 냄비의 위쪽에 충분한 여유 공간이 있어야 한다. 냄비는 키가 작고 넓은 것보다는 좁고 높은 것이어야 한다. 만약 가능하다면 맑은 수프를 쉽게 걸러낼 수 있도록 꼭지를 가진 냄비를 선택한다. 또한 스키머와 국자 그리고 보관하거나 저장할 용기 거르는 기구 맛을 보는 수저와 컵 그리고 커다란 고기를 제거할 주방용 포크가 필요할 것이다. 콩소메에 필요한 기구는 다음 사항을 특별히 고려한다면 맑은 수프를 위해 앞서 제시한 것과 유사하다. 냄비의 바닥은 정제 혼합물이 들러붙거나 누는 것을 방지하기 위해 두꺼워야하고 넓이보다는 깊이가 있어야 한다. 가능한 한 열이 고르게 전달되는 증기솥과 윗부분이 평범한 가스레인지가 콩소메를 만드는데 이상적이다.

Goulash Soup 굴라쉬 수프

1. 감자와 양파, 피망은 가로 세로 0.5cm로 작은 주사위꼴로 썬다.
2. 마늘은 다져놓고 베이컨과 쇠고기는 가로 세로 0.7cm 정도의 주사위모양으로 썰기한다.
3. 냄비에 베이컨과 썰은 고기를 넣고 볶다가 마늘과 양파를 넣어 갈색이 날 때 까지 볶아준다.
4. 3에 버터를 넣고 밀가루를 넣고 갈색이 날 정도 고루 볶는다.
5. 4에 토마토패스트를 넣어 볶아주고 파프리카 넣고 고루 섞어 볶아준 후 적량의 향신료를 넣는다.
6. 5에 준비된 스톡을 부어 끓기 시작하면 약한 불에서 고기가 충분히 익을 때까지 끓여 주고 감자를 넣어 익으면 소금 · 후추로 간하여 마무리하고 그릇에 담아 완성한다.

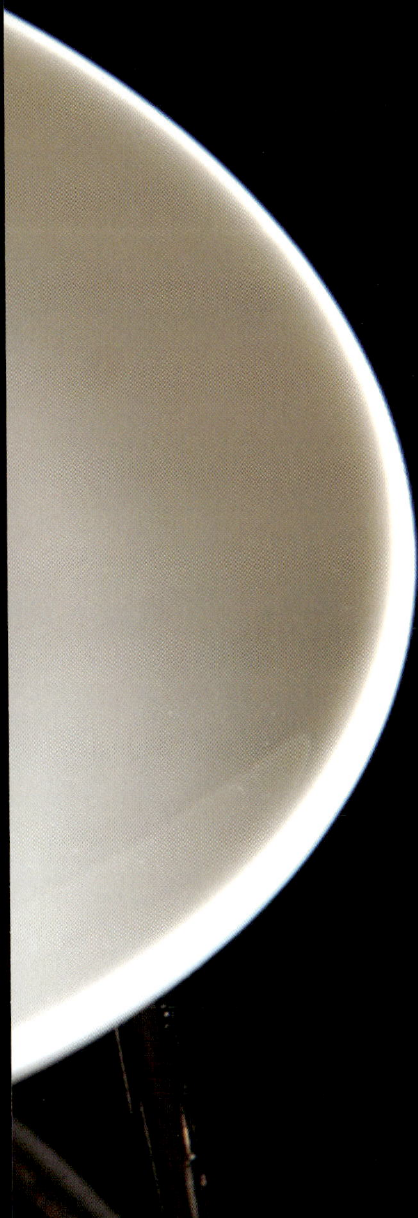

key points

1. 채소의 크기는 정확히 썬다.
2. 밀가루를 채소와 볶을 때 타지 않도록 조심한다.
3. 감자를 비롯한 채소는 과도하게 익히지 말고 특히 청피망은 완성직전에 넣어 푸른 색을 유지한다.

INGREDIENTS	W/MEASURES
양파(Onion)	25g
마늘(Garlic)	5g
토마토 페이스트(Tomato Paste)	15g
카라웨이씨(Caraway Seed)	5seeds
세이지(Sage)	2g
소금(Salt), 후추(Pepper)	pinch
베이컨(Bacon)	10g
파프리카(Paprika Powder)	3g
쇠고기스톡(Brown Stock)	80mL
월계수 잎(Bay Leaf)	1leaf
청 피망(Green Pimento)	25g
버터(Butter)	10g
쇠고기(Beef Rump)	60g
밀가루(Soft Flour)	10g
감자(Potato)	30g
마조람(Majoram)	2g
붉은 피망(Red Pimento)	25g

Chicken Soup with Noodle 누들을 곁들이 닭고기 수프

1. 닭고기는 껍질을 제거하고 뼈와 살을 분리하여 뼈와 양파, 당근, 샐러리, 향신료를 넣고 진한 치킨스톡을 만든다.
2. 찬물에 샤프란을 넣고 중불에서 끓여 주스를 만든다.
3. 밀가루, 달걀, 소금, 샤프란주스를 넣고 샤프란 누들 반죽을 한 후 밀대로 밀어서 두께 1mm, 폭 5mm로 썰어 삶아 찬물에 식혀 올리브오일을 발라 보관한다.
4. 끓는 1.의 스톡에 가슴살을 넣어 익으면 건져 식혀서 잘게 찢어 소금과 후추로 양념해 놓는다.
5. 양파, 당근, 샐러리를 줄리앙으로 썰어 강한 불에서 볶고, 화이트와인을 넣어 조린 다음 치킨스톡을 넣고, 은근히 한 소금 끓인 다음 준비한 샤프란 누들과 살코기를 넣어 10초정도 더 끓인다.
6. 수프볼에 샤프란누들, 채소, 닭고기 순으로 놓고 치킨스톡을 조심스럽게 붓고 처빌로 가니쉬한다.

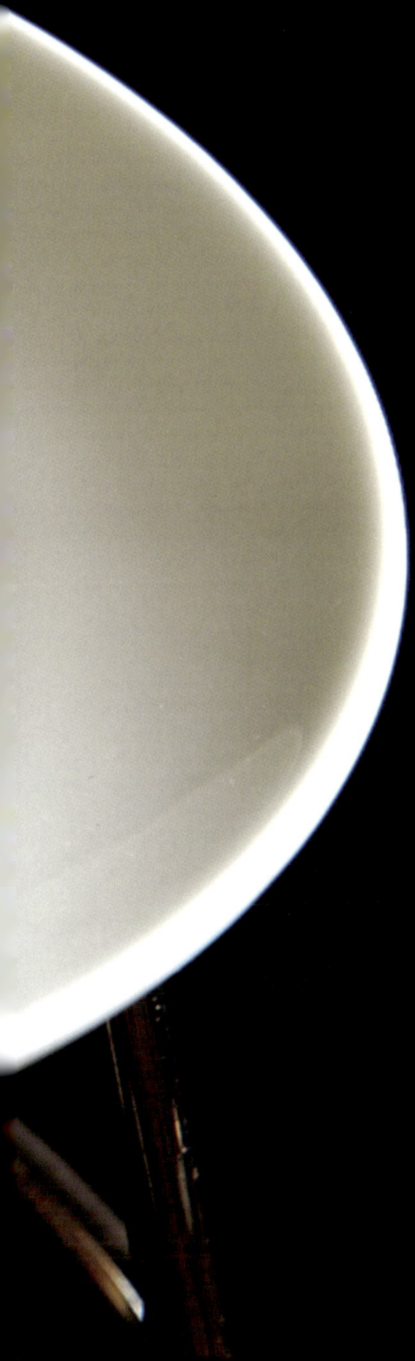

key points

1. 닭을 손질하여 먼저 치킨스톡을 넣고 맛이 우러나면 살코기를 넣어 익힌다.
2. 익힌 살코기를 잘게 채 썰어 반드시 소금과 후추로 양념한다.
3. 반죽은 굴루텐 형성이 잘 이루어지게 오래 반죽하여 수프 완성직전에 넣어 제공한다.

INGREDIENTS	W/MEASURES
닭고기(Chicken Meat Bone)	150g
양파(Onion)	20g
처빌(Chervil)	2g
월계수잎(Bay Leaf)	1leaf
올리브오일(Olive Oil)	20g
당근(Carrot)	20g
화이트와인(White Wine)	30mL
샤프란(Saffron)	pinch
밀가루(Soft Flour)	40g
소금(Salt), 후추(Pepper)	pinch
샐러리(Celery)	20g
마늘(Garlic)	3g
백리향(Thyme)	1stalk
달걀(Egg)	1ea

Chicken Consomme with Quenelle 닭고기 콩소메와 퀴넬

1. 닭은 깨끗이 씻어 뼈를 분리하고 껍질을 제거한 후 가슴살은 퀴넬용으로 곱게 다져서 고운 채에 내린다.
2. 뼈와 양파는 팬에 볶아 치킨스톡용을 끓이고, 나머지 살은 곱게 다져서 적량의 달걀 흰자와 향신료, 채소를 넣고 버무려 준비한다.
3. 스톡이 우러나면 걸러주고 바닥이 두꺼운 냄비에 버무린 재료를 넣고 차게 식힌 치킨스톡을 넣어 나무 주걱으로 저어주며 중불에서 끓이다가 중앙에 구멍을 내고 약한 불에서 은근히 끓인다.
4. 채에 내린 퀴넬용 닭고기에 화이트와인, 생크림을 넣고 나무주걱으로 반죽하여 농도를 맞추고 다진 파슬리를 넣고 소금 · 후추로 간을 한 후에 퀴넬을 숟가락 2개를 이용하여 모양을 낸 후 끓는 스톡에 익혀 건져내서 식힌다.
5. 완성된 콩소메를 고운 채에 소창을 받혀 걸른 후 퀴넬을 담아 완성한다.

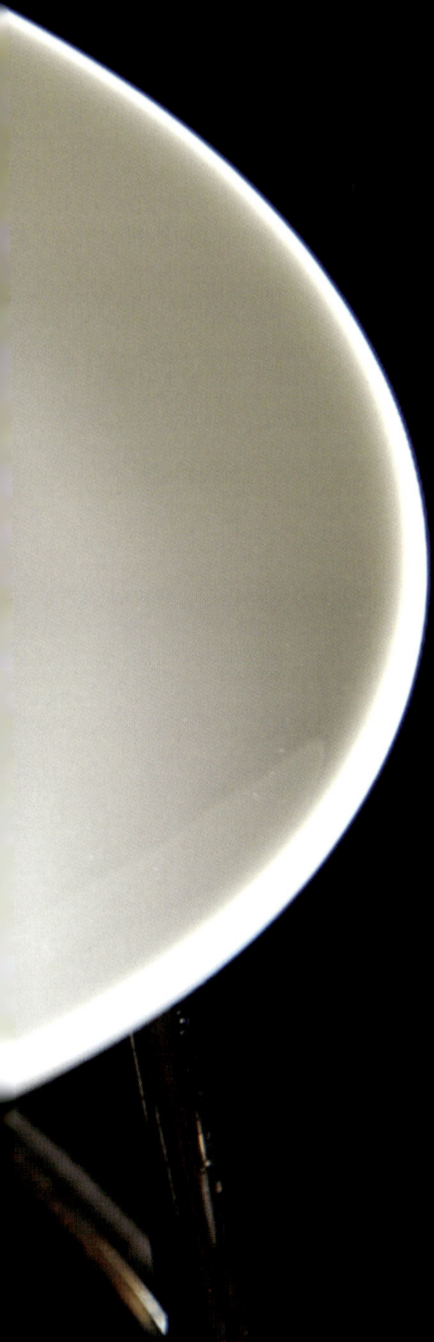

key points

1. 퀴넬의 농도에 유의하고 요구하는 모양과 개수에 따른다.
2. 수프의 색상이 연갈색이며 기름기가 없어야 하며 투명해야 한다.

Chicken Quenelles 닭고기 퀴넬

1. 닭고기를 깨끗이 손질하여 곱게 다져서 채에 거른다.
2. 믹싱볼을 얼음 위에 놓고 채에 내린 닭고기, 소금, 백후추, 달걀 흰자, 크림순으로 넣고 고루 섞는다.
3. 남은 스톡에 소금으로 간한 후에 타원형의 완자를 만들어 익혀낸다.
4. 익어서 떠오르는 완자는 건져서 식힌다.

닭고기 70g, 화이트와인 20mL, 생크림 10mL, 소금 · 후추 pinch, 달걀 1ea, 찬물(Cold Water) 500mL

INGREDIENTS	W/MEASURES
닭고기(Chicken With Bone)	100g
찬물(Cold Water)	500mL
통후추(Whole Black Pepper)	1g
파슬리(Parsley)	3g
당근(Carrot)	15g
브랜디(Brandy)	15mL
달걀(Egg)	1ea
월계수 잎(Bay Leaf)	1leaf
생크림(Fresh Cream)	20mL
샐러리(Celery)	15g
양파(Onion)	30g
신선한 다임(Fresh Thyme)	2g
화이트와인(White Wine)	10mL
소금(Slat), 후추(Pepper)	pinch

Chicken Consomme with Egg Royal Mosaic

닭 콩소메와 마름모형의 달걀찜

1. 치킨은 손질하여 껍질을 없앤 다음 뼈와 살을 분리하여 살은 곱게 다지고 뼈와 양파는 갈색으로 볶아 치킨스톡을 끓인다.
2. 다진 살은 달걀 흰자와 양파, 당근, 샐러리, 다진 향료, 화이트와인을 넣고 버무려서 바닥이 두꺼운 냄비에 넣고 버무려서 바닥이 두꺼운 냄비에 넣고 차게 식힌 치킨스톡을 넣어 나무 주걱으로 저어준다.
3. 중불에서 시작해 끓으면 중앙에 구멍을 내고 약한 불에서 은근히 끓인다.
4. 달걀 1개를 흰자와 노른자로 분리하여 각각의 달걀에 소금을 약간씩 넣고 거품기로 골고루 섞어준 후 위에 뜨는 거품은 걷어내고 사각형 몰드나 그릇에 각 재료를 넣고 90℃로 예열된 오븐에서 중탕으로 약 10분간 익혀서 식힌다.
5. 익은 달걀을 찬물에 식힌 후 마름모형으로 썰어 준비한다.
6. 충분히 끓은 콩소메를 고운 채에 융을 바쳐 거른다.
7. 6에서 기름기는 걷어내고 소금, 브랜디로 양념한 후에 그릇에 담고 준비된 달걀(Egg Royal)을 장식으로 띄워 완성한다.

key points

1. 닭고기에 함유된 영양성분을 추출하는 수프이므로 투명하고 맑아야 한다.
2. 가운데 지름 4cm 정도의 공기구멍을 내어 기름과 거품을 제거해야 한다.
3. 불조절에 유의하고 수프의 색은 연갈색이 되어야 한다.

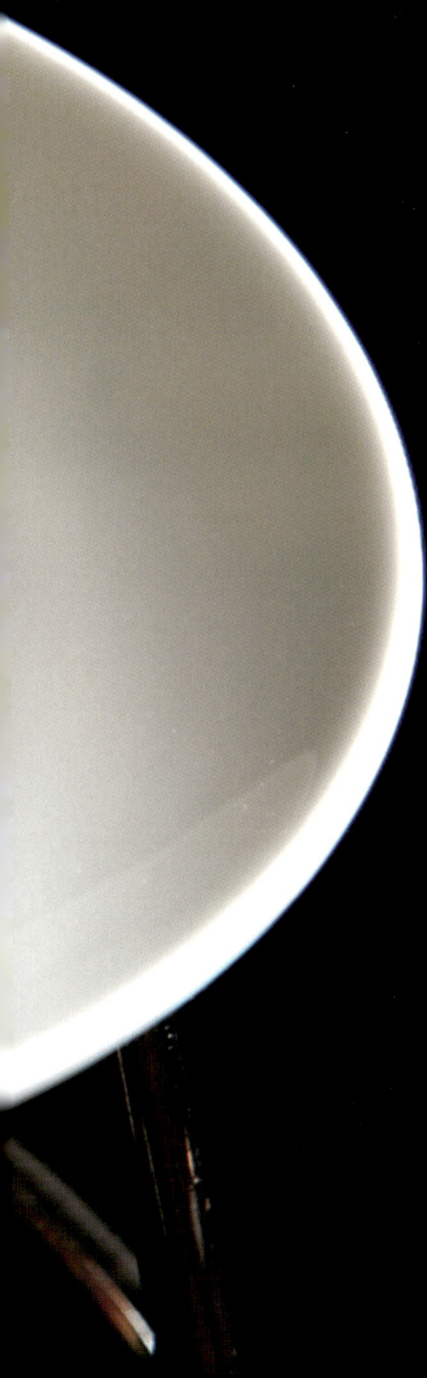

INGREDIENTS	W/MEASURES
닭고기(Chicken)	120g
통후추(Whole Black Pepper)	3g
파슬리(Parsley)	1stalk
브랜디(Brandy)	10mL
달걀(Egg)	2ea
월계수 잎(Bay Leaf)	1leaf
화이트와인(White Wine)	20mL
당근(Carrot)	25g
양파(Onion)	50g
후레쉬 다임(Fresh Thyme)	1stalk
샐러리(Celery)	25g
소금(Salt), 후추(Pepper)	pinch

Sweet Pumpkin Bisque with Whipped Egg White

휘핑한 달걀 흰자를 곁들인 단호박 비스큐

1. 단호박을 껍질과 씨를 제거하고 잘게 썰어 놓는다.
2. 팬에 다진 양파, 대파를 넣고 볶은 후에 호박 썰은 것을 넣고 충분히 볶아 익힌다.
3. 호박을 익히면서 주걱으로 부서주고 화이트와인을 넣고 절반으로 조려준다.
4. 3에 소량의 밀가루를 넣고 볶은 후 치킨스톡을 넣어 충분히 끓여준다.
5. 4를 블랜더에 갈아서 채에 내려 다시 은근히 끓여 크림을 넣고 소금 · 후추로 맛을 낸다.
6. 달걀 흰자는 거품을 낸 후 적량의 소금을 넣고 숟가락 2개를 이용하여 퀴넬형태로 만들어 끓는 물에 넣어 익힌 뒤 찬물에 식힌다.
7. 완성된 수프를 그릇에 담고 달걀 퀴넬을 띄워 물냉이와 호박으로 장식한다.

key points

1. 잘 익은 단호박을 선택해야 맛과 색상이 좋다.
2. 껍질을 제거시 조심스레 작업한다.
3. 호박을 익힐때 주걱으로 잘 으깨어 주며 익힌다.
4. 완성된 수프를 고운 채에 걸러야 곱고 광택이 난다.
5. 달걀 흰자를 충분히 휘핑하면 퀴넬 모양으로 잘 만들 수 있다.

INGREDIENTS	W/MEASURES
단호박(Sweet Pumpkin)	100g
버터(Butter)	40g
달걀(Egg)	1ea
화이트와인(White Wine)	10mL
양파(Onion)	30g
밀가루(Soft Flour)	10g
물냉이(Water Cress)	3g
소금(Salt), 후추(Pepper)	pinch
대파(Green Onion)	10g
치킨스톡(Chicken Stock)	60mL
크림(Vegetable Cream)	20mL

Manhattan Clam Chowder

맨하탄식 조개 수프

1. 조개는 손질하여 소금물에 해감을 시켜 놓는다.
2. 양파, 당근, 샐러리, 대파, 베이컨을 작은 주사위 꼴로 썰어 준비하고 감자도 같은 크기로 썰어 물에 담궈 놓는다.
3. 냄비에 화이트와인, 다진 양파를 깔고 물을 넣은 후 해감시킨 조개를 넣고 뚜껑을 덮어 은근한 불에 올려 껍질을 벌린 후 살은 발라내고 즙은 걸러서 준비한다.
4. 작은 주사위꼴(The Small Dice : 3mm × 3mm × 3mm)로 썬 베이컨을 넣고 볶다가 같은 크기로 썬 양파, 당근, 샐러리, 대파 순으로 넣고 부드럽게 볶아준 후 다진 마늘을 넣고 볶는다.
5. 4에 소량의 밀가루를 넣고 고루 볶아 준 후 크림을 넣고 조린다.
6. 5에 조개스톡과 오레가노, 다임, 월계수 잎을 소창천에 싸서 넣고 은근히 끓여준다.
7. 6에 주사위 꼴로 썬 감자를 넣고 익을 때까지 끓인 다음 토마토콩카세를 넣고 마무리 한다.
8. 부케가르니(Buquet Garni)를 건져내고 조갯살을 넣은 후 소금 · 후추로 간하고 조금 더 끓여 그릇에 담아 완성한다.

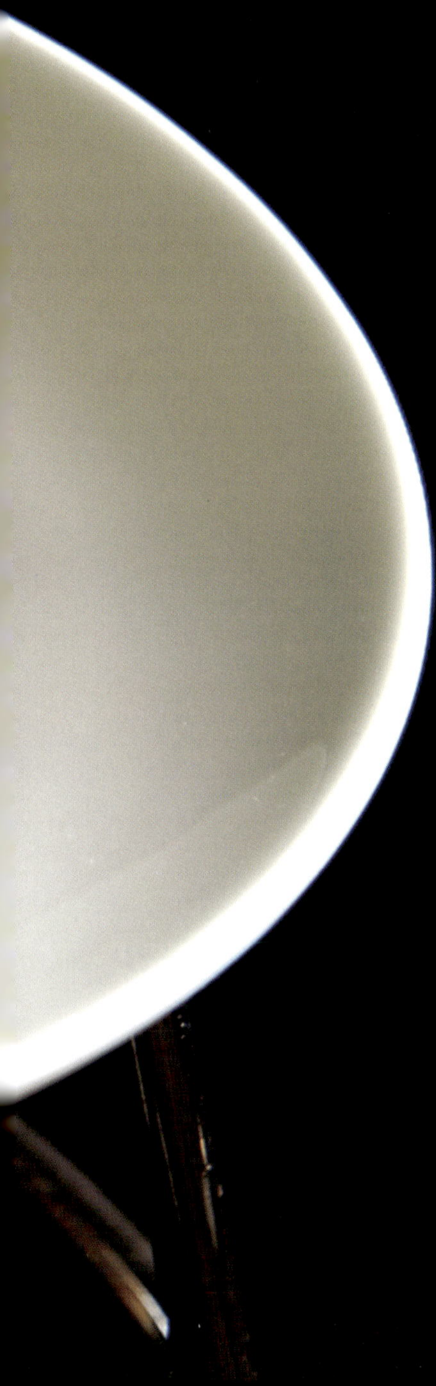

key points

1. Chowder란 크림형태의 걸쭉한 수프를 말하며 수프안에 건더기가 많이 곁들여 진다.
2. 조개에는 모레를 많이 함유하므로 해감을 오래 하고 조심스레 손질 후에 사용한다.
3. 양파의 자투리는 조개스톡 만들 때 사용한다.
4. 조개스톡의 시원한 맛은 질소화합물인 타우린 아미노산, 베타인, 핵산, 호박산 등의 작용에 의해 형성된다.

INGREDIENTS	W/MEASURES
조개(Clam)	12ea
화이트와인(White Wine)	40mL
당근(Carrot)	20g
마늘(Garlic)	2g
다임(Thyme)	1stalk
홍 피망(Red Pimento)	10g
소금(Salt), 후추(Pepper)	pinch
베이컨(Bacon)	30g
양파(Onion)	30g
대파(Leek)	20g
토마토(Tomato)	30g
오레가노(Oregant)	3g
생크림(Fresh Cream)	30mL
밀가루(Soft Flour)	10g
샐러리(Selet)	40g
청통후추(Whole Green Pepper)	1g
월계수잎(Bay Leaf)	1leaf
감자(Potato)	20g
버터(Butter)	30g

key points

1. 생선스톡은 약한 불에서 30분을 넘기지 않는다.
2. 생선스톡을 진하게 하려면 면보로 스톡을 거른 다음 조려서 만든다.
3. 생선스톡은 가능한 맑게 만들어야 한다.
4. 샤프란은 화이트와인에 용해시켜서 사용해도 되고 직접 생선스톡에 넣어서 사용해도 좋다.
5. 생선살과 조개, 관자 그리고 새우살은 살짝 익힌다. 해산물을 많이 익히면 부스러지기 쉽고, 부피가 많이 줄어들고 모양도 나지 않는다.
6. 서빙 시 바게트 빵을 곁들이면 좋다.

★ Bouillabaisse는 프랑스 스타일의 맑은 해산물 수프를 말한다.

Bouillabaisse 브야베스 수프

1. 가자미는 뼈와 살을 분리한 후 뼈를 이용하여 생선스톡을 만든다.
2. 홍합, 조개, 새우, 관자를 깨끗하게 손질하여 놓는다.
3. 팬에 올리브오일을 두르고 마늘, 파, 양파 다진 것을 넣고 볶다가 화이트와인과 함께 새우, 관자살을 넣고 살짝 볶는다.
4. 3에 토마토 다진 것, 다임를 넣고 조금 더 볶다가 생선스톡과 샤프란을 넣어 끓인다.
5. 다른 냄비에 홍합과 조개, 가자미 살을 넣고 화이트와인을 뿌려주면서 살짝 익힌다.
6. 해산물이 완전히 익으며 간을 맞추고 보기 좋게 접시에 담아낸다.
7. 4에 5를 넣어 한번 더 끓여 처빌과 바질로 가니쉬 한다.

※ 약한 불에서 서서히 끓여 생선살이 부서지지 않고 과도하게 조리되지 않도록 하고 샤프란 향과 시원한 해산물 맛이 나야한다.

INGREDIENTS	W/MEASURES
홍합(Mussel)	2ea
관자(Scallop)	2ea
마늘(Garlic)	5g
샤프란(Saffron)	2g
토마토(Tomato)	10g
처빌(Chervil)	2stalks
조개(Clam)	5ea
가자미(Sole)	50g
파(Leek)	10g
화이트와인(White Wine)	60mL
다임(Thyme)	1stalk
소금(Salt), 후추(Pepper)	pinch
새우(30미)(Shrimp)	3ea
양파(Onion)	25g
파슬리(Parsely)	30g
올리브오일(Olive Oil)	10mL
딜(Dill)	2g
바질(Bail)	1leaf
오징어다리(squid leg)	10g

Shrimp Bisque

새우비스큐 수프

1. 새우는 깨끗이 씻어 몸통, 머리로 분리하고 내장을 제거한 수 머릿속의 검은 부분은 흐르는 물에 씻어 낸다.
2. 팬에 버터를 두루고 다진 양파와 대파를 볶다가 일부 새우 살과 머리를 넣고 붉은색이 날 때까지 볶는다.
3. 2에 토마토 페이스트를 넣어 볶다가 화이트와인과 브랜디를 넣고 조려준다.
4. 3에 물기 제거 후 씻어 고루 볶은 스파이스(Spice)와 채소스톡을 넣고 끓여준다.
5. 충분히 끓여준 후 고운 채에 내려 다시 끓이면서 생크림을 넣고 농도를 조절해서 소금 · 후추로 간하여 마무리하고 볼에 담는다.
6. 새우 살은 Shallow Poach하여 한 마리는 세우고 나머지는 중간 크기 다이스(Medium Dice : 6mm × 6mm × 6mm)로 썰어 넣고 휘핑크림과 처빌로 장식하여 마무리한다

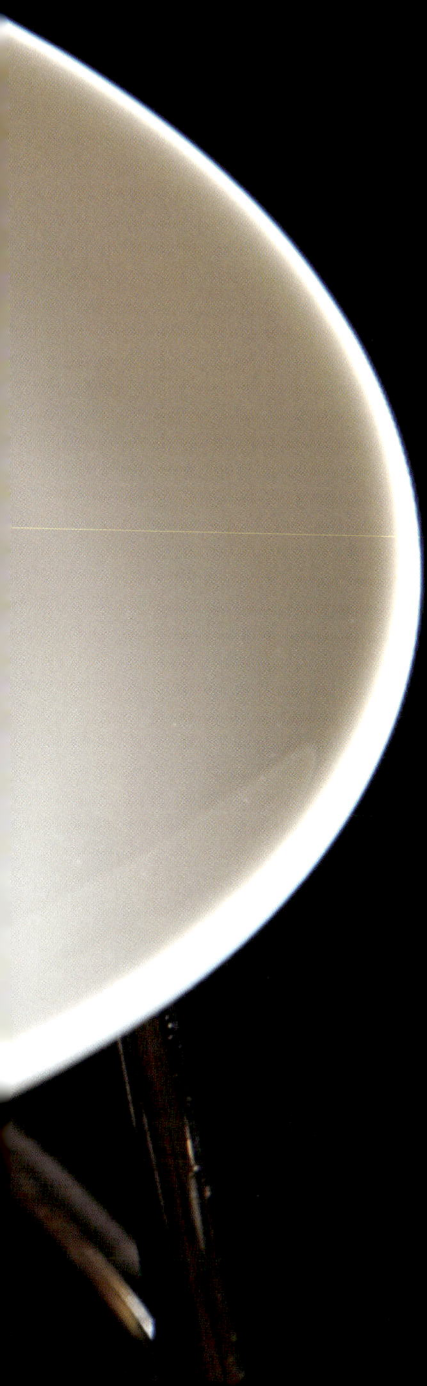

key points

1. 수프의 농도로 조절용 농후제는 밀가루 보다 볶은 쌀을 사용하는 것이 고소한 맛과 광택을 내어준다.
2. 맛을 좋게 하고 갑각류와 향을 높이려면 반드시 브랜디로 플람베(Flambee) 해야 한다.
3. 대량으로 수프를 생산할때는 오븐에서 구워 사용하면 갑각류의 향과 맛이 좋아진다.

INGREDIENTS	W/MEASURES
새우(30미)(Shrimp)	10ea
토마토 페이스트(Tomato Paste)	15g
통후추(Whole Black Pepper)	1g
월계수잎(Bay Leaf)	1leaf
생크림(Fresh Cream)	10mL
버터(Butter)	40g
양파(Onion)	30g
브랜디(Brandy)	15mL
쌀(Rice)	10g
처빌(Chervil)	1stalk
생크림(Gresh Cream)	40mL
대파(Leek)	10g
화이트와인(White Wine)	40mL
차이브(Chive)	1stalk
소금(Salt), 후추(Pepper)	pinch

En Croûte

1. 밀가루, 달걀, 소금, 냉수를 섞어서 반죽을 한 다음 20분의 휴지시간을 준다.
2. 버터는 실온에 보관하여 적당한 정도의 무르기를 유지한다.
3. 1번의 반죽으로 버터를 감싸서 밀대로 민다.
4. 3절 접기를 하여 밀기를 4회를 반복한다.
5. 밀어서 펴는 중간에 버터가 녹아내리는 경우 냉장고에 보관하여 굳혀서 사용한다.
6. 밀어서 펴는 중간 중간 약 5분간의 휴지기를 주면 밀기가 쉬워진다.
7. 마지막 밀어서 펴는 약 3mm두께로 밀어서 사용한다.

INGREDIENTS	W/MEASURES
밀가루(Soft Flour)	100g
달걀(Egg)	1ea
소금(Salt)	pinch
버터(Butter)	100g
찬물(Cold Water)	100g

Consomme en Courte 도우로 싸서 구운 채소콤소메

1. 쇠고기는 곱게 다지고 달걀 흰자는 거품을 내서 함께 섞는다.
2. 양파, 당근, 샐러리는 슬라이스로 썰어 데쳐서 식혀 놓는다.
3. 1에 직화로 구운 양파(Onion Brulee), 당근, 샐러리, 향신료, 화이트와인을 넣고 버무려서 바닥이 두꺼운 냄비에 넣고 차게 식힌 치킨스톡을 넣어 나무 주걱으로 저어주며 중불에서 시작하여 온도가 90℃ 정도 되면 중앙에 구멍을 내고 약한 불에서 은근히 끓인다.
4. 가운데 구멍에 모이는 불순물을 걷어 낸다.
5. 분량의 밀가루를 채에 내려 10g 정도의 녹인 버터, 소금을 넣고 반죽한 후 2mm 두께로 민다. 4번 정도 같은 요령으로 하여 반죽을 완성한다.
6. 5의 가운데에 말랑한 버터를 납작하게 펼쳐 놓고 여분으로 후 2mm 두께로 민다. 4번 정도 같은 요령으로 하여 반죽을 완성한다.
7. 콩소메 수프를 고운 채에 융을 바쳐 걸러 기름을 걷어낸 후 브랜디를 약간 넣고 소금으로 간하여 식힌 후 채소와 함께 양파 수프 보울에 담는다.
8. 보울 가장자리에 달걀노른자를 3mm 폭으로 바른 후 원형으로 재단한 도우(Dough)를 붙이고 달걀 노른자를 위에 바른다.
9. 8을 350℉로 예열된 오븐에서 10분 정도 구워 금빛 갈색을 내서 완성한다.

INGREDIENTS	W/MEASURES
밀가루(Soft Flour)	70g
달걀(Egg)	1ea
당근(Carrot)	10g
통후추(Whole Black Pepper)	1g
소금(Salt), 후추(Pepper)	pinch
버터(Butter)	50g
양파(Onion)	20g
다임(Thyme)	2g
토마토(Tomato)	10g
쇠고기(Beef Round)	80g
샐러리(Celery)	15g
월계수잎(Bay Leave)	1leaf
브랜디(Brandy)	10mL

key points

1. 반죽을 씌운 수프는 수프 본래의 향을 보존하기 위해 사용하는 조리기법으로 조리 할 때 터지지 않게 하여야 한다.
2. 반죽은 가능한 빠른 시간내에 작업을 하고 가급적 손으로 만지지 않는다.
3. 식사를 할 때 반죽을 수프와 섞어 먹으면 한껏 맛이 좋다.
4. Onion Burulee는 콩소메의 향과 갈색을 내기 위해 첨가한다.

Cream of Shiitake Mushroom

표고버섯 크림 수프

1. 표고버섯은 장식으로 사용할 부분을 다듬어 데쳐 식히고 나머지는 씻어 썰어 놓는다.
2. 양파 다진 것을 버터에 볶다가 양송이를 넣고 살짝 볶은 후 준비된 치킨스톡을 넣어 5분정도 끓인 후 블랜더에 곱게 간다.
3. 바닥이 두꺼운 냄비에 생크림을 넣고 조리다가 2를 넣고 고루 저으며 농도를 맞춘다.
4. 소금 · 후추로 간하고 채에 걸러 준비된 그릇에 담고 양송이 남은 부분으로 장식하여 완성한다.

key points

1. 장식용 표고버섯과 생크림은 미리 구분하여 준비한다.
2. 블랜더가 없을 때에는 내용물을 잘게 다져서 넣고 5분 정도 끓여서 굵은 채에 내린 후 고운 채에 한번 더 내려 만든다.
3. 너무 많이 끓이면 고유한 색상이 나오지 않으므로 주의하고 농도와 맛에 유의한다.
4. 치킨스톡을 만든 재료가 없을 때에는 채소스톡을 만들어 사용한다.

INGREDIENTS	W/MEASURES
표고버섯(Mushroom)	50g
양파(Onion)	20g
버터(Butter)	10g
생크림(Fresh Cream)	10mL
치킨스톡(Chicken Stock)	70mL
샐러리(Celery)	10g
월계수잎(Bay Leaf)	1leaf
통후추(Whole Black Pepper)	1g
소금(Salt), 후추(Pepper)	pinch

Cream of Asparagus

아스파라거스 크림 수프

1. 아스파라거스는 장식용으로 사용할 부분을 다듬어 데쳐 식히고 나머지는 씻어 썰어 놓는다.
2. 양파 다진 것을 버터에 볶다가 아스파라거스를 넣고 살짝 볶은 후 준비된 치킨스톡을 넣어 5분정도 끓인 후 블랜더에 곱게 간다.
3. 바닥이 두꺼운 냄비에 생크림을 넣고 조리다, 2를 넣고 고루 저으며 농도를 맞춘다.
4. 소금 · 후추로 간하고 채에 걸러 준비된 그릇에 담고 아스파라거스 남은 부분으로 장식하여 완성한다.

key points

1. 장식용 아스파라거스와 생크림은 미리 구분하여 준비한다.
2. 블랜더가 없을 때에는 내용물을 잘게 다져서 넣고 5분 정도 끓여서 굵은 채에 내린 후 고운 채에 한번 더 내려 만든다.
3. 너무 많이 끓이면 고유한 색상이 나오지 않으므로 주의하고 농도와 맛에 유의한다.
4. 치킨스톡을 만든 재료가 없을 때에는 채소스톡을 만들어 사용한다.

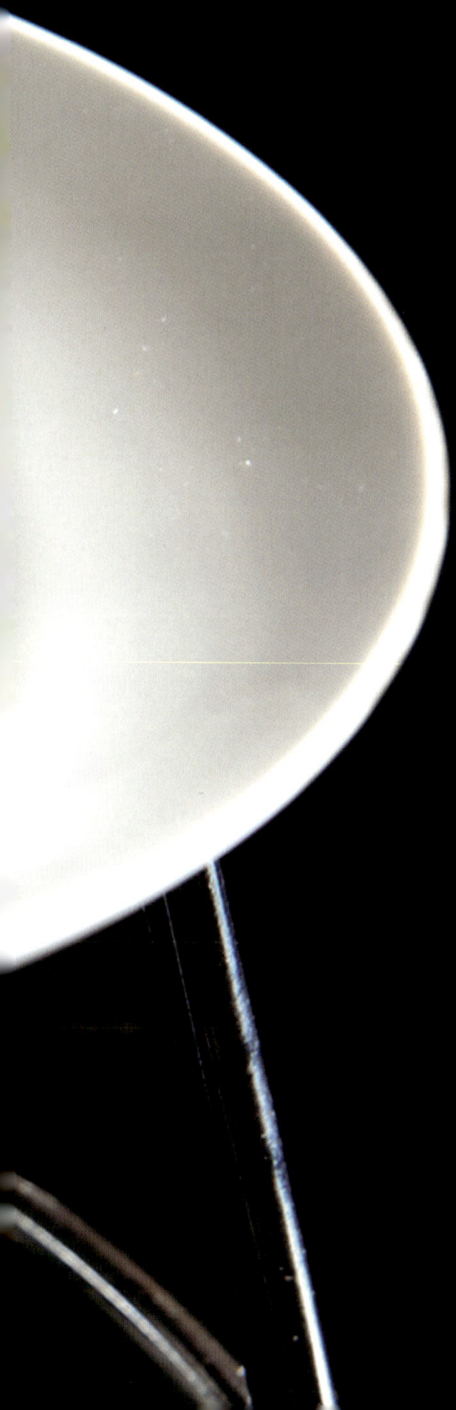

INGREDIENTS	W/MEASURES
아스파라거스(Asparagus)	50g
양파(Onion)	20g
버터(Butter)	10g
생크림(Fresh Cream)	10mL
치킨스톡(Chicken Stock)	70mL
샐러리(Celery)	10g
대파(Leek)	10g
월계수잎(Bay Leaf)	1leaf
통후추(Whole Black Pepper)	1g
소금(Salt), 후추(Pepper)	pinch

Seafood Soup 해산물 수프(지중해식)

1. 도미살은 사각으로 썰고 홍합은 깨끗이 손질하고 조개는 소금물에 해감시켜 놓는다.
2. 팬에 올리브오일 두르고 마늘 으깬 것 넣고 홍고추, 바질슬라이스 넣어 볶는다.
3. 조개를 넣어 볶다가 입을 벌리면 해물을 넣고 뻬르노와인을 뿌려주고 뚜껑을 덮는다.
4. 토마토소스와 생선스톡을 붓고 끓여준다.
5. 끓이는 중간에 마늘 다진 것과 파슬리를 넣고 소금과 후추로 양념한다.

key points

1. 홍합과 조개는 모래같은 불순물이 나올 수 있으므로 따로 Shallow Poach 하여 살과 스톡을 사용한다.
2. 토마토소스 대신 토마토 페이스트가 제공될 때는 오래 볶아야 신맛이 없어지고 감칠맛이 난다.
3. 수프에 토마토 향이 스며 있어야 고급으로 평가받을 수 있고 해산물을 넣은 후 에 3~4분만 끓인다.

INGREDIENTS	W/MEASURES
새우(30미)(Shrimp)	3ea
오징어(Squid)	30g
홍합(Mussel)	4ea
바지락(Clam)	5ea
도미살(Seabream)	30g
꽃게살(Crab)	1/2ea
마늘(Garic)	5g
파슬리(Parsley)	1stalk
생선스톡(Fish Stock)	150mL
홍고추(Red Pepper)	1/2ea
올리브오일(Olive Oil)	30mL
뻬르노(Pernod)	60mL
토마토소스(Tomato Sauce)	100g
바질(Basil)	1leaf
소금(Salt), 후추(Pepper)	pinch

Gazpacho Soup

가스파초 수프(스페인식 찬 채소수프)

1. 토마토는 블랜칭하여 반만 양파, 붉은 피망, 마늘1/2쪽과 함께 썰어 준비한다.
2. 1을 블랜더에 넣고 올리브오일, 레드와인 식초, 토마토 주스와 함께 곱게 간다.
3. 2를 용기에 담고 레몬주스, 소금, 후추로 가미하고 냉장 보관한다.
4. 토스트빵 흰 부분을 작은 주사위로 썰어 버터에 노릇노릇하게 볶아 크루톤을 만든다.
5. 나머지 토마토, 오이, 그린 피망은 작은 주사위로 썰어 크루톤을 만든다.
6. 차게 식은 수프에 5.를 섞어 그릇에 담고 크루톤으로 장식하여 완성한다.

key points

1. 피망을 갈면 풋 냄새가 날 수 있으므로 2시간 이상 냉장고에 보관을 꼭 지킨다.
2. 가니쉬로 사용하는 재료는 0.5mm사각형으로 자른다.

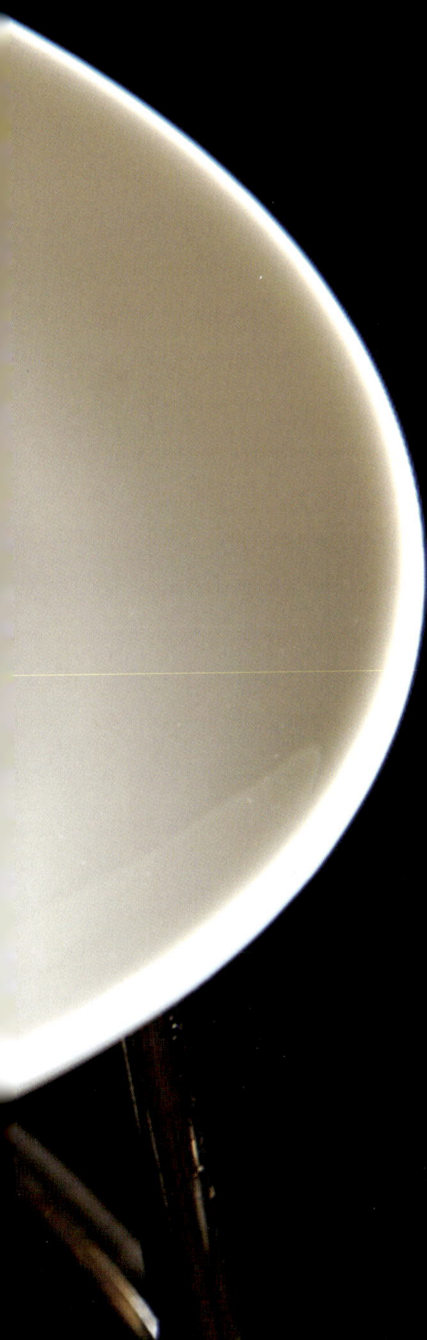

INGREDIENTS	W/MEASURES
그린피망(Green Pimento)	20g
마늘(Garlic)	3cloves
식빵(Toast Bread)	1slice
레몬(Lemon)	1/8ea
토마토주스(Tomato Juice)	50mL
오이(Cucumber)	50g
레드와인 식초(Red Wine Vinegar)	5mL
소금(Salt), 후추(Pepper)	pinch
버터(Butter)	10g
양파(Onion)	50g
토마토(Tomato)	150g
붉은 피망(Red Pimento)	30g
올리브오일(Oliv Oil)	30mL

Vichyssoise Soup

비시스와즈 수프(차가운 감자수프)

1. 감자는 껍질을 제거하고 슬라이스(Slice)한다.
2. 양파와 대파는 썰어서 버터에 색이 나지 않게 볶는다.
3. 썰은 감자는 2와 함께 볶다가 치킨스톡을 넣고 충분히 끓여서 고운 채에 으깨면서 내린다.
4. 3에 생크림을 넣고 끓여 농도를 조절한 후 소금 · 후추로 간하여 찬물에서 중탕으로 식힌다.
5. 빵은 작은 주사위(Small Dice : 3mm×3mm×3mm)로 썰어 크루톤(Crouton)을 만든다.
6. 식힌 수프를 그릇에 담고 크루톤(Crouton)과 대파 등으로 가니쉬하여 완성한다.

key points

1. 냉 수프와 더운 수프로 사용할 수 있으며, 만드는 방법은 같다.
2. 냉 수프로 만들 때는 더운 수프와는 농도가 달리 만들어야 한다. 농도가 되직하게 되므로 뜨거운 상태에서 작은 그릇에 조금 담아 식혀 농도 상태를 보고 최종농도를 결정한다.
3. 감자를 볶을 때 색이 나지 않도록 한다.

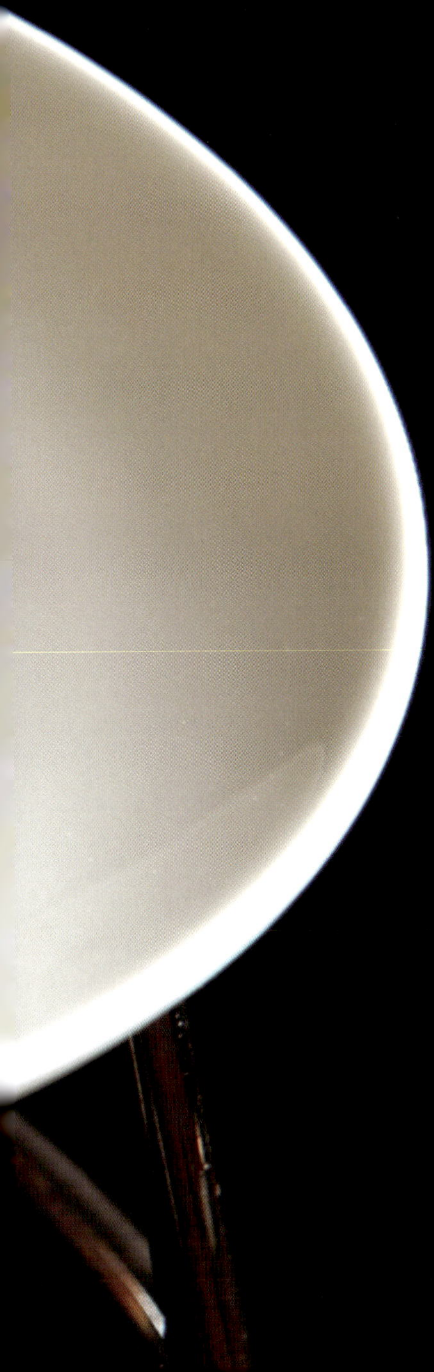

INGREDIENTS	W/MEASURES
감자(Potato)	80g
대파(Leek)	20g
생크림(Fresh Cream)	30mL
식빵(Toast Bread)	1slice
버터(Butter)	20g
양파(Onion)	30g
치킨스톡(Chicken Stock)	200mL
소금(Salt), 후추(Pepper)	pinch

French Onion Soup

후렌치 양파수프

1. 양파를 껍질을 벗기고 절반을 자른 다음 얇게 썬다.
2. 바닥이 두꺼운 소스 팬을 이용하여 버터를 넣고 1번의 양파를 넣고 볶는다.
3. 바닥이 타지 않도록 저어주면서 갈색이 되도록 만든다.
4. 충분히 갈색이 나도록 볶아지면 화이트와인, 월계수 잎과 준비된 치킨스톡을 넣고 약한 불로 5분 정도 끓인다. 이때 위에 뜨는 거품을 걷어낸다.
5. 소금과 후추로 양념한 다음 치즈크루톤을 얹어서 제공한다.

양파 썰 때 왜 울어야하나요?

양파의 최루성성분인 S-프로페닐 시스테인 설폭사이드(S-propenyl-cysteine sulfoxide)성분이 양파를 썰면 조직이 파괴되면서 효소의작용으로 티오프로파날 설폭사이드(Thiopropanal Sulfoxide)로 변하기 때문이다. 또한 양파를 볶으면 프로필 메르캅탄이라는 성분이 생겨 설탕의 50~70배의 단맛을 생성한다.

key points

1. 냄비는 바닥이 두꺼워야 타는 것을 방지할 수 있다.
2. 바닥에 생성된 캐러멜을 태우지 않도록 잘 저어준다.
3. 양파를 볶은 때 불이 너무 세지 않아야 고운 색깔의 어니언패스트를 얻을 수 있다.
4. 치즈크루톤은 바케트를 얇게 썰어야 수프를 흡수하는 양이 적게 된다.
5. 치즈크루톤은 빵 위에 피자치즈를 썰어 놓고 그 위에 파르메산 치즈와 파슬리를 뿌린 다음 오븐이나 살라만더에서 구워낸다.

INGREDIENTS	W/MEASURES
양파(Onion)	80g
버터(Butter)	10g
치킨스톡(Chicken Stock)	200C
화이트와인(White Wine)	20mL
월계수 잎(Bay Leaf)	1leaf
후렌치 바케트(Baquette Bread)	1slice
파르메산 치즈(Parmesan Cheese)	3g
피자치즈(Mozzarella Cheese)	5g
파슬리 찹(Parsley Chopped)	2g
소금(Salt), 후추(Pepper)	pinch

3. 샐러드와 드레싱(Salad & Dressing)

3-1. 샐러드란?

샐러드의 기원은 수렵시대에 사냥 한 고기를 근처에 있는 산나물과 함께 섭취하면서 시작되었을 거라 추측한다. 샐러드란 단어가 처음 사용된 것은 16C경 프랑스에서 반구형 투구를 닮은 채소그릇의 이름을 "Salade"라고 불렀던 것에서 유래 되었다고 한다. 샐러드의 어원을 라틴어의 "Herba Salate"로 뜻은 소금을 뿌린 Herb(향초)이다. 샐러드란 신선한 채소나 향초 등을 소금만으로 간을 맞추어 먹었던 것에서 유래한다. 이것이 발전하여 다양한 드레싱과 기름과 식초(Oil& Vinegar) 등을 첨가하여 먹게 되었고, 채소도 여러 가지를 혼합하여 사용하게 되었다. 샐러드는 지방성분이 많은 주 요리의 소화를 돕고, 비타민A · C등 필수비타민과 미네랄이 함유되어 있어 건강의 균형을 유지시켜 주는데 좋은 역할을 하고 있다. 샐러드는 바탕(Base), 본체(Body), 드레싱(Dressing),가니쉬(Garnish) 등 4가지 기본구성을 바탕으로 본체는 대부분 양상추 및 주(主)가 되는 채소에 나머지 요소로 색과 영양을 고려한다. 그리고 다음의 기본원칙을 고려하여 샐러드를 조리하면 도움이 된다.

① 신선한 재료를 사용한다.

② 재료를 찬물에 담가 싱싱하게 살린 후 물기를 완전히 뺀다.

③ 잎채소의 경우 작은 잎은 그대로 사용하고, 큰 잎의 경우는 반드시 손으로 한 입 크기로 뜯는다.

④ 모양은 복잡하지 않고, 산뜻하고 정갈하게 만든다.

⑤ 혼성샐러드의 경우 드레싱이나 마요네즈 등을 적당히 넣고 재빨리 혼합하는 것이 좋은 샐러드를 만드는 요령이다.

⑥ 예쁘게 담은 후 드레싱과 함께 맛을 보는 습관을 가진다.

⑦ 색의 효율적 배열로 시각적 호감을 갖게 한다.

3-2 샐러드의 구분

(1) 순수샐러드(Simple Salad)조리

한 가지 채소만으로 만들어지는 것이 보통이며, 여기에 특수 채소와 허브 등 여러 가지 채소를 적당히 배합하여 영양, 맛, 색상 등이 서로 조화를 이루도록 한다. 또한 단순하면서도 예술적으로 꾸며 그릇에 담고, 색상과 질감이 대조를 이루어 생동감 있게 보이도록 한다. 샐러드용 푸른 잎 채소는 싱싱하고 품질이 좋아야 하며, 흐르는 물에 깨끗이 세정하여 물기를 제거한 후 손으로 찢어 놓아야 한다. 순수샐러드의 종류로는 아스파라거스샐러드(Asparagus Salad), 시금치샐러드(Spinach Salad), 양송이샐러드(Mushroom Salad), 당근샐러드(Carrot Salad), 콜슬로우샐러드(ColeSlaw Salad), 오이샐러드(Cucumber Salad), 토마토 샐러드(Tomato Salad) 등 여러 가지가 있다.

(2) 혼합샐러드(Compound Salad)조리

각종 식재료, 향신료, 소금, 후추 등이 혼합되어 양념, 조미료 등을 첨가하지 않고 그대로 제공할 수 있는 완전한 상태로 만들어진 것을 말한다. 2~3가지 이상 재료를 사용하여 만들며, 생으로 또는 익혀서 만들고 애피타이저나 뷔페에 사용한다.

(3) 더운 샐러드(Warm Salad)

프랑스 말로 살라드 티에드(salades tiedes)라고 부르는 더운 샐러드는 중간 불이나 낮은 불에서 드레싱을 데워 샐러드 재료와 버무려 만드는 샐러드이다. 더운 기운이 느껴질 정도의 온도로 데워져 제공하기도 하고 차갑고 아삭아삭한 샐러드 위에 그릴링한 고기나 생선을 한 입크기로 잘라 얹어 주기도 한다.

(4) 그린 샐러드(Green Salad)

흔히 부르는 'Garden Salad'가 여기에 속하며, 기본적으로 그린 샐러드는 한 가지 또는 그 이상의 푸른 채소를 드레싱과 곁들이는 형태로 만든다.

3-3. 드레싱이란?

드레싱은 샐러드에 곁들이거나 혼합하여 맛을 조절하여 풍미와 맛을 증진시키고, 때로는 결합체의 장식 또는 음식의 가치를 높여주며, 부드럽게 해주는 윤활유로서 소화 촉진제의 작용도 한다. 드레싱의 어원은 여성의 드레스(Dress)에서 유래한 것으로 샐러드 위에 드레싱을 끼얹었을 때 흘러내리는 모양이 마치 여성이 걸을 때 드레스 밑 자락이 흔들리는 모습과 흡사하다 하여 붙여진 이름이다. 드레싱은 샐러드의 맛을 조절하며 풍미와 향미를 증진시키며, 체액을 알카리성으로 유지하는 효과를 내기도 한다. 이러한 드레싱의 주재료는 식용유와 식초이다.

드레싱은 크게 마요네즈(Mayonnaise) 계열과 기름과 식초(Oil & Vinegar) 계열로 나누어지며, 샐러드의 종류에 따라 알맞게 선택하여야 하며, 맛 · 밀도 · 영양가 · 소화작용 · 색상 · 모양 등을 고려하여야 한다. 드레싱은 보통 차갑게 제공되며 따로 제공하거나 제공직전에 샐러드와 섞기도 한다. 전채요리와 샐러드에 사용되는 소스와 드레싱의 유래를 살펴보면 보통 채소와 향신료를 주재료로 하여 지금으로부터 2500년 전 그 이전부터 만들어 그리스 등지에서 사용 되어졌다고 전해 내려온다. 로마제국을 거쳐 중세시대를 거쳐 전 세계로 확산되어 현재는 상상하기 어려울 만큼 다양하고 특색있는 소스가 세계 각국에서 개발되어 애용되고 있다.

1930년 영국의 리처드 2세라는 세프가 세이지, 마늘, 올리브를 섞어 만든 소스를 샐러드에 곁들여 제공하는 샐러드 요리를 처음으로 소개 하였고, 18세기 말 프랑스의 알비낙공은 런던의 사교계에서 오일과 식초, 겨자를 섞어 만든 전혀 새로운 방식의 소스를 선보였는데 이것이 그 유명한 프렌치드레싱이다. 또한 마요네즈에 다양한 색상의 새콤달콤한 여러가지 채소 피클을 다져 넣어 만든 사우전아일랜드 드레싱은 푸른 채소위에 뿌려주면 마치 1000여개의 섬처럼 보인다고 해서 얻어진 명칭이다.

이런 역사와 전통을 지닌 소스는 샐러드를 비롯한 전채요리, 샌드위치 등 여러 가지 서양요리의 맛을 내는데 아주 중요한 자리를 차지하게 되었다.

1) 드레싱의 기본 재료

[표 3-1]

종류	재료명	특징
오일(Oil)	올리브오일, 옥수수기름, 카놀라유, 포도씨유, 호두기름, 땅콩기름, 면실유, 헤이즐넛 오일, 바질 오일, 아몬드 오일, 코코넛 오일	보통 식물성 오일을 사용하며 산도가 가장 좋은 엑스트라 버진 올리브오일이 가장 대표적이다.
식초(Vinegar)	발사믹 식초, 와인 식초, 셰리식초, 레몬 식초, 현미 식초, 라스베리 식초	식초의 맛에 따라 드레싱의 맛이 결정된다. 자연 발효식초가 좋으며 발사믹 식초가 대표적이다.
달걀(Egg)	달걀노른자(Egg Yolk)	마요네즈나 다른 드레싱의 유화제로 절대적이다. 꼭 신선한 달걀을 사용해야 한다.
소금(Salt)	천일염	천일염을 사용하는 것이 좋으며 MSG가 첨가된 소금은 드레싱의 맛에 영향을 줄 수 있으므로 가능한 한 순수한 소금을 사용한다.
후추(Pepper)	화이트후추	드레싱 제조에서의 오일이나 달걀의 비린 맛을 잡아준다.

설탕(Sugar)	올리고당, 꿀, 포도당, 메이플시럽 등 대체 가능	오일의 씁씁한 맛과 비린내를 잡는 효과가 있고 신맛과 잘 어울려 새콤달콤한 맛을 낸다. 최근에는 건강상 이유로 설탕보다는 올리고당, 꿀, 포도당, 메이플시럽 등이 대체 재료로 사용되고 있다.
레몬(Lemon)	라임	드레싱의 마지막에 생레몬의 즙을 첨가하여 상큼한 레몬향의 드레싱이 완성된다. 식초 대신 신맛이 나는 과일즙으로 만든 시트로넷을 만들기도 한다.

2) 드레싱 사용 목적

- 차가운 온도의 드레싱으로 샐러드의 맛을 한층 더 증가시켜 준다.
- 맛이 강한 샐러드를 더욱 부드럽게 해준다.
- 맛이 순한 샐러드에는 향과 풍미를 충분하게 제공한다.
- 음식을 섭취할 때 입에서 즐기는 질감을 높일 수 있다.
- 신맛의 드레싱으로 소화를 촉진시켜 준다.
- 상큼한 맛으로 식욕을 촉진시킨다.

3) 유화 드레싱의 원리와 조리 방법

(1) 유화 드레싱의 원리

달걀 노른자에 레시틴이라는 유화안정제를 함유하고 있다. 물과 기름은 서로 혼합되지 않는 물질이다. 이 두 가지의 다른 물질에 달걀노른자를 넣어 섞어 주면 서로 잘 융화하여 새로운 물질이 탄생한다. 이것이 마요네즈이다. 마요네즈처럼 작은 기름방울들이 유화제(Emulsifier)라고 하는 물질을 매개체로 해서 지속적으로 매달려 있는 아주 오래 안정된 상태를 형성하는 반면, 비네그레트를 만들 때 흩어진 형상은 기름이 아주 작게 나뉜 방울이 된 형태로 다루어진 기름을 의미한다. 각각의 미세한 기름방울은 식초라는 연결된 형상으로 매달리고 있는 것이다. 잠깐 동안 지속되고 거품을 내거나 흔들어주거나 저어주는 방법 등 일종의 기계적인 방법을 통해서만 일시적으로 유화가 만들어진다.

(2) 유화 드레싱 조리 방법

① 비네그레트 만들기

- 물먹은 행주를 믹싱볼 밑에 깔고 믹싱볼에 머스터드, 소금, 후추, 허브 등을 넣고 식초를 첨가하고 거품기로 섞어준다.
- 천천히 오일을 부어가며 저어주다 보면 공기가 스며들어 볼륨감이 생기면서 엉겨지기 시작한다. 금방 풀어지지 않고 크림 같은 질감이 형성되면 유화가 된 상태이다.
- 준비해 둔 가니쉬 재료를 첨가해주고 완성한다.

② 마요네즈 만들기

- 믹싱볼에 달걀노른자와 머스터드, 소금, 후추를 넣고 식초를 한 두방울 첨가한 후 거품기로 풀어 섞어준다.
- 재료가 골고루 섞이면 기름을 조금씩 천천히 넣어가며 거품기로 빠르게 속도를 조절하며 혼합한다. 이때 기름의 양이 많으면 기름방울이 물 주위에 달라붙어 큰 형태가 되어 서로 분리된다. 이 과정이 성공과 실패의 갈림길이다.
- 어느 정도 엉겨 되직한 질감이 되면 식초를 조금씩 부어가며 농도를 조절해준다. 이때는 안정적이다.
- 완성되면 용기에 담아 차거운 장소에 보관한다.

③ 유제품 기초 소스류 일반적인 드레싱의 신맛보다는 크림이나 치즈의 맛을 많이 느낄 수 있게 유제품을 기초 재료로 사용하여 샐러드드레싱 혹은 디핑 소스(Dipping sauce)로 사용된다. 주로 요구르트나 생크림, 우유, 사워크림, 치즈 등을 사용하며 바질이나 딜 같은 허브류를 다져 함께 사용하기도 한다. 요구르트 드레싱, 블루베리드레싱, 크림치즈 디핑소스 등 이 대표적이다.

(3) 살사 & 쿨리 & 퓌레 소스류(Salsa & Coulie & Puree)

① 살사류(Salsa)

살사류는 열을 사용하지 않고 순수 재료만을 사용하여 맛을 내며 익혀지지 않은 과일 혹은 채소로 만들어진다. 멕시코를 포함한 중남미 지역에서 널리 사용하고 새콤달콤, 매운맛 등 다양한 맛을 나타내며 레몬 주스, 라임주스, 와인식초와 같은 산을 첨가하기도 한다. 토마토 살사가 대표적이다.

② 쿨리와 퓌레(Coulis & Puree)

쿨리(Coulis)는 농도가 진한 퓌레 혹은 용액의 형태로 많이 조려져서 농축된 맛을 가진 음식이라고 정의되어 있다. 채소나 과일 종류를 잘게 다져 생으로 혹은 조리해서 소스와 같은 농도로 형태의 맛과 모양으로 만들어진다. 퓌레(Puree)는 과일이나 채소를 블렌더에 갈아진 형태로 조리하여 다시 걸러진 부드러운 질감의 건더기가 보이는 액체형태 음식이다.

3-4. 샐러드의 완성

1) 샐러드의 드레싱 제공방법

(1) 단순샐러드

다양한 엽채류(잎채소류)를 한입 크기로 뜯어서 서빙 직전에 바로 채소 위에 올려서 먹는 방식이고, 이는 곧 아삭한 채소의 맛과 드레싱 본연의 맛을 느낄 수 있게 된다.

(2) 복합 샐러드

채소 중 경채류나 근채류, 과채류, 화채류 등의 채소들을 한입 크기로 정선해서 알단테로 익힌 후 다양한 샐러드재료와 함께 드레싱에 버무려서 제공한다.

2) 샐러드 완성 후 제공하기

샐러드의 핵심은 신선한 채소에 있다. 아무리 맛있는 부재료를 올린다고 하더라도 채소 자체가 싱싱하지 않으면 그 샐러드는 상품 가치가 없다. 샐러드에 사용될 채소는 사용하기 하루 전에 정선해서 랩으로 밀봉한 후 냉장 보관해서 사용해야한다.

※ 샐러드 조리 시 주의사항

- 채소의 물기는 반드시 제거하고 담는다.
- 샐러드를 담을 때 주재료와 부재료의 비율을 생각하고 절대로 부재료가 주재료를 가리지 않게 담는다.
- 주재료와 부재료의 모양과 색상, 식감은 항상 다르게 준비한다.
- 드레싱의 양이 샐러드의 양보다 많지 않게 담는다.
- 드레싱의 농도가 너무 묽지 않게 한다.
- 드레싱은 절대로 미리 뿌리지 말고 제공할 때 뿌린다.
- 샐러드를 미리 만들면 반드시 덮개를 씌워서 채소가 마르는 일이 없도록 한다.
- 가니쉬는 절대 중복해서 사용하지 말아야한다.

3-5. 싹

사전적 의미는 씨나 줄기에서 처음 나오는 어린잎과 줄기를 말하며 식물은 이 시기에 생장이 왕성하다. 이 시기에 생명 유지에 필요한 영양소가 새싹, 어린잎에 응집돼 있고 발아한 지 5~10일된 싹은 최고의 영양밀도를 갖는다. 따라서 이 시기에 식물들은 완전히 자란 것보다 비타민과 미네랄등 유효성분이 훨씬 많고 소화가 쉬워 남녀노소 누구나 즐길 수 있다. 새싹채소를 먹는 방법으로 생식 혹은 차게 무쳐서 먹는 방법이 있다. 일반적으로 간장, 식초, 기름 등을 넣어 조미를 하고 어떤 것은 깨양념장, 된장 혹은 설탕, 소금, 파, 생강, 마늘 등으로 양념해 먹는다. 또한 순류는 볶아서 먹는 것이 가장 적당하며 싹류와 순류모두 속을 만들 수 있다. 볶아서 먹을 때는 달걀, 채썬 살코기 등을 같이 넣을 수 있으며 또한 채소만 볶아서 먹을 수도 있다. 종류로는 다채, 들깨싹, 배추싹, 브로콜리싹, 삼색무순, 알팔파싹, 적양배추싹 등이 있다.

배추싹

브로콜리

알팔파싹

유채싹

적무우싹

적양배추싹

양배추싹

분홍열무싹

3-6. 어린잎 채소

친환경적인 유기농법으로 재배된 채소 중 가장 맛있고 영양이 가득한 어린잎만 수확하여 샐러드로 먹는 채소를 말한다. 뿌리 바로 끝에서 잘라 수확하기 때문에 비타민과 미네랄 등의 영양 손실이 적고 바로 씻어서 싱싱하게 담아서 샐러드로 즐길 수 있다. 종류로는 뉴비트, 베이비 청 · 적 로메인, 베이비 다채, 베이비 적근대, 붉은 아마란스, 베이비 치커리, 적산파채 등이 있다.

적겨자어린잎

다홍채어린잎

레드치커리어린잎

청치커리어린잎

노란치커리어린잎

교나어린잎

비타민어린잎

청경채어린잎

샐러드바울어린잎

로메인상추어린잎

3-7. 특수 채소

서양요리에서 사용되는 특수채소는 보통 전채요리와 샐러드에 주로 사용되고 있으며, 일반적으로 상추나 배추처럼 오래전부터 사용해 오던 채소가 아니라 호텔 및 외식산업의 발전에 따른 고급서양요리 시장 확대와 함께 국내에 도입 및 사용되기 시작한 새로운 채소들을 의미한다고 할 수 있다. 오래전부터 재배하여 흔히 사용해 오던 기본 채소부터 외국에서 들어온 서양 채소, 그리고 2가지 이상의 품종을 교배한 신품종에 이르기까지 모양도 맛도 다양한 특수채소 시장이 빠르게 성장하고 있으며, 최근에는 웰빙 및 건강 트렌드에 따라 특수채소에 대한 소비가 급증하면서 농가 및 전문 업체들이 수경재배 같은 선진 재배기술 도입하여 위생적이고 안전한 다양한 채소들을 생산 공급하고 있다.

특수채소의 대표적인 종류와 특징은 표 [3-2]다음과 같다.

[표 3-2] 특수채소의 대표적인 종류와 특징

특수채소명	원산지	특징
엔다이브	서아시아, 유럽(벨기에)	약한 쓴맛이 나며 당분이 풍부하여 몸에 잘 흡수되므로 다이어트 채소로도 인기가 높다 대부분 수입해서 샐러드, 구이, 튀김조리에 사용
콘샐러드	유럽, 북아프리카	단맛을 내며 소화를 돕고 회복작용에 좋은 약리채소
겨자잎	지중해연안	적색과 청색이 있으며 톡 쏘는 매운맛과 향기가 있으며 샐러드와 생선요리에 사용
오크리프	유럽	참나무잎을 닮은 유럽상추, 적색과 청색이 있으며 아삭거리며 단맛이 난다.
로메인	에게해, 유럽	로마인들이 즐겨 먹는 상추여서 명칭이 로메인이며, 성질이 차고 잎이 부드럽고, 단맛과 쌉쌀한 맛으로 시저샐러드에 많이 사용
라데치오	지중해연안, 유럽	색이 곱고 독특한 톡 쏘는 맛과 연한 쓴맛이 매력적이며 샐러드에 사용
치커리	유럽	삽쌀한 맛과 향기가 있으며 아삭하면서 부드럽다.
롤라로사	이탈리아	잎 끝이 차홍색이고 광택이나며 색이 연하며 부드러운 맛을 내며 바삭바삭하고 부드러운 잎상추이다.
비타민	서남아시아	잎은 진녹색으로 두껍고 광택이 나며 약간 주름이 있다. 추위에 강하며 맛이 담백하고 시금치와 비슷하다.
크레숑	유럽	물냉이라하며 비타민성분을 많이함유한 약리채소이며,부드럽고, 단맛과 쌉쌀한 맛으로 샐러드에 사용

곱슬겨자 적겨자 그린비타민

다홍채 단델리온 라디치오

레드치커리 로꿀라 로멘레튜스

치콘 비트잎 쌈배추

케일 일당귀 적근대

참나물 청경채 청오크

입상추　적상추　뉴그린

치커리　케일쌈　쑥갓

적샐러드채　레디쉬　앤다이브

아보카도　브로콜리　파프리카

3-8. 식용 꽃

최근 요리에서 시각적인 면이 부각됨에 따라 이탈리아, 중국, 일본, 동남아 등에서 음식에 많이 사용되고 있으며, 특히 유럽에서는 건강식품으로 인기 있다. "식용 꽃"이라고 모두 요리에 사용되는 것이 아니며 색깔, 향기, 맛, 영양 네 가지 중 최소한 한가지는 충족되어야만 재료로 사용할 수 있다. 대부분 맛은 없지만 몇몇 꽃은 고소한맛이나 신맛을 갖고 있고, 화려한 색과, 약효 때문에 식용으로 쓰이고 있다. 식용 꽃은 개화시기가 짧아 원하는 재료를 항상 구하기도 어렵고 빨리 시들기 때문에 장기간 보존이 어렵다. 꽃가루 성분이 알레르기 등을 발병시킬 수 있으므로, 요리할 때 암·수술은 제거해야 한다. 지금까지 꽃은 관상용이라는 고정관념 때문에 꽃 요리에 거부감을 느낄 가능성이 있다. 독성이 강한 꽃도 있으므로 식용으로 밝혀진 꽃만 사용하도록 한다.

1) 식용 꽃의 영양

잎이 변한 형태의 꽃은 영양분의 결정체이며, 성인병 예방에도 좋은 복합영양제다. 칼로리는 높지 않으면서 아미노산, 비타민, 단백질 등이 풍부하기 때문이다. 꽃잎이 함유하고 있는 꽃가루는 꽃의 정수이며, 이것은 식물의 수컷 성질의 생식 세포를 가지고 있어 풍부한 영양소를 함유하고 있는데, 그 양이 뿌리·줄기·잎보다 몇 배 더 많을 뿐만 아니라 많은 효소와 호르몬과 미지의 물질들을 가지고 있어 인체 면역기능을 높이고 신진대사를 촉진하며, 꽃의 색소인 안토시아닌은 노화를 지연시키고 피부미용에 좋다.

유채꽃

적자소꽃대

팬지

나스터튬

베고니아

토레니아

패랭이

로즈마리꽃

쇼코제라늄

보리지꽃

수레국화

스위트바이올렛

프리뮬라

금어초

체리세이지

최근 꽃에 대한 과학적 성분 분석이 이뤄지고 있는데, 일반적으로 꽃가루는 35%의 단백질, 22종의 필수 아미노산, 12종의 비타민, 16종의 미네랄을 함유하고 있는 것 외에 사람의 생명현상에 불가사의한 작용을 하는 R인자를 가지고 있다고 하며, 꽃잎 자체에도 갖가지 영양소가 들어 있다.

2) 식용 꽃의 용도

우리 선조들은 절기에 따라 봄에는 진달래화전이나 동백꽃잎을 튀겨먹고, 가을에는 국화주를 담그거나 국화전을 만들어 먹었다.

활용법도 무궁무진하다. 대부분의 꽃은 열을 가하면 색이나 모양이 변하기 때문에 생으로 먹는 것이 보통이다. 요리하기 위에 꽃을 준비할 때는 먹는 꽃의 꽃술을 제거하고 꽃을 흐르는 물에 씻어서 이용한다. 플라워 티, 샐러드, 술 재료, 장식용, 튀김, 향료 등으로 쓰이고, 인동꽃이나 목련을 달여 먹으면 감기나 두통, 매화는 갈증 해소에 좋다. 국화를 베개에 넣고 자면 어지럼증과 귀울림이 없어지고 물푸레나무 꽃은 입냄새와 치통을 없애준다. 혈액순환과 배변을 도와주는 복숭아꽃이나 살구꽃은 몸을 따뜻하게 해줘 불임 여성에게 그만이다. 이와 같이 민간요법으로도 꽃을 우리 선조들은 활용하였다.

Basil Pesto with Feta Cheese Salad

바질페스토를 곁들인 페타치즈샐러드

1. 계절 채소를 싱싱하게 살려놓고, 사과는 큐브로 썰어 설탕물에 담구어 놓는다.
2. 페타치즈를 주사위 모양으로 썰어 살짝 얼려 놓는다.
3. 바질 페스토를 만들어 놓는다.
4. 접시에 계절 채소와 사과 큐브, 페타치즈를 조화롭게 담고 그 위에 바질 페스토와 꿀을 뿌려 완성한다.

INGREDIENTS	W/MEASURES
계절 채소(Season Vegetable)	80g
페타치즈(Feta Cheese)	50g
사과(Apple)	1/2ea
레드치커리(Red Chicoly)	1stalk
꿀(Honey)	10g
바질페스토(Basil Pesto)	30g
소금(Salt), 후추(Pepper)	pinch

key points

1. 페타(Feta)는 그리스어로 하얀 치즈를 의미합니다. 그리스에서 나온 밀크만을 사용해서 그리스 내에서만 만들어져야 하고 최소 70% 이상의 양젖과 나머지는 염소젖만을 사용해서 제조해야 한다. 이렇게 유럽 내 규정에 기록되어 있습니다.
2. 페타치즈는 샐러드에 많이 사용되며, 그릴에 구워서 샌드위치 등에 사용하기도 한다. 염분 함량이 높아 조리할 때 짠맛이 줄어들도록 차가운 물에 담구어 염분기를 제거하고 사용하는 것이 좋다. 페타 치즈와 꿀이 잘 어울려 맛있는 디저트가 완성된다.

Basil pesto 바질페스토

신선한 바질 20g에 잣 20g, 마늘 3쪽, 올리브오일 50mL, 식초 15g, 레몬주스, 소금, 후추를 조금 넣어 블랜더에 곱게 갈아준다.

Chicken Breast Salad 닭 가슴살 샐러드

1. 계절채소를 싱싱하게 살려놓고, 토마토는 블랜칭 후 막대형으로 썰어 준비한다.
2. 닭가슴살은 팬 에 구워 오븐에 익힌 후 식혀 놓는다.
3. 양파는 아주 얇게 썰어 물에 담구었다가 물기 제거 후 파슬리 다진 것과 올리브오일에 버무린다.
3. 참깨 드레싱을 만들어 놓는다.
4. 접시 중앙에 양파를 깔고 주위에 계절 채소와 토마토를 조화롭게 담고 중앙의 양파 위에 가슴살 슬라이스를 얹고 허니머스타드를 발라주고 그 위에 어린잎채소를 얹어 장식하고 발사믹 엣센스 뿌려준다. 그리고 계절채소 위에 참깨 드레싱을 뿌려 완성한다.

INGREDIENTS	W/MEASURES
닭가슴살(Chicken Breast)	80g
계절 채소(Season Vegetable)	50g
어린잎채소(Baby Vegetable)	10g
양파(Onion)	30g
파슬리(Parsley)	5g
토마토(Tomato)	1ea
허니머스타드(Honey Mustard)	10g
발사믹 엣센스(Balsamic Essence)	15mL
참깨 드레싱(Sesame Dressing)	20g
소금(Salt), 후추(Pepper)	pinch

Sesame Vinagrette 참깨 드레싱

1. 오렌지 껍질은 세척하여 흰 부분을 제거하고 곱게 다져 놓는다.
2. 생강을 곱게 다져 놓는다.
3. 믹싱볼에 전 재료를 넣고 휘퍼로 잘 저어 유화시킨다.

오렌지제스트 1T, 후레쉬 오렌지주스 2T, 생강 잘게 다진 것 2T, 정종 3T, 샐러드오일 2T, 참기름 1T, 진간장 1T, 소금 pinch

Assorted Green Salad 그린모둠 샐러드

1. 채소는 찬물에 담구어 싱싱하게 유지한다.
2. 드레싱을 만들어 준비한다.
3. 샐러드 볼에 토마토를 깔고 준비된 채소를 예쁘게 담아내고 드레싱을 곁들인다.

Oriental Fruite dressing 오리엔탈 과일 드레싱

1. 강한불에서 미림을 프람베한다.
2. 1의 미림의 양이 반이 되도록 조려준다.
3. 약한불에서 진간장을 끓여 식혀준다.
4. 2의 미림과 3의 진간장을 식혀서 섞어준다.
5. 양파와 파인애플, 배, 사과는 껍질과 씨를 제거한 후 강판을 이용해 갈아 준비한다.
6. 모든 재료를 볼에 넣어 잘 섞은 후 사용한다.

진간장 4T, 미림 2T, 파인애플 100g, 배 50g, 사과 50g, 양파 1/4ea, 물 150mL

INGREDIENTS	W/MEASURES
양상추(Head Lettuce)	30g
롤라로사(Lollo Rossa)	50g
물냉이(Cresson)	2stalks
토마토(Tomato)	1/2ea
팽이버섯(Enoki Mushroom)	3g
포도알(Grape)	1ea
처빌(Chervil)	1stalk
차이브(Chive)	1stalk

★ 이 음식의 특징은 오븐에서 금방 조리되어져 뜨겁게 제공할때는 스테이크로 두껍게 썰어 제공 할 수 있으며 차갑게 제공 할 때는 에피타이저나 샐러드로 제공 할 수 있다. 또한 레몬 대신에 오렌지나 자몽으로 대체할 수 있다.

Pork Loin Steak with Salad 돼지등심스테이크와 샐러드

1. 통후추를 칼등을 이용해 곱게 으깬다. 마늘, 로즈마리잎과 휀넬씨 곱게 다지고 두꺼운 돼지지방을 다져 전 재료를 소금 · 후추 하여 섞어 놓는다.
2. 돼지등심 양쪽면에 칼집을 2~3번 깊게 넣어 1의 혼합물을 충진한다. 혼합물이 남을 경우 등심 위에 얹어준다.
3. 로스팅 팬에 미르포아 깔고 2의 등심에 소금. 후추하여 170℃오븐에 1시간 조리한다.
4. 여러가지 샐러드 채소를 뜯어 싱싱하게 준비해 놓는다.
5. 구운고기를 꺼내 주스를 따로 고운 채에 걸러 놓고 이 주스에 레몬주스, 소금 · 후추 하여 소스를 만든다.
6. 접시에 샐러드를 깔고 그 위에 얇게 썬은 등심을 올리고 레몬 섹션을 올려주고 소스를 뿌려 제공한다.

INGREDIENTS	W/MEASURES		
돼지등심(Loin)	200g	돼지지방(Lard)	100g
여러 가지 어린잎 채소(Mesclun)	50g	당근(Carrot)	30g
양파(Onion)	30g	샐러리(Celery)	30g
마늘(Garlic)	1clove	로즈마리(Rosemary)	2stalks
휀넬씨(Fennel)	20g	통후추(Whole Black Pepper)	15g
레몬(Lemon)	1ea	올리브오일(Olive Oil)	30mL
소금(Salt) · 후추(Peper)	pinch		

Roma Style Saltimbocca Salad 로마식 살팀보카 샐러드

1. 쇠고기 우둔살를 손질하여 3 × 5cm 크기로 얇게 슬라이스 하여 5장 준비한다. 슬라이스된 프로슈토 햄도 고기크기와 같이 준비한다.
2. 1의 고기 한장 한장마다 세이지 한잎 넣고 준비해둔 프로슈토 햄1장을 올려 준비한 다음 고기쪽 면에 밀가루를 발라준다.
3. 펜에 버터를 녹여 프로슈토 햄부터 구워주고 돌려서 고기를 구워 기름을 제거해 준다.
4. 구운 펜에 화이트 와인을 넣어 디글라세 하고 조려 준 다음 걸러 버터 몽테해서 소스를 완성한다.
5. 샐러드 믹스를 레몬주스, 소금,후추로 간하여 올리브오일로 코팅 한 다음 접시에 담아주고 살팀보카 올리고 소스를 뿌려주고 장식한다.

INGREDIENTS	W/MEASURES		
쇠고기 우둔살(Beef Inside Round)	200g	프로슈토 햄(Prosciutto Ham)	100g
세이지(Sage)	50g	어린잎채소(Meschun)	30g
양상추(Head Lettuce)	30g	라디치오(Radicchio)	30g
루콜라(Arugula)	30g	마늘(Garlic)	1clove
버터(Butter)	20g	통후추(Whole Black Pepper)	15g
레몬(Lemon)	1ea	올리브오일(Olive Oil)	30mL
화이트와인(White Wine)	30mL	소금(Salt) · 후추(Peper)	pinch

★ 버터를 녹일 때 열이 서서히 전달되어 140℃ 정도 온도에서 거품이 생성되면서 타지 않고 맑게 녹여야한다.

★ 살팀보카는 송아지 고기에 햄을 싸서 세이지로 양념하여 구운 이탈리아 요리이다.

Mixed Peas Salad 혼합콩 샐러드

1. 콩은 종류별로 크기가 다르므로 각각 찬물에 넣고 삶다가 충분히 익었을 때 소금을 넣고 약간 더 삶은 다음 건져 식혀 놓는다.
2. 식힌 콩은 물기를 제거하고 둥근볼에 담아 잣 비네그레트에 양념해 놓는다.
3. 샐러드 볼에 배추 노란 부분 2잎을 놓고 위에 무순이와 고수로 장식한다.
4. 3염에 버물린 콩을 소복히 담아내고 위에 잣 가루를 뿌려낸다.

Pinenut Vinaigrette 잣 비네그레트

1. 잣은 다져서 둥글 볼에 담고 레몬주스, 식초 설탕을 넣고 잘 섞어 준다.
2. 1에 올리브오일을 서서히 부어주면서 핸드 블랜더로 잘 저어주어 만든다.
3. 소금과 후추로 양념하고 파세리 다진 것을 넣고 완성한다.

올리브오일 50mL, 다진 잣 20g, 레몬주스 5mL, 다진 파슬리 3g, 소금 · 후추 pinch, 설탕 5g, 식초 10mL

key points

1. 콩은 종류별로 크기가 다르고 익는 시간도 다르므로 각자 삶는다.
2. 잣을 볶을 때는 지방함유량이 많아 빨리 볶아지므로 저열로 은근히 연한 갈색이 날때까지 시선을 집중하여 볶아준다.

INGREDIENTS	W/MEASURES
붉은 키드니 빈스 (Red Kidney Bean)	30g
한콩(White Bean)	50g
브로드 빈(Broad Bean)	30g
배추(Napa Cabbage)	20g
무순이(Mustard Cress)	10g
고수(Coriander)	3g
잣 비네그레트 (Pinenut Vinaigrette)	30mL
다진잣(Chopped Pinenut)	3g
적양파(Red Onion)	15g

Mediterranean Style Vegetable Salad

지중해식 채소와 쿠스쿠스 샐러드

1. 붉은, 노란 파프리카는 그릴위에서 골고루 껍질을 태운 후 랩에 싸서 식힌 후 물에 껍질을 벗겨낸다.
2. 1의 물기를 제거하여 가로세로 5cm×3cm 정도의 크기로 잘라 놓는다.
3. 새송이 버섯도 파프리카와 같이 길이로 잘라서 올리브오일를 발라서 그릴에 굽는다.
4. 가지와 애호박도 파프리카와 같은 크기로 잘라 올리브오일, 로즈마리, 세이지, 다진 것을 함께 넣고 잘 섞어 절인 후 그릴에 굽는다.
5. 접시에 준비된 재료를 돌려가면서 예쁘게 담고 가운데에는 느타리버섯과 허브로 장식하고 파르메산 치즈와 허브 비네그레트을 뿌려서 완성한다.

Mediterranean Style 지중해식

지중해 식단으로 채소는 올리브오일과 허브에 버무려서 그릴이나 오븐에서 구워서 많이 먹는다. 또한 맛을 돋우기 위한 양념으로 케이퍼, 올리브, 말린 토마토 절임을 많이 사용한다.

Herb Vinaigrette 허브 비네그레트

1. 모든 허브를 잘게 다진다.
2. 믹싱 볼에 허브와 레몬주스, 소금, 굵게 으깬 후추를 넣고 고루 섞는다.
3. 2에 올리브오일을 서서히 넣으며 휘퍼로 유화가 되게 잘 섞어 준 후 소금으로 간하여 마무리한다.

세이지 1stalk, 로즈마리 1stalk, 바질 1leaf, 코리엔더 1stalk, 소금 pinch, 올리브오일 50mL, 레몬주스 15mL, 굵게 으깬 후추 3g

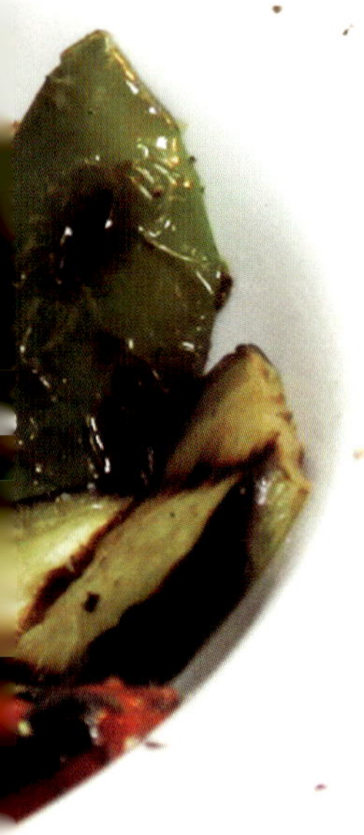

INGREDIENTS	W/MEASURES
붉은 파프리카(Red Paprika)	1ea
노란파프리카(Yellow Paprika)	1ea
느타리버섯(Oyster Mushroom)	15g
애호박(Squash)	30g
가지(Egg Plant)	30g
새송이버섯(New Mushroom)	1ea
파르메산치즈(Parmesan Cheese)	20g
Garnish	
로즈마리(Rosemary)	1stalk
세이지(Sage)	1stalk

Mediterranean Vegetable with Couscouse Salad

지중해스타일의 채소와 쿠스쿠스 샐러드

1. 치킨스톡에 소금을 넣고 끓인다.
2. 쿠스쿠스를 뚜껑있는 볼에 담고 끓고 있는 치킨스톡을 붓고 올리브오일을 함께 넣어 잘 섞어준 후 뚜껑을 꼭 닫아 8~10분 정도 둔다.
3. 파프리카는 스토브위에서 직화로 돌려가면서 껍질을 태운 후 랩에 싸서 식힌 물에 껍질을 제거하여 작은 주사위꼴로 썰어 놓는다.
4. 가지와 애호박도 주사위꼴로 잘라 올리브오일, 로즈마리, 세이지, 다진 것을 함께 넣고 잘 섞어서 절인 후 팬에서 볶아준다.
5. 단호박과 가지는 기름에 튀겨서 준비하고 잣은 볶아 놓는다.
6. 믹싱 볼에 준비된 쿠스쿠스와 채소들을 섞고 올리브오일, 레몬주스, 잣, 건포도, 소금 · 후추로 간하여 맛을 낸다.
7. 샐러드 볼에 가지, 단호박, 튀긴 것과 치커리, 세이지를 놓은 다음 맛을 낸 쿠스쿠스를 예쁘게 담아낸다.

key points

1. 스톡의 양에 유의하여 조리하는데 많이 넣으면 질어지고 적으면 충분히 익지 않아 딱딱하게 된다.
2. 만약 스톡량이 적어 딱딱하다면 스톡을 조금 더 부어주고 전자렌지에 2~3분간 돌려 완성한다.

INGREDIENTS	W/MEASURES
붉은 파프리카(Red Paprika)	20g
노란파프리카(Yellow Paprika)	20g
애호박(Squash)	30g
세이지(Sage)	1stalk
소금(Salt), 후추(Pepper)	pinch
올리브오일(Olive Oil)	20mL
옥수수(Sweet Corn)	15g
가지(Egg Plant)	10g
레몬주스(Lemon Juice)	2mL
치킨스톡(Chicken Stock)	100mL
건포도(Raisins)	20g
치커리(Chicory)	15g
쿠스쿠스(Cuscouse)	120g
잣(Pinenuts)	20g
단호박(Autumn Squash)	30g

Couscouse 쿠스쿠스

모로코의 가장 세계적인 전통요리로 경질의 밀가루를 소금물로 반죽해 나무상자 등에 넣어 손바닥으로 굴린 후 채에 내려서 만든다. 쿠스쿠스는 이슬람교 안식일인 금요일에 만든는 음식이며 결혼식 등의 행사에 마지막 요리로 나온다. 요즘에는 육류나 가금류의 곁들임 재료로도 사용하고 여러 가지 채소와 함께 섞어서 샐러드로도 많이 사용한다.

Crab Meat Salad 게살 샐러드

1. 게살을 먹기 좋은 크기로 손질한다.
2. 붉은, 노란 피망, 오이는 줄리앙으로 썰어 놓는다.
3. 차이브는 다져 놓는다.
4. 믹싱 볼에 게살과 준비한 채소들을 넣어 감귤 비네그레트에 잘 버무린다.
5. 샐러드 볼에 잎 채소를 놓고 그 위에 게살 샐러드를 예쁘게 담아 배추 무순이로 가니쉬한다.

Mandarin Vinaigrette 감귤 비네그레트

1. 믹싱 볼에 레몬주스, 감귤주스, 머스타드를 넣고 잘 섞는다.
2. 1에 샐러드 오일을 서서히 부어주면서 휘핑기로 잘 섞어주고 소금 · 후추로 간하고 마무리한다.

감귤주스 30mL, 소금 · 후추 pinch, 샐러드 오일 50mL, 레몬주스 15mL, 머스타드 5g

INGREDIENTS	W/MEASURES
게살(Crab Meat)	100g
붉은 파프리카(Red Paprika)	20g
노란 파프리카 (Yellow Paprika)	20g
차이브(Chive)	1stalk
겨자잎(Mustard Leaf)	20g
버터헤드 레터스 (Butter Head Lettuce)	15g
무순이(Turnip Sprout)	10g
오이(Cucumber)	20g
감귤 비네그레트 (Mandarin Vinaigrette)	80mL

Avocado with Seafood Salad 아보카도를 곁들인 해산물 샐러드

1. 새우, 오징어, 바닷가재는 채소스톡에 Submerge Poach하여 식혀 놓는다.
2. 관자와 홍합은 양파 다진 것을 넣고 Shallow Poach 하여 식혀 놓는다.
3. 아보카도는 껍질과 씨를 제거하여 먹기좋은 크기로 잘라 놓고 양파, 레드피망, 노란파프리카는 사용하는 모양으로 잘라 놓는다.
4. 준비한 해산물과 채소는 둥근볼에 적당한 크기로 썰어서 둥근볼에 담고 레몬 비네그레트를 넣고 잘 섞어준다.
5. 접시에 해산물 샐러드를 놓고 처빌과 치커리, 딜로 가니쉬한다.

Submerge Poach

많은 양의 채소스톡에서 생선이나 갑각류 등을 익힐 때 사용하는 조리법으로 액체의 온도는 85~92℃ 정도로 익히는 것이 좋다.

Shallow Poach

액체의 양이 보통재료에 1/3정도 잠기게 하여 주로 생선류를 익히는 조리법으로 온도는 약 90℃ 정도로 익힌다. Submerge Poach는 많은 양의 액체을 사용하다보니 스톡을 소스로 사용하기가 용이하지 않지만 Shallow Poach는 일반적으로 사용한 스톡을 소스에 사용한다.

Vegetable Stock 채소스톡

1. 채소는 적당한 크기로 잘라서 찬물을 붓고 끓이면서 레몬과 향신료를 넣는다.
2. 채소향이 우러나면 소금을 넣고 걸러서 사용한다.

양파 30g, 당근 30g, 샐러리 20g, 레몬 1/6ea, 월계수잎 1잎, 통후추 3g, 소금 4g, 물 100mL

Lemon Vinaigrette 레몬 비네그레트

1. 레몬의 껍질은 흰 부분을 제거하고 곱게 썰어 올리브오일에 튀겨낸다.
2. 믹싱 볼에 레몬주스와 디종 머스타드, 소금 · 후추를 넣어 잘 풀어 준 다음 올리브오일을 서서히 부어주면서 휘핑기로 잘 저어준다.

레몬주스 11mL, 디종 머스타드 5g, 올리브오일 30mL, 소금 5g, 레몬 제스트 5g, 굵게 으깬 후추 2g

INGREDIENTS	W/MEASURES
아보카도(Avocado)	50g
새우(30미)(Shrimp)	3ea
오징어살(Squid)	30g
레드피망(Red Pimento)	20g
노란파프리카(Yellow Parprika)	20g
겨자잎(Mustard Leaf)	15g
바닷가재(Lobster)	30g
관자(Scallop)	30g
홍합(Mussel)	30g
처빌(Chervil)	3g
치커리(Chicory)	30g
채소스톡(Vegetable Stock)	500mL
양파다진 것(Chopped Onion)	20g
레몬 비네그레트(Lemon Vinaigrette)	40mL

Insalata di Carne Cruda ai Tartufi Neri 검은 송로 버섯 품미의 생고기 샐러드

1. 고기를 얇게 썰어 랩을 씌워 살포시 두드려 냉장 보관한다
2. 올리브오일, 레드와인식초, 소금과 후추로 비네그렛을 준비한다.
3. 믹싱볼에 채소와 소스를 살짝 버무린다.
4. 송로 버섯을 얇게 저민다.
5. 비네그렛에 살짝 양념해 준다.
6. 각 개인 접시에 샐러드를 담아 주고, 그 위에 고기와 송로 버섯을 담아준다.
7. 샐러리로 장식한다.

INGREDIENTS	W/MEASURES
쇠고기안심(필렛 미뇽)(Beef Filletmignon)	120g
손질한 샐러드(루꼴라, 릿착, 상추, 스카롤라)(Salad Mix)	80g
샐러리(Celery)	20g
검은 송로버섯(Black Truffle)	10g
올리브오일(Olive Oil)	30g
레드 와인 식초(Red Wine Vinegar)	1/2T
소금, 후추(Salt, Pepper)	5g

Smoked Duck Breast Salad 훈제 오리 가슴살 샐러드

1. 훈제 오리를 줄리엔(Julienne : 2mm×2mm×4cm)으로 썰어 준비한다.
2. 모든 채소는 물에 담궈 싱싱하게 한다.
3. 느타리버섯은 소금물에 살짝 데쳐 물기를 제거한다.
4. 머스타드에 꿀, 식초, 소금, 넣어 소스를 완성한다.
5. 믹싱볼에 전체 재료를 담고 살짝 묻혀 접시에 담는다.
6. 소스를 뿌려 완성한다.

INGREDIENTS	W/MEASURES
훈제오리 가슴살(Duck Breast)	80g
라디치오(Radicchio)	15g
그린치커리(Green Chicoli)	15g
세이지(Sage)	2leaves
돗나물	15g
레드치커리(Red Chicoli)	15g
팽이버섯(Enoki Mushroom)	15g
느타리버섯 (Peurotus Ostreatus)	15g
머스타드소스 (Mustard Sauce)	30g

Duck

오리는 육류중 유일한 알카리성 식품으로 수용성 불포화 지방산을 다량 함유하고 있으며 비타민, 무기질이 많아 콜레스테롤 형성 억제 및 원활한 혈액순환 및 촉진에 매우 효과적이다.

★ 이요리는 신선한 쇠고기와 송로버섯의 향이 어우러진 요리이다. 쇠고기의 부드러운 육질과 지방이 적은 안심을 주로 사용하며 즉석에서 썰어 얇게 두드려 공기중에 노출시키면 선홍색이 되는데 이때 바로 제공하기도 하고, 또 다른 방법은 미리 손질하여 동그랗게 말아 약하게 냉동보관 후 얇게 썰어 제공하는 방법도 있다.

랍스터 암수 구별법

바닷가재의 암 수구별은 꼬리 부분을 유심히 살펴보아야한다. 수놈은 뱃쪽의 꼬리부분 중앙이 손으로 만져보면 약간씩 뽀족하게 튀어나와 있고 암놈은 그것이 없다, 또한 마디의 양쪽 끝 부분이 수놈은 뽀족하게 날카로우며 암놈은 끝이 완만하다. 맨 뒷꼬리 부분은 암놈은 알을 잘 품을 수 있게 부채형 꼬리가 더 크며 안으로 곡선을 이루고 있다.

Lobster Salad 바닷가재 샐러드

1. 모든 채소를 길이로 매우 곱게 썬다(시폰나드).
2. 각각 분리하여 얼음물에 넣고 더욱 싱싱하게 만들어 준다.
3. 쿠르-부용에 랍스터를 조리 한 다음 집게발과 몸통의 껍질을 벗긴다 .
4. 채소와 허브를 건져 물기를 뺀다.
5. 믹싱볼에 채썰은 채소를 물기제거하고 레몬 즙, 소금, 오일로 채소를 양념한다.
6. 비트 즙에 오일 꿀을 혼합해 준다.
7. 각 개인 접시에 꿀 소스를 원반 모양으로 깔아 준다.
8. 소스 위에 손질 한 랍스터를 올린다.
9. 랍스터 위에 채소를 둥글게 말아 올린다.

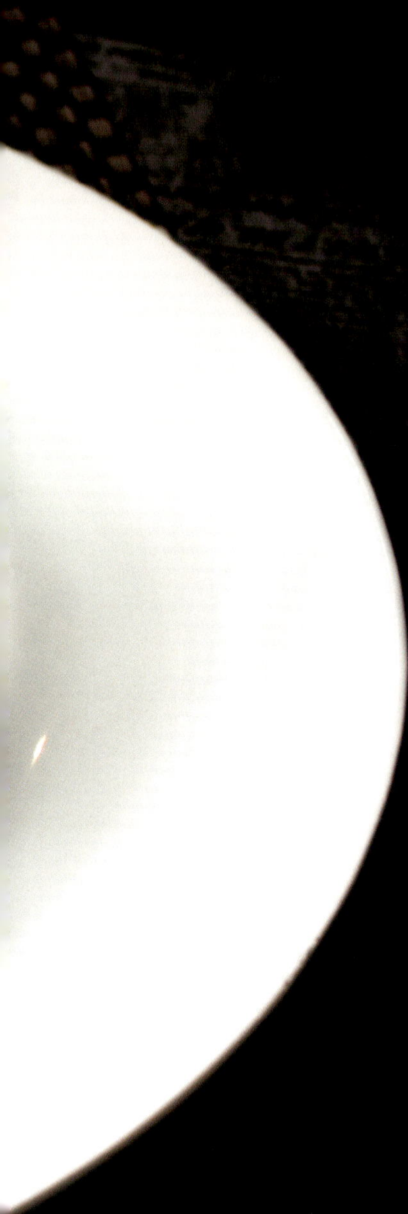

INGREDIENTS	W/MEASURES
싱싱한 비트(Beet)	50g
바닷가재(Lobstar)	1Whole(100g)
샐러리(Celery)	50g
갑각류 용 쿠르-부용(Court-Bouillon)	1L
애호박(Sqush)	50g
잡화꿀(Honey)	10g
당근(Carrot)	50g
올리브오일(Olive Oil)	30mL
시금치(Spinach)	15g
루꼴라 새싹(Rocola Sprout)	4g
레몬즙(Lemon Juice)	20mL
순무 새싹(Radish Sprout)	3g
비트 즙(Beet Juice)	10g
허브 믹스(처빌, 겨자 잎, 차이브)(Herb Mix)	20g
소금(Salt)	5g

Seafood Salad 해산물 샐러드

1. 홍합과 모시조개를 손질하여 펜에 오일을 두르고 마늘 파슬리줄기, 화이트와인 넣어 조려준 후 식힌 다음 조갯살만 분리해서 차갑게 보관한다. 주스는 걸러 식혀 놓는다.
2. 펜에 마늘오일을 두르고 양상추 소테한 후 소금과 후추로 양념하고 물을 조금 부어준 뒤 호일을 덮어 약한 불에 푹 익힌 다음 블랜더에 올리브오일을 부어주며 곱게 갈아준다.
3. 문어를 냉동시킨 후 식초 물에 증기로 찐 다음 식혀놓고 새우는 내장제거 후 머리부분을 칼을 넣어 2등분 한 뒤 삶아 주고, 굴도 살짝 익혀주고 오징어는 껍질 채 3cm 길이로 썰어 복아 식혀준다 그리고 단데리온은 데쳐 놓는다.
4. 바케트빵을 얇게 썰어 올리브오일을 발라 오븐에 바싹하게 구워준다.
5. 접시에 상추페스트를 한 숟가락 놓아주고 가볍게 툭 쳐서 넓게 펼쳐지게 하고 그 위에 여러 가지 샐러드 채소와 준비된 해산물, 구운빵을 보기 좋게 담아주고 소스를 뿌려 제공한다.

INGREDIENTS	W/MEASURES		
오징어(Squid)	50g	루콜라(Arugula)	30g
문어(Octopus)	50g	마늘(Garlic)	1clove
모시조개(Baby Clam)	50g	버터(Butter)	20g
새우(30미)(Shrimp)	5ea	통후추(Whole Black Pepper)	15g
굴(Oyster)	5ea	레몬(Lemon)	1ea
어린잎채소(Meslun Geens)	30g	올리브오일(Olive Oil)	30mL
양상추(Head Lettuce)	50g	화이트와인(White Wine)	30mL
바케뜨빵(Baguette)	30g	소금, 후추(Salt, Pepper)	pinch

★ 버터를 녹일때 열이 서서히 전달되어 140℃ 정도 온도에서 거품이 생성되면서 타지 않고 맑게 녹여야한다.

★ 시트로넷(Citronette)비네그렛소스는 일반적으로 소금 ,오일, 식초를 사용하여 오일과 식초의 비율이 3:1 비율로 만들어 지는데 식초 대신 레몬즙을 사용하는 것을 시트로넷이라 부른다.

초생강 만들기

얇게 슬라이스한 생강을 뜨거운 물에 데치고 소금 간을 한 단촛물을 준비해서 뜨거운 상태로 넣어 재워둔다.

Ginger & Red Pepper with Scallop Salad

생강과 레드 후추를 곁들인 가리비 샐러드

1. 가리비를 손질한다음 물기를 말리고 소금 간을 한다.
2. 코팅 팬에 소량의 올리브오일을 두루고 버터를 넣고 구워준다
4. 로메인 레트스를 샐러드 볼에 작게 손질하여 따서 담는다.
5. 시트로넷(올리브오일, 소금, 레몬주스)에 초절임 생강 물을 살짝 넣어서 준비한 소스로 양념해준다.
6. 각 개인 접시에 담아 준다.
7. 그 위에 미리 코팅 팬에 익혀 둔 가리비를 올려 준다. 처빌과 초절임 생강으로 장식해 준다.

INGREDIENTS	W/MEASURES
가리비(Scallop)	100g
스시용 초절임 생강(Ginger Marinaded Vinegar)	40g
로메인 상추(Romain Lettuce)	50g
양상추(Head Lettuce)	50g
처빌(Chervil)	1stalk
레몬즙(Lemon Juice)	10mL
엑스트라 버진 올리브오일(Olive Oil)	30mL
레드 후추(Red Pepper)	10g
소금, 후추(Salt, Pepper)	pinch

Cauliflower Salad 컬리플라워 샐러드

1. 케이퍼를 물에 담구어 염기를 제거한다.
2. 오븐에 구운 피망의 껍질을 벗긴 후 마름모형으로 썰어준다.
3. 컬리 플라워를 작은 송이로 손질하여 소금 간을 한 충분한 끓는 물에 조리한다.
4. 알단테(약간 설익게)일 때 건져 낸다.

5. 엔초비는 마름모형으로 썰고 자투리는 곱게 갈아주어 비네그레트 소스에 첨가한다.
6. 올리브는 올리브모양으로 썰어준다.
7. 화이트와인식초와 올리브오일, 엔초비갈은것을 섞어 비네그레트 소스를 만든다.
8. 준비한 재료 들을 모두 한 곳에 모아 맛이 잘 들도록 혼합해 준다.
9. 사이드 혹은 안티로 제공된다.
10. 키이퍼, 올리브 .엔초비, 피망을 적절하게 배치하여 장식한다.

INGREDIENTS	W/MEASURES
컬리 플라워(Cauliflower)	1stalk
그린 올리브(Geen Olive)	60g
블랙 올리브(Black Olive)	60g
피망(Pimiento)	1ea
염장 엔초비(Anchovy)	2anchovies
케이퍼(Caper)	10g
올리브오일(Olive Oil)	30mL
화이트 와인 식초(White Wine Vinegar)	20mL
소금(Salt)	5g

Garlic Vinaigrette with King Oyster Mushroom Salad 마늘 비네그레트를 곁들인 새송이버섯 샐러드

1. 새송이 버섯을 한입크기로 잘라 올리브오일에 볶아놓는다.
2. 청피망, 홍피망, 노란 파프리카를 막대모양으로 잘라놓는다.
3. 마늘 2쪽을 두껍게 슬라이스하여 색깔이 나게 구워준다,
4. 파슬리는 다져 꼭 짜서 뽀송하게 준비한다.
5. 준비된 새송이를 믹싱볼에 넣고 마늘 비네그레트를 넣어 골고루 버무려준다.
6. 접시에 새송이버섯을 담고 그 위에 마늘 구운 것을 올리고 파슬리를 뿌려 완성한다.

INGREDIENTS	W/MEASURES
새송이(Sae-Song-I Mushroom)	100g
마늘(Garlic)	5cloves
청피망(Geen Pimento)	15g
홍피망(Red Pimento)	15g
노란 파프리카(Yellow Paprika)	15g
파슬리(Pasley)	1stalk
소금(Salt), 후추(Pepper)	pinch

Garlic vinaigrette

1. 마늘(3쪽)을 곱게 다져 놓는다.
2. 믹싱볼에 올리브오일과 식초를 3:1 비율로 넣어 잘 저어 유화 시킨다.
3. 마늘 다진 것과 소금과 후추로 양념한 후 숙성시켜 사용한다.

★ 새송이버섯은 베타글루칸이 많이 함유되어있어 우리몸에 콜레스테롤 수치를 개선해주며, 체지방 축적을 막아주고 다이어트와 암에 효과가 있다. 비타민C, 비타민B6, 비타민B12 등이 풍부하게 들어 있어 피부노화방지에 좋고, 트레할로스란 성분은 골다공증 예방에 도움을 준다.

4. 파스타(Pasta)

4-1. 파스타란?

파스타의 어원은 이탈리아어의 동사 impasare(반죽하다)에서 유래된 말로 이탈리아에서는 밀가루로 만든 모든 면을 파스타라 일컫는다. 넓은 의미로는 밀가루와 달걀, 소금, 올리브오일을 기본재료로 하며 다양한 색상을 내기 위하여 토마토 파스타, 허브, 시금치, 오징어먹물 등을 첨가하여 반죽상태로 숙성시켜 넓게 펼쳐 민 다음 썰어 만든 것이다. 파스타 주재료인 밀가루는 듀럼 세몰리나(Drum semolina)가 가장 양질이며 배아를 이용한다.

이탈리아의 파스타 법에 따르면 건조파스타는 듀럼소맥의 세몰리나가루, 물 혹은 듀럼소맥의 세몰라토(세몰리나분의 정재 후 남는 가루)를 사용해서 만들지 않으면 안된다. 생 파스타의 경우에는 연질 소맥분의 사용을 인정한다.

1) 파스타의 역사

파스타의 역사는 동방견문록의 기록에 보면 마르코폴로가 1259년 경 면 발생의 땅 중국으로부터 "면은 이탈리아에 들고 온 것이다." 라는 중국 설과 고대 그리스인이 소맥분을 수프로 반죽한 것(마카리아)이나 얇게 한 반죽가루를 가늘고 길게 자른 것(라가논)을 먹은 것이 고대 그리스 설이 있다. 또한 이탈리아 에투르스칸족의 무덤에서 파스타를 만들었던 기구와 파스타 조각이 발굴되었는데, 이것은 기원전 4세기의 것이다. 따라서 에투르스칸족은 그 당시 이미 밀의 일종으로 파스타를 만들었던 것으로 추측되고 있다. 어떤 설이 맞는지 알 수 없지만 밀이 인류의 역사와 함께 해 온 고대작물인 만큼 인류가 농사를 시작하여 정착생활을 하게 되면서 처음에는 그대로 먹던 밀이 소화되기 쉬운 형태로 갈아 반죽해 먹었을 것이다. 따라서 파스타가 어느 지역에서 만들어져 다른 곳으로 전해지기보다는 밀을 재배했던 지역에서 각각 다른 방식으로 파스타를 만들어 먹었던 것이 아니었을까 생각한다. 이탈리아인들은 이미 기원전 4세기에 파스타를 만들어 먹기 시작하여 역사와 함께 발전하여 왔다고 할 수 있다. 고대 로마인들은 물과 밀가루로 만든 간단한 반죽으로 라가네(lagane)라고 불리는 라자냐와 비슷한 음식을 만들어 먹었는데 이 시대의 유명한 미식가인 아피시우스가 자신의 요리책에서 이 요리에 대해 언급한 바 있다. 또한 1세기에 마르티노 코르노(Martino Corno)가 쓴 〈De arte Coquinaria per vermicelli e maccaroni siciliani(시칠리아식 마카로니와 베르미첼리 요리)〉라는 책에는 최초로 파스타에 대한 조리법이 기록되어 있다.

2) 파스타의 발전

파스타가 이탈리아 전역에 퍼진 것은 건조 파스타의 출현에 따라 이 건조 파스타는 아라비아 상인들이 썩기 쉬운 소맥분을 대신 물로 반죽한 소맥분을 건조시켜 들고 다닌 것이 시작이다. 13~14세기경 생면을 이탈리아 북부지방에서 만들기 시작하여 18세기경에는 남부지방에서 건조면을 대량생산하여 수출하기도 하였다. 그 후 나폴리 북부지방의 티구리아 지방에서도 생산이 시작되었다. 이것이 나폴리를 중심으로 남부 이탈리아에서 발전해 이태리 전역으로 퍼져 나가게 되었다. 그 후 영국에서 발생한 산업혁명이 파스타 제조에 큰 영향을 미치는데, 이 당시의 파스타는 서민적인 음식으로 귀족이나 왕의 식탁에 오르지 못했다. 파스타가 귀족들에게 외면당한 이유는 당시에 파스타를 손가락으로 먹었기 때문이다. 페르디난도 2세의 시종인 젠나로 스파다치니(Gennaro Spadaccini)가 포크를 발명함으로써 파스타는 그 지위가 한층 상승하게 되었다. 19세기에 들어서는 파스타 압착기에 구멍 뚫린 동판을 붙여 여러 가지 다양한 모양의 파스타 생산이 가능해졌다. 20세기에 접어들면서 파스타 제조는 기계공업에 의해 계속 진보하여 파스타의 자연건조는 인공건조로 바뀌었고, 1933년도에는 브라이반테 형제가 연속식 제조 설비를 개발하여 혼합, 반죽, 압착, 성형, 건조까지 일체의 생산이 연속적으로 이루어졌다. 오늘날 현재 생산되는 파스타의 종류가 200여종이 넘고 세계적으로 사랑받고 있다. 파스타는 이탈리아사람들에게는 우리의 밥과 같은 주식의 역할을 하지만 주된 식사라기보다 전채요리의 개념이 강하다. 쫄깃한 식감과 고소한 맛이 식욕을 촉진하는 역할을 한다. 또한 해산물, 치즈, 올리브 등 어떤 재료로 만든 소스와 잘 어울린다. 우리나라에서 말하는 파스타요리는 스파게티 같은 긴 파스타를 떠올리지만, 본 고장 이탈리아에서는 숏 파스타 쪽을 많이 먹고, 지방마다 특산물이 달라 그것들과 합친 파스타 요리가 많다. 이렇듯 이탈리아 사람들은 파스타 만드는 일을 굉장히 중요하게 여겼다.

3) 파스타 조리에 필요한 부재료

(1) 토마토

파스타를 생각하면 빼놓을 수 없는 것이 빨간 토마토이다. 토마토가 이탈리아에 들어온 것은 17세기였으나 곧바로 파스타 요리에 사용되었던 것은 아니었다. 1788년에 빈첸조 코라도(Vincenzo Corrado)는 그의 책〈Cuoco galante (The Gintlemen's Chef)〉에서 최초로 토마토소스에 대해 언급하였으나 파스타의 소스로 이용했던 것은 아니었다. 1800년대 초기에 소금과 바질잎을 넣고 끓여 만드는 토마토소스는 남부지방에서 파스타에 사용하기 시작하면서 파스타 요리에는 엄청난 변화가 생기게 되었다. 나폴리 근처의 베수비오산에서 재배되는 산마르치아노 토마토는 일반 토마토에 비해 감칠맛이 높아 파스타요리에 적합하다. 파스타와 토마토의 만남으로 이탈리아의 파스타 요리는 더욱 다양하고 풍부해 졌으며, 이제 토마토는 파스타를 대표하는 이미지이자 이탈리아 요리 전체를 대표하는 이미지가 되었다, 토마토를 기초로 해서 만든 다양한 소스들은 오늘날 세계인의 입맛에도 잘 어울려 최고의 건강 식재료로 누구에게나 사랑받고 있다.

(2) 치즈

지방마다 고유의 기후와 생태환경에 따라 치즈의 성질을 구분하며 원산지 통제 명칭 제도에 따라 고유한 지역에서 만든 치즈에만 명칭을 사용할 수 있다. 예를 들면 파르미지아노 레지아노 치즈 이탈리아 에밀리아 로마냐 주의 파르마가 원산지이다. 1년 이상 숙성시켜 사용하며 고급제품은 4년정도 숙성시킨다. 제한된 지역에서 엄격하게 통제된 가운데 만들어지고 있다. 조각을 내어 식후에 먹거나 소를 채운 파스타의 갈아 넣어 풍미를 살리거나 볼로네제 소스 위에 뿌려 먹는 등 여러 가지 파스타의 풍미를 살리는데 이용된다. 그라나 빠다노 치즈는 이탈리아의 북부 지역에서 많이 사용하고 소젖으로 만들어지는 압축가공 치즈이다.

(3) 올리브오일

파스타에는 담백한 향미와 농도감을 위해 반드시 엑스트라 버진 올리브오일을 사용한다.

(4) 허브와 스파이스

허브 중 가장 중요한 바질, 파스타의 상쾌한 맛을 살리는 오레가노, 파스타의 색을 살려주고 풍미를 더해주는 사프랑, 매운맛을 내는 페페론치노 등이 있다.

(5) 소금

천일염을 사용하는 것이 좋으며 굵은 소금은 염장 파스타 삶은 물의 염도를 내는데 사용하고 가는 소금은 요리의 간을 하는데 사용된다. 소금은 삼투압, 갈변방지, 단백질 응고 촉진, 발효조정 등의 효과적인 여러 가지 중요한 역할을 수행한다.

(6) 후추

파스타에 매운맛을 내며 피페린 성분이 음식의 대사작용을 촉진시켜 주고 통후추를 직접 후추 가는 도구를 이용해 신선한 맛을 느낄 수 있다.

4) 파스타요리의 이탈리아 지방별특징

(1) 북부지방

북부지방에서는 라자냐, 카넬로니, 라비올리나 손으로 쳐서 만드는 파스타가 많이 먹는다. 리구리아주에서는 생 바질과 소나무의 열매, 페코리노 치즈 등으로 만들어진 제노바풍 페스트를 사용한 파스타가 유명하고 베네치아에 있는 베네토주는 먹물파스타를 시작한 어패류를 자주 먹는다. 또 롬바르디아주나 피에몬테주에는 낙농이나 농업이 번창해서 각종 채소와 버섯, 치즈, 육류를 소스나 재료로 한 파스타가 많이 있다.

(2) 중부지방

중부지방에는 북부의 파스타, 남부의 파스타의 좋은 점을 모두 이용해 만든다. 중부에서는 특히 뇨끼가 사랑받아 "목요일은 뇨끼의 날"로 불린다. 에밀리아, 로마냐주에서는 저민 고기를 가득 사용한 미트소스, 로마가 있는 라치오주에서는 달걀과 생크림, 판체타를 사용한 까르보나라와 안티초크 등의 채소를 사용한 것, 아부루초주에서는 올리브오일에 마늘과 고추만을 소박하면서 맛있는 페페론치노가 유명하다. 토스카 나주에서는 육류를 사용한 미트소스가 주로 사용되며 사르데냐주에서는 정어리나 성게, 오징어 등의 어패류가 중심이다.

(3) 남부지방

나폴리를 중심인 남부지방은 토마토소스와 스파게티(건조파스타)의 발상지답게 토마토소스를 사용한 파스타요리가 많이 있다. 신선한 어패류를 많이 사용하고 바지락의 스파게티 봉골레는 너무나도 유명하다. 시칠리아에서는 정어리나 성게, 소금에 말린 식품을 스파게티 재료로 사용한다.

5) 파스타의 보존

건조 파스타는 개봉해서도 어느 정도 보존된다. 개봉 후 청결하고 습기가 없는 장소에 보관하면 좋다. 달걀이나 시금치가 들어있는 파스타는 직사광선에 쐬거나, 유통기한이 지나면 색이 변하기 쉽고, 벌레의 피해를 막기 위해서는 밀폐 병에 옮겨 담는 것이 최상의 방법이다.

4-2. 구성성분과 특성

우리나라에선 보통 스파게티를 파스타로 알고 있지만 파스타는 듀럼 밀을 분쇄해서 만든 밀가루인 세몰리나에 따뜻한 물을 넣어 반죽해서 다양한 모양으로 뽑아낸 것을 총칭한다. 듀럼밀은 이탈리아, 지중해, 중앙아시아, 러시아, 북아메리카, 남아메리카 등지에서 재배되며 일반 밀보다 딱딱하고 글루텐 함량이 높은 게 특징이다. 반죽할 때 달걀, 채소 퓌레, 비트, 시금치, 오징어 먹물 등을 첨가하여 다양한 맛과 색깔을 낼 수 있다. 모양으로는 국수모양은 물론이고 나비모양, 원통모양, 조개모양, 바퀴모양 등 종류만도 200가지가 넘으며 파스타를 디자인하는 사람들이 있을 정도로 다양하다. 좋은 품질의 파스타는 부드럽게 잘 건조되어 있고 가장자리가 노랗고 반투명한 아이보리색이 좋으며 표면이 약간 거칠어야 소스가 잘 묻어나고 냄새를 맡았을 때 화학약품이나 인공적인 냄새가 나지 않아야 한다. 삶을 때 끊어지거나 부서지지 않는 것이 좋다. 또한 좋은 품질의 파스타는 조리했을 때 자세히 들여다보면 4겹이 된다. 평균적으로 1인분의 파스타(60g)는 빵(80g)의 열량(230cal)과 동일하며 영양면에선 거의 쇠고기와 같은 단백질을 함유하고 있다. 소량의 신선한 버터와 토마토소스, 치즈는 균형 잡힌 파스타 식사를 제공한다.

4-3. 파스타의 종류

파스타는 크게 분류하면 롱 파스타와 숏 파스타로 나눈다. 롱 파스타는 잘 알려져 있는 스파게티나 스파게티니, 링귀네나 납작하게 뽑은 면상의 폭 넓은 파스타의 탈리아텔레나 페투치네, 관상의 구멍이 빈 즈타, 부카티니등이 있다. 여기에 먹물이나 시금치, 고추, 세지 등을 넣은 것이 있기 때문에 그 수는 많다. 소맥분에 달걀을 넣은 에그파스타도 롱 파스타의 같은 종류다. 둥글게 합친 페투치네, 탈리아텔레나 라자냐의 시트가 있다. 숏 파스타는 마카로니를 대표하는 길이가 짧은 파스타이며, 펜 끝 모양을 한 펜네, 패각모양을 한 콘킬리에, 귓불의 의미를 가진 오리키에테, 나비나 리본의 형태를 한 파르팔레 부터 수프의 건더기에 되는 작은 파스타까지 많은 종류가 있다. 고기를 넣어 빚은 라비올리, 트로테리니도 숏 파스타의 같은 종류이다.

1) Long pasta

Drum semolina와 물로 만든 가늘고 긴 건조파스타를 지칭하는데 우리나라에서는 원주형의 긴 파스타를 통칭해서 스파게티라 부른다. 이탈리아에서는 직경 1.6~1.9mm되는 것 만을 스파게티라 부르고 있고 그보다 가는 것은 스타게티니, 페페리니, 바미셀리, 카페리니 등 굵기에 따라 다른 이름으로 부른다. 스파게티간이 둥근 모양 이외에 링귀니, 부카티니, 리짜렐리 등 다양한 종류가 있고 길이는 대개 26cm이다.

2) Short pasta

마카로니로 대표되고 중심에 구멍이 있는 관형 파스타로 우리에게 가장 친숙하다. 특징은 소스가 쉽게 묻도록 고안되어 있고 나비, 조개, 실뭉치 등 여러 가지 모양으로 만들어 친숙하고 유머스러움을 즐기며 먹는 파스타이다. 크기가 큰 것은 짙은 소스에 작은 것은 수프와 샐러드에 이용된다.

3) 면발에 다른 분류

① 기계로 뽑고 건조시킨 파스타

ex) Spaghetti, Macaroni

② 손칼국수처럼 손으로 썰고 건조시켜 물기가 어느 정도 남아있는 파스타

ex) Fettuccine, Lasagne, Ravioli

③ 감자와 밀가루, 노란 호박과 밀가루 사용하여 수제비 모양으로 만든 것

ex) Gnocchi(뇨끼) → Parmesan cheese와 곁들이면 맛이 좋다.

④ 옥수수가루로 만든 것

ex) Polenta

⑤ 케이크, 디저트용

ex) Tortino(토르치노)

까펠리니

피데리니

스파게티니

스파게티

링귀네

링귀니피고르

파가테이느

지따

마케로니, 아나끼따우

프실리, 링귀

펜네, 펜네떼, 펜니네

리카토니

리까티니

콘치글리에

파르팔레

푸실리

카와

농게띠,사루띠

오레치에떼

카바뗄리

카사레치에

파케리

로-떼

또띨리니

전립분 파스타

달걀 파스타

라자냐

생면 파스타

트로피에

수프용 파스타

그린 파스타

4) 파스타의 용도

① 수프 가니쉬(Pasta for soup) : 모양이 매우 작고 다양한 형태로 만들어져(파스티네-Pastine) 수프의 가니쉬나 메인형태로 쓰여진다(Vermicelli, Linguine, Pennette, Stelline, Risoni, Conchigliette).

② 삶는 요리(Pasta for boiling) : 거의 대부분의 파스타가 이에 포함된다. 납작한 파스타, 원통모양의 파스타, 마카로니, 리가토니, 펜네를 포함한 속이 텅 빈 파스타, 조개모양의 파스타 등이다.

③ 오븐에 굽는 요리(Pasta for baking) : 이것은 일단 물에 먼저 삶아야 한다. 물결치는 모서리 모양의 라자냐, 토르텔로니, 부카티니가 이에 속한다.

④ 소 채움 요리(Filled Pasta) : 카넬로니와 라비올리는 가장 흔한 형태이다. 그러나 다

른 파스타는 토르텔리니, 슬리퍼 모양의 아그노리티, 작은 모자 모양의 카펠레티 등이 있다.

4-4. 생파스타

1) 생파스타 제조과정

생파스타는 물의 양 또는 달걀의 양에 따라 농도의 차이가 나며 손으로 하는 것과 기계로 하는 것, 밀가루의 종류(경질-세몰리나, 연질-강력분), 색을 부여하기 위해 첨가하는 천연 색소(오징어먹물, 시금치, 붉은피망, 당근, 토마토, 샤프란)의 량에 따라서도 달라진다. 보통 달걀 한 개에 밀가루 200g 비율로 반죽한다.

1. 밀가루 중앙에 전 재료를 넣는다.

2. 달걀을 잘 풀어준다.

3. 골고루 잘 섞는다.

4. 손으로 주물러 반죽한다.

5. 둥글리기 후 숙성한다.

6. 밀어 편 후 네모난 형태로 만든다.

7. 달라붙지 않도록 밀가루를 뿌린다.

8. 얇게 민 반죽을 원하는 형태로 자른다.

9. 달라붙지 않도록 밀가루를 뿌린다.

2) 생면반죽

① 이탈리아의 밀가루(Farina)

이탈이아의 밀가루는 크게 경밀 질(Farina di grana duro)과 연밀 질(Farina di grana tenero)로 나눌 수 있다. 그 중 경질 밀은 건조 파스타를 만드는데 주로 사용되는 밀가루이다. 그러나 일반적으로 쉽게 생면을 만들기 위해서는 연질 밀을 많이 사용한다. 이탈리아의 연질 밀은 크게 두 가지로 분류되는데 강력분을 "파리나 제로 제로"("Farina 00")라고 표기하고 박력분은 "파리나 제로"("Farina 0")라고 표기하며 중력분은 생산하지 않는다. 중력분을 사용하기 위해서는 강력분과 박력분을 조리장의 오랜 경험에 의해 혼합해서 만들어 사용하는 것이 일반적인 예이다.

② 밀가루구분

경질밀(Farina di grana duro), integrale(인테그랄레), semola, semolina(세몰라/세몰리나), 연질밀(Farina di grana tenero), Tipo Farina "00"(강력분), Tipo Farina "0"(박력분)

③ 생면 파스타의 제조방법과 이용법

생 파스타는 물의 양 또는 달걀의 양에 따라 다소 차이가 있을 수 있으며 손으로 하는 것과 기계로 하는 것에 따라 달라지고, 사용되는 밀가루의 품질에 따라서 달라진다. 또한 파스타에 밀가루 대신 치즈나 초콜릿, 자페라노를 넣을 수 있고 오징어 먹물, 토마토, 헙, 물 또는 달걀을 이용하여 변화를 주기도 한다. 채소 파스타는 당근 또는 Barbabietole(근대), 시금치, borragine 또는 잘 펴진 costine등을 이용한다.

일반적인 생면 반죽법

① 생면 파스타

② 경질밀(세몰리나)(중북부의 리구리아 지방) : 달걀 0개×1kg밀가루+물

③ 달걀 2개×1kg밀가루+물

④ 달걀10개×1kg밀가루+-

⑤ 요리법 삶는 방법 1kg파스타는 10리터의물 소금10%

⑥ 연질밀(강력분)(중남부 이탈리아) 달걀 0개×1kg밀가루+물

⑦ 달걀 4개×1kg밀가루+물

⑧ 달걀10개×1kg밀가루+-

condite(버무림) saltate(볶음) gratinate(그라피타페) pasticciate(혼합) torte(파이) timballi(팀발) minestre(미네스트레)

4-5. 파스타의 조리와 이용

파스타를 삶을 때는 속이 깊은 냄비에 스파게티의 8~10배의 물을 끓여 국수를 방사형으로 넣으면서 밀어 넣는다. 정확히 말하자면 보통 파스타 100g당 물 1L가 적당하다. 물이 끓기 시작하면 파스타의 10%의 굵은 소금(천일염)을 넣어 간을 맞춘 후 파스타면을 부채꼴 모양으로 돌려 넣어 뚜껑을 덮지 않고 저으면서 익히는데 한 가닥을 꺼내 잘랐을 때 중앙에 가늘고 흰 심지가 보일 정도로 삶은 것이 잘 삶아진 것이다. 이것을 알단테(al dante)라 부른다. 이때 면을 씹으면 꼬들꼬들한 질감이 살아있어 가장 맛있다. 삶을 때 오일을 첨가하는 것은 서로 뭉침을 방지한다.

몇 가지 더 얘기하자면 스파게티와 같은 긴 파스타는 면이 끊어지지 않은 것을 끓는 물에 서서히 넣어야 하며 부드러워지고 구부려질 때까지 삶는다. 샐러드용 파스타라면 물기를 없애고 찬물에 헹군 다음, 즉시 오일 몇 방울을 떨어뜨리고 식힌다. 단, 이때 딱딱해지지 않게 주의해야 한다. 파스타를 따뜻하게 서빙 할 때는 선택한 소스를 삶은 파스타 위에 곁들인 다음 재빨리 젓고 서빙 직전 치즈를 뿌린다. 이때 서빙하는 접시는 반드시 따뜻함을 유지하고 있어야 한다. 파스타는 그라탕, 샐러드 등에 이용하거나 스크램블 달걀과 홍합, 완두콩을 곁들인다. 라자냐 등을 만들 때는 다진 쇠고기, 베샤멜 소스와 시금치, 닭 간, 치즈와 허브, 소시지용 고기를 넣어 속을 채운다.

1) 롱 파스타의 삶는 법.

① 1인분의 기준은 80~100g입니다. 저울 등으로 계량하면 편리하다.

② 깊은 냄비에 물을 듬뿍(1인분 1L가 기준)넣고 불에 걸쳐 비등시킨다. 비등한 상태를 유지하고 화력을 낮춘다.

③ 물 1L에 대해 10g의 소금을 ②에 넣는다.

④ ③의 냄비에 파스타를 방사하도록 넣는다.

⑤ 파스타가 서로 붙지 않도록 바로 뒤섞는다.

⑥ 10~12분 정도 삶아 완전히 익혀진 것 같으면 약간 꺼내 확인한다. 심지에 조금 남아있는 알단테의 상태까지 삶는다.

⑦ 바로 소쿠리에 올려 수분을 제거한다. 재빠르게 소스에 묻힌다. 바로 소스에 묻히지 않는 경우에는 올리브오일을 뿌려 묻힌다.

2) 숏 파스타의 삶는 법

① 1인분의 기준은 80~100g이다.

② 입구가 큰 냄비에 물을 듬뿍(1인분 기준 1L)넣어 불에 걸쳐 비등시킨다. 비등한 상태를 유지하고 화력을 낮춘다.

③ 물 1L에 대해 10g소금을 ②에 넣는다. 파스타가 큰 것은 소금을 적게 한다.

④ ③의 냄비에 파스타를 넣는다. 눌러 붙지 않도록 바로 뒤 섞는다.

⑤ 8~12분 정도 삶아 완전히 익혀진 것 같으면 약간 꺼내 확인해본다. 심지에 조금 남아있는 알단테의 상태까지 삶는다.

⑥ 바로 소쿠리에 올려 수분을 없애고 재빠르게 소스를 묻힌다. 바로 소스에 묻히지 않을 경우에는 올리브오일을 묻혀둔다.

3) 올바른 면 조리순서

면 삶기 Come si cuoco la pasta

1단계(면 준비) Cuocere la pasta

생면(건면)을 준비한다.

2단계(물 끓이기) Acqua bollente

물을 끓인다(100g의 생면을 기준으로 물1리터를 끓인다.).

3단계(소금 넣기) con Sale

물이 100℃로 끓을 때 굵은 바다 소금을 넣는다(생면 100g을 삶을 때는 5%인 5g의 소금을 넣고 건면 100g을 삶을 때는 10%인 10g을 넣는다.).

4단계(면 넣기) con paste

물이 펄펄 끓을 때 면을 넣고 나무로 된 주걱으로 면을 여러번 빠르게 저어준다.

5단계(면 삶기) Controlare pasta

면이 잘 익었는가를 보기 위해서는 직접 맛을 보아야 한다. 개인에 따라 약간의 차이가 있기 때문에 직접 맛을 보는 것이 가장 좋은 방법이다. 물속의 석회질 성분의 양, 해발, 주변의 습기, 기후에 따라 면이 익는 시간이 조금씩 달라진다.

6단계(면 테스팅) Assaggio pasta

면은 물기를 빼는 동안에도 계속 익기 때문에 꼬들꼬들하게 익었을 때(알단테 al dente) 면을 꺼내어 체로 물기를 뺀다. 이때 면의 김과 열기를 가장 많이 제거할 수 있도록 흔들어야 한다. 가장 좋은 방법은 포크와 숟가락으로 그 면을 최대한 들어올리면서 힘차게 젓는 것이다.

7단계(버무리기) Condire o Saltare

마지막 단계로 소스와 면을 그릇에서 직접 섞는다. 면을 삶은 다음 체로 물기를 빼고 볼이나 팬에서 소스와 양념하여 버무린다. 바로 이것이 가장 기본적인 요리법으로써 그 맛을 좌우한다. 면을 미리 삶아 두는 것은 좋지 않으므로 면을 삶을 때에는 사용되는 소스가 완성되어 가는 시간을 파악하여 삶아야 한다.

4) 가장 좋은 면을 선택하는 방법(Migliore scelta pasta)

면의 구성 성분을 주의 깊게 살펴본다. 건조면은 단단한 밀가루로만 만들어야 한다. 면의 질은 면을 삶았을 때 알게되는데 좋은 면은 겉이나 속이나 같은 정도로 삶아지며 부스러지거나 들러붙지 않는다. 가장 좋은 품질의 면을 발견할 때까지 여러 회사의 면을 시도해 보는 것도 좋은 방법이지만, 모든 식료품 가게에서 쉽게 구할 수 있는 이탈리아 유명 메이커 제품들이 가장 좋은 면이라고 할 수 있다. 면은 직접 만들거나 건조면을 구입하여 사용한다.

일반적인 배합률 : 경질밀 100g + 달걀 1개 + 약간의 소금

4-6. 소스와 궁합

파스타는 생선이나 해산물, 육류, 달걀, 치즈, 채소, 올리브오일 등 그 어떤 재료로 만든 소스와도 완벽하게 잘 어울린다. 이탈리아에서는 파스타 디자이너라는 직업이 있는데, 그들은 매년 '올해의 신작'이라고 하는 새로운 디자인을 세상에 내놓아 파스타 애호가들을 흥분시킨다. 파스타 디자이너들은 씹었을 때 혀에 닿는 감촉은 어떤지, 소스는 잘 묻어나는지, 먹기는 쉬운지 등을 고려하면서 파스타 모양을 신중하게 디자인한다. 파스타를 디자인할 때 가장 중요한 것은 파스타와 소스의 상관관계이다. 하나의 예로, 이탈리아 사람들은 아리비아타 소스에 펜네라고 불리는 짧은 원통형 파스타만 사용한다. 펜네 표면에 있는 요철의 질감과 빈 깡통 모양이 소스가 잘 버무려지는데 효과적이기 때문이다. 파스타는 수 많은 사람들이 각양각색의 소스에 가장 잘 어울리는 형태와 특징을 하나하나 찾아 나서는 동안 그 숫자가 늘어나 오늘에 이르렀다. 한국에서는 스파게티라고 불리는 길이가 긴 국수 형태의 파스타가 보편적이지만 이탈리아인들은 길이가 긴 파스타보다는 펜네와 같이 짧은 파스타를 즐겨 먹는다. 이는 국수를 삶을 때 길이가 긴 것은 시간이 많이 걸리고 소스가 튈 염려가 있는 반면에 짧은 것은 조금만 팬에 삶을 수 있을 뿐만 아니라 포크만으로도 쉽게 먹을 수 있고 소스와 잘 버무려지기 때문이다. 일반적으로 모든 형태의 면은 각각 그에 어울리는 특별한 소스를 가지고 있다. 예를 들어 크기가 굵은 면들은 기름지고 진한 소스와 맛을 이루고 달걀을 넣어서 만든 마른 면들(Tagliolini, Tagliardi, Tagliatelle)은 크림을 많이 함유한 섬세한 소스와 완벽한 맛을 이루며 작은 완두콩 또는 가금류의 간을 첨가하여 영양을 높인 소스와도 진미를 이룬다. 크기가 굵은 면들(Lasagne, Pappardelle)은 영양이 풍부하고 치즈가 많이 들어간 소스와 잘 어울린다.

1) 파스타에 필요한 소스

[표 4-1]

파스타 소스명	특 징
토마토소스 (Tomato sauce)	최고의 선도와 잘 익은 토마토를 선택하는 것이 중요하며 토마토가 제철이 아닌 경우 가공한 토마토를 사용하는 것도 좋다. 양파와 마늘 다진 것을 볶고 토마토 으깬 것을 넣어주고 향신료를 넣어 약불로 은근하게 끓인다. 씨와 껍질이 걸러지게 채에 내려 완성한다.
볼로네즈 소스 (라구 소스) (Bolonaise sauce)	이탈리아 볼로냐지방의 미트소스이며 라구소스라 부른다. 돼지고기와 쇠고기, 채소와 토마토를 넣고 진한 맛이 날 때까지 은근히 끓여낸 뒤 치즈, 크림, 버터, 올리브오일 등을 이용해 부드러운 맛을 더한다.
화이트 크림소스 (White cream sauce)	화이트 루를 만들어 우유를 넣어 덩어리지지 않게 풀어 끓인 뒤 치즈와 크림 등을 첨가하여 소스를 완성한다.
조개스톡 (Clam stock)	갑각류의 풍미를 살리거나 기본적인 해산물 파스타 요리에 사용하는 스톡이다. 조개류(바지락, 모시조개, 홍합) 를 팬을 달구어 넣고 화이트 와인을 넣어 조려주고 물을 부어 30분 이내로 끓인 다음 걸러 사용한다. 농축된 스톡은 올리브오일에 유화시켜 소스 대신 사용하기도 한다.
바질 페스토 소스 (Basil pesto)	이탈리아 리구리아를 대표하는 바질을 주재료로 사용한 유화소스이다. 전통적인 제노바 스타일의 소스는 대리석으로 된 절구를 사용하지만, 도마 위에서 다져서 만들기도 하고 블랜더에 갈아서 만들기도 한다. 바질에 마늘, 잣, 올리브오일, 엔초비, 치즈가루 등 재료를 넣고 으깨주거나 갈아준 뒤 양념하여 완성한다. 보관하는 동안 산화되거나 변색 방지를 위해 바질을 소금물에 데쳐 사용한다.

4-7. 파스타요리 완성

파스타요리를 완성하면 접시에 먹고 싶은 충동이 일어나게 예쁘게 연출하여 담아야 한다. 접시와 파스타의 종류와 소스의 어울림이 조화를 이루고, 색, 음식의 온도, 향 등을 고려하여 예쁘게 연출한다.

1) 파스타 연출 포인트

① 그릇(접시) 선택: 소스의 색깔에 따라 선택

밝은 색 소스 : 진한 색 그릇

진한 색 소스 : 밝은 색 그릇

② 담는 순서

면 → 소스 → 건더기 → 고명

2) 연출 방법의 예

① 포크와 숟가락 이용

롱 파스타를 담을 때 많이 사용하며 작은 크기로 3~5개 돌돌 말아 연출한다. 크림소스

② 조리용 나무 젓가락 이용 세우기

롱 파스타를 담을 때 많이 사용하며 큰 사이즈로 하나로 돌돌 말아 접시 중앙에 젓가락을 세우면 감아 있던 면이 풀려 동그랗게 높은 원추형으로 연출한다. 봉골레, 알리오올리

③ 조리용 나무 젓가락 이용 수평담기

롱 파스타를 담을 때 많이 사용하며 큰 싸이즈로 하나로 돌돌 말아 접시 중앙에 젓가락을 수평으로 감아 있던 면을 길이로 연출한다. 토마토소스

④ 숏 파스타

스파게티 서버를 가지고 면을 먼저 건져 보울에 볼륨있게 담고 소스, 건더기, 고명순으로 담아 연출한다.

Egg Pasta with Boar Ragu 라구소스를 곁들인 생에그파스타

1. 양파, 샐러리, 당근을 다져서 약한 불에 충분히 볶은 다음 고기를 넣어 완전히 볶아준다.
2. 토마토 페이스트를 넣어 볶아주고 레드와인을 부어 디글레이징한 다음 허브류와 토마토다진 것 넣고 3시간 정도 고기가 푹 익을 때까지 끓여준다.
3. 넓은 믹싱볼에 밀가루와 달걀을 넣어 반죽을 하고 휴지를 한 다음 0.2mm정도 두께로 얇게 밀고 2.5cm 넓이로 자른다.
4. 소금물에 면을 3분 정도 알단테(약간 설익게)로 삶는다.
5. 깊은 팬에 삶은 면과 소스를 골고루 버무려 접시에 담고 치즈를 뿌려주고 장식한다.

INGREDIENTS	W/MEASURES
생 에그파스타(Fresh Egg Pasta)	150g
고기 갈은 것(Gound Beef, Pork)	300g
토마토(Canned Tomatoes)	100g
토마토 페이스트(Tomatoes Paste)	50g
양파(Onion)	100g
당근(Carrot)	80g
샐러리(Celery)	50g
로즈마리(Rosemary)	1leaf
세이지(Sage)	1leaf
주니퍼베리(Juniper Berry)	3g
월계수잎(Bayleave)	leaf
마늘(Garlic)	1clove
레드와인(Red wine)	200mL
올리브오일(Extra Virgin Olive Oil)	20mL
파르미자노 레자노(Parmigiano Reggiano)	some

key points

1. 라구소스용 고기는 보통 돼지나 소의 운동량이 많아 질긴부위, 즉, 다릿살을 큐브로 썰어 장시간 푹 끓여 살이 뭉그러질 때 까지 조리하여 사용한다.

2. 라구소스는 식혔다가 다시 데워 사용하면 더 깊은 맛이 난다.

Pasta Alla Catanese 토마토 ,엔초비 ,케이퍼와 허브를 곁들인 파스타

1. 양파, 마늘을 곱게 다진 후 볶는다.
2. 엔초비와 케이퍼를 다져서 첨가해 볶아준다. 멸치가 녹을 때까지 2분 정도 저온에서 함께 조리한다.
3. 캔 토마토를 다이스로 썰어 첨가하고 주스도 함께 넣어 10분 정도 조리한다. 조리과정에 오레가노를 넣어 향을 부여한다.
4. 소금물에 펜네 파스타를 알단테(약간 설익게)로 삶는다.
5. 작은 팬에 휀넬 씨를 볶아주다가 빵가루를 넣어 갈색이 나도록 볶아 식혀둔다.
6. 소스에 펜네 파스타를 함께 조화롭게 조리하여 접시에 담는다.
7. 위에 구운 빵가루를 곁들인다. 치즈를 뿌려주고 장식한다.

key points

1. 캔 토마토를 만드는 방법은 꼭지를 제거 후 스팀에 살짝 익힌 다음 끓는 물에 살짝 삶아주면 껍질이 위로 뜬다. 뜨면 껍질 제거 15분 이상 끓여 가공한다.
2. 휀넬 씨를 볶은 후 갈아 사용하면 향이 더 강해진다.

INGREDIENTS	W/MEASURES
펜네(Penne Or Short Pasta)	150g
토마토(Canned Tomatoes)	50g
엔초비(Anchovies)	20g
케이퍼(Capers)	10g
휀넬(Fresh Wild Fennel)	10g
마늘(Garlic)	1clove
빵가루(Bread Crumbs)	20g
올리브오일(Extra Virgin Olive Oil)	20mL
페코리노 치즈(Pecorino Cheese)	20g

Spaghetti con Alici a Limone 엔초비, 레몬제스트, 올리브오일로 함께 한 스파게티

1. 마늘과 붉은 고추를 곱게 다지고 엔초비도 다져 놓는다. 그리고 파슬리도 다져 놓고, 강판으로 레몬껍질을 갈아 제스트를 만들어 놓는다.
2. 큰 냄비에 스파게티를 소금물에 넣고 알 덴트가 될 때까지 삶는다.
3. 큰 팬에 올리브오일을 붓고 마늘슬라이스를 넣어 맑은 금색이 될 때까지 마늘을 볶다가 제거하여 마늘 오일을 만들어 식힌다. 여기에 마늘, 고추 다진 것을 넣고 약한 불로 익히다가 엔초비 다진 것, 파스타를 넣고 2분간 더 조리한다.
4. 곱게 다진 파슬리와 레몬제스트를 뿌려주고 장식한다.

INGREDIENTS	W/MEASURES
스파게티(Spaghetti)	150g
엔초비(Anchovies)	250g(Fresh & Boned)
마늘(Garlic)	3cloves
홍고추(Red Pepper)	2ea
파슬리(Small Bunch Of Parsley)	1stalk
레몬(Lemon)	1ea(zest)
올리브오일(Extra Virgin Olive Oil)	30mL
소금(Salt), 후추(Pepper)	pinch

Sweet Pumpkin and Ricotta Gnocchi Butter and Sage

단호박 뇨끼

1. 단호박을 삶아 곱게 으깬 후 나머지 전재료를 그릇에 담는다.
2. 나무스푼을 사용하여 잘 섞는다. 부드러운 반죽이어야 한다. 표면에 밀가루를 뿌리고 반죽을 1.5cm 직경으로 긴 줄 모양으로 성형하고 2cm 길이로 썰어 뇨끼판이나 포크를 사용하여 모양을 만든다.
3. 소금물에 2분 정도 끓인 후 건져 내어 물기를 빼라.
4. 냄비에 버터를 녹이고, 뇨끼와 세이지 잎을 넣고 함께 섞는다. 파르미자노 레자노를 뿌린다.

INGREDIENTS	W/MEASURES
단호박(Pumpkin Oven Baked And Mashed)	300g
리코다 치즈(Ricotta)	150g
밀가루(Flour, Plus More For Dusting)	185g
파르미자노 레자노(Parmigiano Reggiano)	100g(grate)
달걀(Egg)	1ea
후추(Black Pepper)	pinch

Sage Butter Sauce

버터(Butter)	100g
세이지(Fresh Sage Leaves)	20g
후추(Black Pepper)	pinch
파르미자노 레자노(Parmigiano Reggiano)	20g

key points

1. 아라비아타(Arrabbiata)는 '화가 난'이라는 말인데, 이탈리아 사람들 입 맛에 굉장히 맵게 느껴져 화가 난다는 의미에서 붙인 이름이다. 오래전부터 펜네와 함께 먹어 왔는데, 짧고 통통한 펜네의 표면에는 줄무늬와 구멍이 있어서 아라비아타 소스의 매운맛과 베이컨에서 나오는 고소한 맛이 면과 궁합이 딱 맞아 떨어진다.

2. 베이컨 칩 : 베이컨을 호일로 싸서 프라이팬에 올려놓고 약불에서 장갑을 낀 손으로 눌러가며 구워야 바삭하다고 납작하게 모양을 내어 구워놓는다.

Penne all' arrabbiata 매콤한 펜네 아라비아타

1. 팬에 올리브오일를 두르고 마늘과 로즈마리를 넣어 마늘 로즈마리 오일을 만든다. 로즈마리는 푸릇하고 맑은 투명색이 나도록 불조절을 잘해야 한다. 줄기는 장식에 사용한다.
2. 남은 오일에 베이컨을 넣고 은근한 불에서 계속 볶다가, 고추를 볶으면서 약간의 물을 넣어 매운맛이 우러나도록 한다.
3. 다진 양파를 첨가하여 조금 더 볶다가 화이트와인을 넣어 알코올을 증발시킨 뒤 토마토소스를 넣는다. 소스의 최종 농도를 위해 불조절을 해가면서 끓인다.
4. 삶은 펜네 면을 넣고 다진 파슬리와 바질잎을 넣고, 필요하다면 면 삶은 물을 첨가하여 촉촉한 소스를 만든다.
5. 마지막으로 만테카레(유화)를 위해 올리브오일를 넣고 잘 섞는다.
6. 접시에 담고 베이컨 칩과 튀겨진 로즈마리를 곁들여 낸다.

INGREDIENTS	W/MEASURES
펜네(Penne)	100g
올리브오일(Olive Oil)	40mL
마늘(Garlic)	1clove
로즈마리(Rosemary)	1stalk
베이컨(Bacon)	24g
이탈리아산 마른 홍고추(Red Pepper)	5ea
화이트와인(White Wine)	30mL
양파(Onion)	10g
토마토소스(Tomato Sauce)	200mL
이탈리안 파슬리(Pasley)	3stalks
바질(Basil)	1leaf
소금, 후추(Salt, Pepper)	pinch

Kinde of 3 Color Ravioli with Tomato Sauce

토마토 소스를 곁들인 3색 라비올리

생면 만들기

1. 토마토 생면 반죽 방법

· 밀가루(강력분 250g)를 가운데를 우물 모양으로 판 다음 달걀(40g), 올리브오일(10g), 소금 토마토 페이스트(65g)와 토마토 주스(30g)를 넣고 혼합물을 섞는다.

· 밀가루와 골고루 섞고 반죽을 치댄다.

· 둥글게 만들어 비닐봉지에 넣고 냉장실에서 30분간 휴지시킨 후 사용한다.

2. 시금치 생면 반죽(231page geen noodle 참조)

3. 오징어 먹물 생면반죽(181page 참조)

4. 라비올리 만들기

· 준비된 3색 면을 일정하게 편다음 준비된 소를 일정한 간격으로 놓는다.

· 붓으로 소 주변에 풀어 놓은 노른자를 바른다.

· 남은 한 장의 같은 색 면을 덮어 꼼꼼하게 밀착시킨 후 꽃모양의 둥근 틀로 찍어 라비올리를 만든다.

5. 완성하기

· 아스파라거스를 소금물에 데쳐 버터에 볶아 준비하고 체리토마토는 반으로 잘라 준비한다.

· 소금물에 만들어 놓은 라비올리를 삶는다. 위로 뜨면 다 익은 것이다.

· 팬에 버터를 녹이고 삶은 라비올리를 살짝 볶는다.

· 접시에 아스파라거스를 깔고 3색의 라비올리를 모양 있게 장식 후 토마토소스를 뿌린 다음 체리토마토와 바질로 장식한다

토마토 소스 만들기

· 팬에 올리브오일를 두르고 마늘(2쪽)을 넣어 향을 낸다.

· 마늘을 꺼낸 후 양파(100g)를 넣고 낮은 불에서 천천히 볶는다.

· 으깬 토마토(300g)를 넣고 중간불에서 걸쭉한 농도가 될 때까지 끓인다.

· 소금과 후추로 양념하고 설탕(15g)으로 약한 단맛이 부드럽게 느껴질 정도로 간을 한다.

· 다진 바질(10g), 오레가노(10g)과 파슬리(10g)를 넣어 완성한다.

· 올리브오일을 3큰술 정도 넣어 잘 혼합하여 사용한다.

소만들기

믹싱볼에 준비한 삶은 시금치, 리코타치즈, 파르메산 치즈가루, 육두구, 소금 · 후추를 넣고 알맞은 농도로 혼합하여 소를 만든 다음, 그것을 짤주머니에 넣어둔다.

INGREDIENTS	W/MEASURES
시금치 생면 반죽(Spinach Fresh Dough)	30g
오징어 먹물 생면 반죽(Squid Ink Fresh Dough)	30g
토마토 생면 반죽(Tomato Paste Fresh Dough)	30g
토마토 소스(Tomato Sauce)	50g
아스파라거스(Asparagus)	1stem
체리토마토(Cherry Tomato)	2ea
바질(Basil)	1leaf
파르메산 치즈(Parmesan Cheese)	some
소금 · 후추(Salt, Pepper)	pinch

소재료

삶은 시금치(Boiled Spinich)	50g
리코타 치즈(Ricotta Cheese)	90g
파르메산 치즈가루(Parmesan Cheese)	20g
달걀노른자(Egg Yolk)	1ea
소금 · 후추(Salt, Pepper)	pinch
육두구(Nutmeg)	some

key points

1. 파르펠레는 표기된 시간을 지켜 잘 삶아 반죽의 탄력을 느낄 수 있도록 조리해야한다.
2. 나비처럼 생겨서 파르펠레라는 이름이 붙었지만, 쫄깃한 느낌의 맛이 샐러드용으로 최상이다.

3 Color Farfalle with Seafood 해산물을 곁들인 3색 파르팔레

1. 끓는 물 1L 에 굵은 소금 10g을 넣고 잘 풀어준 뒤 파스타를 넣고 약 10분간 알단테로 삶는다.
2. 팬에 올리브오일과 마늘을 넣고 향을 내다가 홍합을 넣고 뚜껑을 덮는다. 끓어오르면 화이트와인을 넣는다.
3. 홍합 입이 벌어지면 꺼내놓고, 새우를 익힌 후 홍합과 함께 준비해 놓는다.
4. 팬에 올리브오일을 넣고 다진 양파, 체리토마토, 토마토소스 순으로 넣어 익히다가 홍합을 익힐 때 나온 즙을 넣는다.
5. 삶은 3색의 파르팔레와 해산물, 소스와 같이 볶아 접시에 담아 바질로 장식한다.

INGREDIENTS	W/MEASURES
파르펠레(Farfalle)	100g
올리브오일(Olive Oil)	30g
마늘(Garlic)	1clove
홍합(Mussel)	8ea
중하(Shrimp)	5whole
화이트와인(White Wine)	40g
양파(Onion)	20g
체리토마토(Cherry Tomato)	10ea
토마토소스(Tomato Sauce)	200g
바질(Basil)	1leaf
소금, 후추(Salt, Pepper)	5g

Fusilli alla Crema 버섯크림소스를 곁들인 푸질리

1. 끓는 물 1ℓ 에 굵은 소금 10g을 넣고 잘 풀어준 뒤 푸질리를 넣고 약 7분간 알단테로 삶는다.
2. 팬에 베이컨을 바삭하게 구워 놓는다.
3. 팬에 버터와 올리브오일을 두르고 양파, 마늘, 양송이버섯을 넣어 볶은 후 생크림을 넣고 버섯이 익으면 소금 · 후추로 간하여 소스를 완성한다.
4. 3에 소스의 농도가 맞춰지면 삶은 푸질리를 넣어 완성 후 접시에 담아 베이컨을 뿌려준 후 바질로 장식한다.

INGREDIENTS	W/MEASURES
푸질리(Fusilli)	100g
버터(Butter)	5g
올리브오일(Olive Oil)	5mL
양파(Onion)	10g
마늘(Garlic)	1clove
양송이버섯(Mushroom)	6ea
바질(Basil)	1leaf
생크림(Fresh Cream)	150mL
베이컨(Bacon)	10g
소금, 후추(Salt, Pepper)	5g

key points

1. 갑오징어의 몸통 안 내장에 먹물주머니가 붙어 있는데, 그것을 떼어 먹물을 이용한 것이다. 시판되는 오징어 먹물을 이용해도 좋지만, 생오징어에서 먹물을 뽑아내는 것이 훨씬 신선하다. 오징어 다리를 떼어내면 몸통 안쪽에 검고 길쭉한 부분이 보이는데, 이것이 먹물 100% 원액이다. 이원액을 화이트와인에 짜내어 희석하여 요리를 만들 때 사용하면 된다.

2. 오징어 안쪽에 잘게 칼집을 넣어 데쳐 한입 크기로 썰어 사용하면 모양도 예쁘고 사용하기 편리하다.

3. 오징어 먹물은 1인분에 약 2g이 필요하며 사용 후 남은 오징어 먹물은 냉장 및 냉동 보관할 수 있다.

Spagheiit al Nero di Seppia 오징어 먹물 스파게띠

1. 팬에 올리브오일을 두르고 마늘을 넣어 향을 낸다.
2. 향을 낸 마늘은 꺼내고, 그 팬에 작은 오징어를 넣고 볶다가 오징어 먹물과 토마토 페이스트, 화이트와인을 함께 넣어 약불에서 잘 풀어지도록 볶는다. 파스타 삶은 물을 조금 붓는다.
3. 삶은 면을 팬에 함께 넣고 먹물 맛이 잘 스며들게 버무리면서 촉촉하고 윤기가 나도록 볶아낸다.
4. 완성된 요리를 접시 중앙에 담고 주변에 장식용 토마토를 뿌려 낸다.

오징어 먹물 생면 반죽

1. 달걀에 먹물을 넣고 잘 섞는다.
2. 커터기에 달걀 먹물과 올리브오일, 소금을 넣고 커터기를 약 1분간 돌린다.
3. 꾹꾹 눌러가며 치댄다.
4. 둥글게 만들어 비닐봉지에 넣고 냉장실에서 30분간 휴지시킨 후 사용한다.

강력분 400g, 달걀 4ea, 올리브오일 20mL, 오징어 먹물 15mL, 소금 · 후추 5g

INGREDIENTS	W/MEASURES
먹물 스파게띠(Squid Ink Spaghetti)	100g
올리브오일(Olive Oil)	30mL
마늘(Garlic)	1clove
작은 갑오징어(Squid)	5whole
화이트와인(White Wine)	30mL
오징어 먹물(Squid Ink)	2mL
소금, 후추(Salt, Pepper)	5g
체리토마토(Cherry Tomato)	5ea

Trofie al Basil Pesto 바질 페스토 소스로 맛을 낸 트로피애

★ 트로피에는 이탈리아 리구리아지방의 생파스타이며제노바에가면 반드시 먹고와야하는 간판메뉴이다. 새끼손가락을 이용해 꼬인 모양으로 끝이 가늘게 성형하며 껍질콩, 감자와 함께 제노바식페스토에 버무려 먹는다.

채소 준비

1. 그린 빈을 손질하여 소금물에 데친다.
2. 감자를 트로피에 면의 크기의 막대모양으로 썰어 대친다.
3. 잣은 팬에 볶아 준다.
4. 갈아 준 다음 간을 조절한다.

바질 페스토

바질 페스토 용

1. 바질을 씻는다.
2. 잣 절반 분량과 마늘 그리고 소금 조금을 블랜더에 넣어 갈아준다.
3. 치즈와 올리브오일을 첨가 하면서 농도를 조절 한다.
4. 간을 조절 한다.

트로피에 용

1. 냄비에 물에 넣어 준다.
2. 간을 조절한다.
3. 감자의 껍질을 벗긴다.
4. 쟈르디니에라(Giardiniera)로 잘라 준다.
5. 소금물에 조리한다.
6. 감자 조리가 3/4정도 진행되었을 때 트로피에를 넣어 준다.
7. 조리가 완료되면 건져 낸다.
8. 바질 페스트로 트로피애를 양념한다.
9. 남은 잣을 토스트한다.

마무리와 담기

1. 깊이가 있는 접시에 크림을 올리고 얇게 펴 준다.
2. 바질 페스토 트로피에를 올린다.
3. 토스트한 잣으로 장식한다.

INGREDIENTS	W/MEASURES
바질(Basil)	50g
올리브오일(Olive Oil)	50mL
볶은 잣(Sauteded Pinenuts)	30g
파르메산 치즈가루(Parmesan Cheese)	20g
중간 정도 숙성된 페코리노(Pecorino)	30g
마늘(Garlic)	2cloves
감자(Potato)	100g
그린 빈스(Geen Beans)	200g
트로피에(Trofie)	400g
소금(Salt)	pinch

Spaghetti all' Aglio, Olio e Peperoncino

마늘 오일의 매콤한 고추맛 스파게티

1. 팬에 올리브오일를 두르고 손질한 마늘을 넣는다. 마늘오일을 만들면서 노릇하게 굽는다.
2. 마늘오일에 마른 고추를 넣고 약 불에서 고추가 타지 않도록 굽는다.
3. 치킨스톡을 넣고 졸이면서 다진 파슬리를 넣는다.
4. 삶은 면을 넣어 함께 볶으면서 소금과 후추로 양념한다.
5. 생 올리브오일를 넣어 잘 혼합한다.
6. 접시 중앙에 스파게티를 담고 바질오일을 약간 뿌려 내놓는다.

면 삶기

끓는 물 1mL에 굵은 소금 10g을 넣고 잘 풀어준 뒤 스파게티를 넣고 약 7분간 알단테(약간 설익게)로 삶는다.

INGREDIENTS	W/MEASURES
스파게티(Spaghetti)	100g
올리브오일(Olive Oil)	40mL
마늘(Garlic)	5cloves
다진 양파(Onion Chop)	20g
이탈리아산 마른 홍고추(Red Pepper)	3ea
진한 치킨스톡(Chicken Stock)	150g
이탈리안 파슬리(Parsley)	1stalk
바질오일(Basil Oil)	30mL

★ 이 요리의 포인트는 치킨스톡을 충분히 조려 진하지만 맑은 스톡을 이용하는 것이다. 그러면 끝맛이 아주 감칠맛이 난다. 치킨스톡이 너무 진하고 뽀얗게 된 것을 쓰면 닭 냄새가 나고 또 좋은 색감의 요리를 얻지 못한다.
요리가 완성되면 작게 썬 루콜라를 바닥에 깔아도 잘 어울린다.

★ 매콤함을 좋아하는 한국인의 입맛에 알맞은 요리다. 고추와 마늘, 신선한 최상급의 올리브오일를 사용하여 깔끔한 맛을 느낄 수 있다. 재료가 단순하기 때문에 맛을 낼 수 있는 요소가 적고 수십 번을 조리해야 비로소 맛을 찾을 수 있다. 면을 잘 삶아 면발에서 알단테(약간 설익게)를 느껴야 하는 것은 기본이고, 매콤함과 촉촉한 수분, 그리고 마늘향의 오일소스가 잘 베어야 한다. 에멀션을 응용한 요리이다.

★ Vongole 는 백합과에 속하는 조개류의 일반 이름이다. 베이지/회색 껍질에 가격도 저렴한 편이다. 긴 수관을 갖고 있지 않다. 요즘은 양식도 가능해 세계적으로 많이 생산되고 있으며 감미성분과 맛이 담백하여 주로 스톡이나 면 요리에 많이 사용하고 있다. 보통 이탈리아에선 백합을 조리 하는 방법은 냄비에 올리브오일을 두르고 마늘 으깬 것 이탈리아파슬리 줄기를 넣고 향을 우려 낸다음 조개를 넣고 뚜껑을 덮어 불을 올린다. 그 다음 화이트 와인을 뿌려주고 걸름망을 받힌 고운 채에 걸러 주스를 사용하고 조갯살은 발라서 사용한다.

Spaghetti alle Vongole

바지락으로 맛을 낸 스파게티 샐러드

INGREDIENTS	W/MEASURES
스파게티(Spaghetti)	120g
바지락(Clam)	100g
당근(Carrot)	20g
호박(Pumpkin)	20g
대파(Leek)	20g
다진 이탈리아 파슬리(Pasley)	3g
화이트 와인(White Wine)	20mL
올리브오일(Olive Oil)	15mL
소금, 후추(Salt, Pepper)	pinch

1. 와인으로 바지락을 조리한 다음 고운 채에 육즙을 걸러 식히고, 껍질은 제거하고 조갯살만 바른다.
2. 애호박, 당근, 대파를 길이로 채 썬 다음 소금물에 데친다.
3. 충분한 소금물에 파스타를 삶는다.
4. 블랜더에 조개스톡과 올리브오일, 소금과 후추로 양념하여 돌려 에멀젼 소스를 만든다.
5. 면이 알단테(약간 설익게)로 익으면 건져내어 찬물에 식혀 물기를 제거하고 채소 데친것과 에멀젼소스와 버물여 완성한다.
6. 접시에 담고 조갯살과 파슬리를 뿌려 장식한다.
7. 각 개인 접시에 담고 바지락을 올린다.
8. 후추와 이탈리아 파슬리를 뿌린다.

Beef Stock with Agnolotti 스톡을 곁들인 아뇰롯띠

1. 밀가루와 달걀을 힘차게 반죽한다. 1시간 정도 랩에 싸서 휴지시킨다.
2. 양지를 물에 담구워 핏물을 제거하고 미르포아를 넣어 천천히 약한불로 스톡을 만든다.
3. 돼지와 꿩고기는 소량의 오일과 버터를 넣고 마늘과 로즈마리를 첨가한 후 각각 따로 로스트(Roasted)하도록 한다.

★ 피에몬테에서는 일요일, 축제날의 요리로 아무런 양념을 하지 않고 단지 뜨거운 김이 나는 아뇰롯띠를 만들어 먹는 전통이 있는데 이것은 소의 풍미를 더욱 강조하고 사용된 원재료 그리고 사랑하는 누군가를 위해 정성과 열정을 가지고 가치 있게 만든다는 것을 의미한다.

4. 로스트가 끝나면 재료를 식히고 마늘과 로즈마리를 꺼낸다. 고기는 칼로 다진다.
5. 볼을 준비해 다진 고기를 넣어 준다. 다진 시금치도 넣어 준다.
6. 파르메산 치즈 가루, 달걀, 소금과 후추, 조심스럽게 잘 혼합한 다음 몇시간 정도 소를 휴지시키도록 한다.
7. 플린 아뇰롯띠를 만든다. 끓는 스톡에 삶는다. 건져낸다. 김이 나는 아주 뜨거운 상태에서 바로 서브한다.
8. 한쪽에는 파르메산 치즈 슬라이스 몇 장을 올린 김이 나는 뜨거운 스톡 컵을 함께 서브해 준다.

INGREDIENTS	W/MEASURES
파스타용	
밀가루(Flour)	250g
달걀(Egg)	3ea
소용	
쇠고기 양지(Beef Brisket)	300g
파르메산 치즈가루(Parmesan Cheese)	30g
돼지 등심(Porkloin)	100g
마늘(Garlic)	15g
꿩고기(Pheasant)	100g
로즈마리(Rosemary)	1stalk
시금치(Spinach)	1단
(모두 조리해서 짜서 준비해 둘 것)	
버터(butter)	10g
올리브오일(Olive Oil)	5mL
진한 쇠고기스톡(Beef Stock)	1mL
소금(Salt), 후추(Pepper)	pinch
달걀(Egg)	2ea

5. 곡류 조리(Grain Cooking)

5-1. 곡류의 성분과 구조

곡류의 성분은 탄수화물 저장형태인 전분이 약 70%, 단백질이 약 10%, 지질과 무기질이 약 2%를 차지하며 배아에는 비타민 B1, B2 등을 함유하고 있다. 곡류의 입자구조는 외피, 배아, 배유의 세부분으로 되어 있으며 외피는 곡류입자의 가장 외부에 존재하는데, 도정과정에서 대부분 제거된다. 왕겨를 제거한 현미는 외측에서부터 과피, 종피, 호분층 등으로 이루어진 미강층(5~6%)과 배아(2~3%) 그리고 배유(92%)로 이루어져 있다. 배아는 단백질과 지질, 무기질 함량이 높으나 도정과정에서 쉽게 떨어져나가 영양소의 손실이 크다. 곡류는 인류가 주식으로 가장 많이 사용하고 있으며 종류로는 쌀을 비롯한 보리, 밀, 귀리, 메밀 등의 맥류와 옥수수, 수수, 조 같은 잡곡으로 크게 나뉘어진다. 이번 장에서는 서양조리에서 가장 많이 이용되는 쌀과 보리, 옥수수요리에 대해 알아보자.

5-2. 곡류의 종류

1) 쌀(Rice)

쌀은 그 형태에 따라 일본형과 인도형으로 나눌 수 있다. 일본형은 우리나라와 일본에서 주로 상용하는 것으로 쌀알이 굵고 짧으며 둥근 형태로 밥을 지으며 점성이 강하고, 인도형은 쌀알이 길고 가늘며 부스러지기 쉽고 밥의 점성이 약하다. 쌀의 주성분은 탄수화물로 75% 이상의 전분으로 구성되어 있으며 그 이외에 덱스트린(Dextrin), 섬유소 등이 있다.쌀 단백질은 오리제닌(Oryzenin)으로 필수 아미노산인 리신(Lysine)이 부족하므로 두류와 섞어 먹는 것이 좋다. 비타민은 비타민B1, 비타민B2 등이 외피와 배아에 많이 함유되어 있으나 도정과 밥 짓는 과정에서 대부분 손실된다. 또한 쌀은 전분 성분인 아밀로스(Amylose)와 아밀로펙틴(Amylopectin)의 함량에 따라 멥쌀과 찹쌀로 구분하는데 멥쌀은 아밀로스 20~25%, 아밀로펙틴75~80%로 구성되고 찹쌀은 거의 아밀로펙틴으로 되어 있다.

쌀을 조리할 때 세미를 하는데 이때 수용성 영양성분이 손실되며 특히 비타민B1의 손실이가장 많으므로 빨리 씻어 조리하는 것이 좋다. 밥은 쌀 중량의 1.2배, 부피의 1.5배 정도의물을 붓고 가열하면 60~65℃에서 호화되기 시작하여 70℃에서 호화가 진행되고 100℃에서 20분 정도 지나면 완전히 호화가 된다. 이때 불을 낮추고 여열로 뜸을 들이면 완전히 밥이 된다. 밥 이외에 리소토, 죽, 떡, 국수 등의 요리에 이용할 수 있다.

2) 보리(Barley)

보리(대맥, Barley)는 쌀보리와 겉보리가 있다. 쌀보리는 껍질이 종실에서 분리되기 쉽고 배유부분이 많아 밥에 섞어 먹을 수 있으나 겉보리는 껍질이 분리되기 어렵고 배유도 적어 볶아서 보리차용으로 만들거나 발아시켜서 엿기름으로 이용한다. 주성분은 탄수화물로 전분이 대부분이다. 주된 단백질은 호르데인(Hordein)으로 약 10% 정도 함유되어 쌀보다는 많은 편이나 리신, 트레오닌, 트립토판 등의 필수아미노산 함량이 적어 질적으로 우수하지는 않다. 보리의 가운데 골진 부분에는 섬유질이 많아서 정장작용에 좋으나 소화율이 낮다. 조리할 때는 낮은 소화율을 개선하기 위하여 보리를 분할하여 할맥을 만들거나 호화가 빨리 되고 부드럽게 하기 위하여 미리 찐 다음 기계로 눌러 압맥을 만들기도 한다. 보리는 식용 외에 맥주, 위스키, 맥아, 식혜, 보리차, 된장, 고추장 등의 원료로도 사용된다.

3) 밀(Wheat)

밀(소맥 whet)의 입자는 외피 13~18%, 배아2~3%, 배유 80~85%로 구성되어 있으며 외피는 딱딱하지만 배유의 중심부로 갈수록 전분이 많아진다. 밀의 성분은 주로 탄수화물인 전분이고 단백질 함량은 7~16%로 많은 편이고 밀 단백질의 75~85%를 차지하는 글루텐(Gluten)은 글루테닌(Glutenin)과 글리아딘(Gliadin)으로 구성되어 있으며 리신, 트립토판 등의 필수아미노산이 적다. 지질의 함량은 2% 정도 함유되어 있으며 무기질은 대부분 인(P)과 칼륨(K)이고 비타민은 거의 없다. 글루텐(Gluten)은 점탄성 가져 글루텐의 함량에 따라 박력분(8~9%), 중력분(10%), 강력분(11%) 등으로 나뉘어 제과제빵, 파스타, 다목적 면류에 이용된다.

4) 귀리(Oats)

귀리(연맥, oats)는 곡물 중 단백질과 지질 함량이 가장많고 칼슘, 인, 철분 등의 무기질과 비타민 B군의 함량도 많다. 또한 도정과정에서 겉껍질만 제거되고 배유와배아의 대부분이 남아 있으므로 영양소의 손실도 적다. 귀리는 증기로 가열한 후 눌러서 오트밀(Oat meal)로 가공하여 주로 식용을 하는데, 소화가 잘 되어 유아용, 환자용, 노인용으로 유럽에서 많이 이용된다. 그 외에도 알코올, 종국, 장류 등에 이용되며 밀가루와 함께 제과, 제빵용으로도 이용된다.

5) 옥수수(Corn)

옥수수(Corn)는 원산지가 아메리카 지역이며, 곡류 중 가장 저장성이 좋고 옥수수전분이나 배아 부분의 기름을 짜서 옥수수유로 이용하기도 한다. 탄수화물은 주로 전분이고단백질은 제인(Zein)으로 리신, 트립토판 함량이 적고 트레오닌 함량이 비교적 많다. 지질은 대부분 배아에 있으며 주로 올레산, 리놀레산으로 구성되어 있고 옥수수기름에는 비타민A와 비타민E 함량이 많다. 옥수수의 품종은 상당히 많지만, 주로 경립종(Flint corn), 감미종(Sweet corn)을 이용하고 폭열종(Pop corn)은 팝콘으로 이용된다. 감미종은 통조림이나 냉동처리하여 많이 이용되고 경립종은 옥수수 전분(Cornstarch), 포도당 고급술, 소주 등의 원료로 이용된다. 특히 옥수수 전분은 순도가 높고 순백 · 무취로 제과 · 조리용 등으로 많이 이용된다

5-3. 서양요리의 곡물요리

서양요리 중에서 곡물을 이용하는 나라는 이탈리아와 스페인, 포르투칼은 유럽 중에서도 비교적 곡물의 소비량이 많은 나라다. 파스타에 사용되는 '듀럼소맥의 세몰리나분', 리소토에 되는 '쌀', 북이탈리아의 전통미 '폴렌타'에는 옥수수가루를 사용하고 있다. 예전에는 위에 거론한 식자재를 구입하기 어려웠으나 최근에는 수입 자유화로 인해 우리나라에서도 이탈리아 쌀이나 듀럼소맥의 세몰리나분 등이 손쉽게 구입할 수 있도록 되었다.

1) 쌀 요리(Resotto)

리소토, 필라프 등의 요리에 빠지지 않는 유럽산 쌀들은 우리나라 쌀과 달라 찰기가 적기 때문에 조리해도 달라 붙지 않고 알덴테로 끝낸다. 특히 이탈리아쌀은 여러 종류가 있습니다만 크기가 작은 것은 수프나 디저트에 사용되고 큰 것은 리소토나, 샐러드 등에 사용됩니다. 이탈리아의 쌀요리의 최대 특징은 쌀을 불에 하기 전에 씻지 않는 것이다. 또한, 쌀은 파스타와 같이 알덴테로 먹어집니다. 쌀을 불로부터 내린 후에도 여열로 변성이 진행되기 때문에 삶는 것을 지나치게 하지 않기 위해서는 바로 식탁에 내놓지 않으면 안된다. 식탁에 나오기 전까지 수분의 시간이 있는 경우에는 알덴테보다 조금 굳혀 내놓으면 좋다. 삶는 시간은 파스타와 같은 시간으로 조리법에 표시되어 있습니다만, 이것은 어디까지나 기준이다. 쌀알을 씹을 때 이에 일부분 탄력이 느껴지는 상태, 심이 남아 있지 않는 상태면 알덴테입니다.

2) 폴렌타(Polenta)

폴렌타는 옥수수가루로 조리된 죽의형태로 북이탈리아에서는 빈번하게 먹는다. 죽 자체로도 먹지만 육요리에 곁들이거나 치즈를 더해 그라탕요리 등으로 조리할 수있다. 폴렌타를 조리할 때 제일 중요한것은 부드러움이다. 가능한 미세한 가루를 선택하고 응어리가 생기지 않도록 충분히 저어 풀어서 조리한다.

만드는 법

① 냄비에 물을 넣고, 불에 비등시킨다. 적량의 소금과 엑스트라 · 버진 · 올리브오일을 넣는다.

② ①에 옥수수가루분(폴렌타)를 넣는다.

③ ②를 거품기로 응어리가 생기지 않도록 교반한다.

④ ③을 약한 불로 푹 삶아 수분을 날린다. 타지 않도록 나무주걱 등으로 항상 젓는다.

⑤ 나무주걱으로 건져도, 전체가 굳혀져 좀처럼 떨어지지 않으면 완성이다. 심이 남아 있지 않는 상태면 알덴테다.

3) 빵(Bread)

이탈리아 빵은 소박해 굳은 빵을 많이 볼 수 있다. 하지만 이 굳은 빵도 씹으면 씹을수록 맛이 난다. 솔방울이나 호두, 그린올리브, 블랙올리브를 속에 넣은 것이 있다. 파네, 카사렛쵸(토스트)를 얇게 썰고, 토마토, 모차렐라치즈, 바질, 엔초비를 작게 썰어 칼로 두드려 올리브오일로 맛을 붙인 것을 올린 브르스켓타 등으로 먹는다.

4) 그리시니(Grissini)

그리시니는 피에몬테주의 트리노의 제빵사, 안토니오 · 브루넷토가 1679년에 비트리오 · 아메데오 공작의 명에 따라 만든 빵으로 속이 비워있는 가늘고 긴 연필형태를 하고 있으며 크래커같은 바싹하고 고소한 식감을 나타내고 있다. 속이 비워 있는 이유는 반죽에 나쁜 균이 남아 있지 않기 위해 두 번 구워서 속이 비웠다는 설이 있다. 수프나 스튜 등 메인요리에 곁들여 먹으며 프로슈토 햄을 그리시니에 돌돌 말아 전채요리로 먹기도 한다.

5) 피자(Pizza)

피자(Pizza)는 밀가루 반죽을 넓게 펴서 그 위에 소스를 바르고 원하는 식재료를 올려놓고 기름을 바르고 치즈를 뿌려 오븐에서 요리한다. 보통 올리브오일와 마늘 이외에도 오레가노, 바질등 향신료와 소금을 첨가하고 가루로 된 치즈, 돼지고기, 여러 가지 채소, 토마토 등이 가장 중요한 식재료로 사용 되었다.나폴리가 피자의 발상지로 알려져 있고 18C경 토마토의 이탈리아 상륙을 기점으로 발달하기 시작하였다. 현재 피자는 이탈리아식과 미국식으로 나누어지는데 이탈리아식은 아주 얇은 반죽 위에 약간의 재료와 치즈를 올려 장작 가마에 구워 바싹한 맛을 강조하였고, 미국식 피자는 빵이 두텁고 재료를 많이 올려 두껍게 만들며 올리브오일을 바른 팬에 발효시켜 구워진다. 숯가마에서 바삭 구운 얇은 반죽에 마리나라소스(마늘이 통한 토마토소스)가 향기가 좋아 최고의 맛을 자랑하고 있다. 마리나라소스와 바질리코, 모차렐라치즈의 마르게리타, 어패류를 올린 페스카토레, 엔초비, 케이퍼, 올리브, 모차렐라치즈를 올린 로마 풍 피자의 로마나나 6~7종의 재료를 올린 카프리쵸피자 등이 그 주(지방)에서 채집되는 특산물이 재료로 사용된다. 현재, 시칠리아에서 생산되는 페키노 토마토에 따라 피자의 소스도 크게 변하고 있다. 이 페키노 토마토로 만든 소스, 혹은 토마토 생 것을 동그랗게 잘라 사용하는 것에 따라 더욱 향이 강한 피자가 완성된다.

6) 쿠스쿠스(Couscouse)

모로코의 전통음식으로 보통 이스람교 안식일인 금요일에 만들어 먹으며, 결혼식 등의 행사에 빠지지 않는 음식으로 연회행사의 마지막 요리로 나온다. 경질밀가루를 소금물로 반죽하여 나무틀에 부어 손바닥으로 굴린 후 채에 내려 만든 음식이다. 밀가루, 보리, 옥수수, 도토리 가루 등이 재료로 사용된다. 육류나 가금류 등을 곁들여 요리하고, 여러 가지 채소와 함께 샐러드로 많이 사용한다. 조리법은 깊은 볼에 끓는 치킨스톡을 적당량 부어 주고 올리브오일 넣어 잘 섞어준 뒤 8~10분 정도 익힌다. 그 다음 준비된 식재료를 곁들여 먹으면 된다.

7) 뇨끼(Gnocchi)

이탈리아 북부지방(베네토, 롬바르디아) 대표요리로써 첫 번째 코스에 해당된다, 뇨기(Gno cchi)는 떡이란 뜻이며, 촉감이 부드럽고 쫄깃한 맛과 함께 버터와 향채를 즐기는 수제비 형태의 음식으로 감자를 주 재료로 밀가루, 달걀, 치즈, 우유, 소금을 첨가해 만들지만 감자 대신 옥수수, 곡류, 빵,콩 등을 대신하기도 한다. 기본적인 조리법은 감자를 껍질째 삶아 껍질을 벗겨내고 으깨어 달걀, 밀가루, 합쳐 반죽한다. 모양을 내어 만든 다음 끓는 물에 삶아 표면위로 떠오르면 건져 준비한 소스와 함께 접시에 담아 파르메산치즈 또는 그라나파다노를 뿌려 제공한다.

★ 갑오징어 내장 속에 들어 있는 먹물은 항암효과 및 요리의 착색 그리고 다양한 영양성분이 많이 들어 있어 이탈리아 요리에 유용하게 쓰인다. 또 짭조름한 바닷물 소금 간이 되어있어 적당히 희석하여 사용하면
담백한 맛을 지닌 좋은 식재료가 된다. 비린내와 검은 색감으로 인해 입 주위가 까맣게 되다보니 조금 꺼려하는 여성고객들도 있다. 먹물을 이용한 요리는 리소토 뿐 아니라 파스타에도 이용할 수 있다.

Risotto Mantecato al Nero di Seppia, Calamari Croccanti 오징어를 곁들인 먹물 리소토

1. 팬에 올리브오일를 넣고 양파와 마늘을 볶는다.
2. 마늘이 노릇해지면 꺼내고, 다진 파슬리, 갑오징어살을 잠깐 익힌 후 화이트와인 10g를 넣고 증발시켜준다.
3. 팬에 있는 오징어를 접시에 별도로 꺼내놓고 그 팬에 다시 쌀을 넣고 볶기 시작한다.
4. 쌀이 아주 뜨거워지면 오징어 먹물을 넣어 잘 섞어준다.
5. 남은 화이트와인을 넣고 와인이 완전히 증발하면 스톡을 조금씩 넣으면서 계속 작업을 반복해서 익힌다. 쌀을 넣는 순간부터 쌀이 완성되기 까지는 약18분 정도 걸린다.
6. 완성되기 5분 전에 볶은 오징어를 넣고, 올리브오일를 넣으면서 잘 섞는다.
7. 오징어 먹물은 기본적으로 염분을 지니고 있기 때문에 간은 필요하면 한다.

INGREDIENTS	W/MEASURES
올리브오일(Olive Oil)	30mL
작은오징어(Squid)	1whole
다진 양파(Onion)	20g
마늘(Garlic)	1clove
오징어(Cuttlefish)	50g
다진이탈리아 파슬리(Parsley)	1stalk
화이트와인(White Wine)	20mL
오징어 먹물(Squid Ink)	5mL
토마토소스(Tomato Sauce)	20mL
쌀(Rice)	100g
채소스톡(Vegetable Stock)	300mL

Riso Mantecato al Succo di Barbabietola 비트즙을 넣은 리소토

1. 팬에 버터를 녹인 다음 쌀을 넣어 버터가 타지 않도록 잘 볶아준다.
2. 쌀이 볶아지면 프란치아코르따 와인으로 적신다.
3. 와인이 증발되면 끓는 물이나 스톡을 조금씩 첨가해 가면서 익힌다.
4. 조린 비트즙을 첨가해서 섞는다.
5. 계속해서 쌀이 익을 때까지 반복한다.
6. 접시에 익힌 쌀요리를 넓게 펴 담는다. 제공 전에 치즈소스를 한 스푼 듬뿍 올린다.
7. 장식용 비트나 계절채소를 올려 제공한다.

INGREDIENTS	W/MEASURES
버터(Butter)	15g
쌀(Rice)	100g
비트즙(Beet)	50mL
채소스톡(Vegetable Stock)	300mL
파르메산 치즈(Parmesan Cheese)	20g
계절의 채소	some

★ 비트는 사탕무라 불리우며 달콤한 맛과 강렬한 빨간 색감을 가지는 특징이 있어 주로 착색의 용도로 쓰이는 이 채소는 서양요리에 널리 사용되고 있다. 보통 샐러드와 더운 채소로 많이 사용되며 컵질째 쿠킹호일로 잘 말아 오븐에서 구운 것을 판매한다. 또한 블랜더에 갈아 얻은 주스를 냄비에 넣고 한 번 끓인 후 작은 단위로 포장하여 사용하고 싶을 때 조금씩 사용하면 편리하다.

비트주스 만들기

1. 생비트를 껍질을 제거하여 장식용 비트를 큐브로 3-4개 준비한다.
2. 나머지 비트를 작게 자른 뒤 주서기나 블랜더에 곱게 갈아 준비한다.
3. 고운 채에 걸러 주스만 얻어 작은 냄비에 담는다.
4. 이때 큐브 다이스로 썬 비트를 함께 넣어 50g 정도의 양을 얻을 때까지 끓인다.

Parmesan Cheese Sauce 파르메산 치즈소스

여기서는 사용하지 않지만 추가적으로 곁들일 수 있는 소스이기에 소개한다.

1. 아주 얇고 잘게 다져진 샬롯(Scalogno)을 프란치아코르따 와인(롬바르디아산의 품질좋은 D.O.C등급의 스파클링 와인)과 함께 팬에 넣고 약 반 정도가 될 때까지 조린다.
2. 생크림을 첨가하고 다시 반으로 졸아들면 불을 끈다.
3. 버터와 파르메산 치즈를 혼합하고, 조심스럽게 잘 섞어서 고운 채에 소스를 거른다.

샬롯 10g, 프리치아코르따 와인 100mL, 생크림 100mL, 파르메산 치즈가루 40g, 버터 10g

★ 이탈리아를 대표하는 곰팡이균주를 넣은 치즈로 피에몬테 지방과 롬바르디아에서 전체요리부터 디저트까지 널리 사용되고 있으며 꿀이나 과일퓌레와 함께 곁들여 먹기도 한다. 고르곤졸라 치즈는 냄새가 강해 기피하지만 갓 생산된 치즈는 그 풍미와 부드러움, 맛이 일품이다. 또한, 공기와 접촉하면 미생물의 발육이 무척 빨라 본래 치즈의 맛보다 강한 맛과 향으로 변질 되므로 사용 즉시 진공포장이나 랩으로 단단히 말아 공기의 접촉을 차단해야 신선하게 품질을 유지할 수 있다.

★ 포르치니 버섯(Porcini Mushroom)

이탈리아 알바, 움브리아 지역에서 생산되는 고급버섯으로 갓 부분이 크고 몸통도 두툼하다. 매우 강한 향미를가졌고 우리나라 자연송이와 비슷하며 가을에 채취하여 사용하며 통조림으로 가공 또는 건조시켜 사용하기도한다. 소스 , 파스타, 메인요리등 다양하게 사용된다.

Porcini Mushroom in Gorgonzola Risotto

포르치니 버섯을 넣은 고르곤졸라 리소토

1. 팬을 뜨겁게 달구어 올리브오일을 두르고 쌀을 볶는다.
2. 쌀이 볶아지기 시작하면 스톡을 조금씩 넣어가며 익히고 다진 버섯을 첨가하여 볶는다.
3. 계속반복하여 익히고 쌀이 적당히 익었으면 잘라 놓은 고르곤졸라 치즈를 넣어 잘 혼합해 주어야한다(흔들면서 혼합해야 잘 섞인다.).
4. 스톡으로 농도를 맞추고, 버터를 넣어 부드럽게 융화 시킨 후 양념을 한다.
5. 접시에 완성된 리소토를 담고 고르곤치즈를 뿌려주고 다임으로 장식한다.

INGREDIENTS	W/MEASURES
올리브오일(Olive Oil)	30mL
양파(Onion)	10g
쌀(Rice)	100g
스톡(Stock)	300mL
고르곤졸라(Gorgonzola Cheese)	20g
버터(Butter)	10g
포르치니버섯(Porcini Mushroom)	50g
소금, 후추(Salt, Pepper)	pinch
장식용 다임(Thyme)	3stalks

Mushroom & Chicken in Risotto 양송이와 닭고기 리소토

1. 팬에 올리브오일를 넣고 다진 양파와 닭고기, 양송이를 색이 나지 않게 잘 볶아준다.
2. 쌀을 넣고 뜨겁게 잘 볶는다.
3. 쌀이 뜨거워지면 스톡을 조금씩 첨가하면서 볶는다. 이것을 계속해서 반복한다.
4. 완성되기 5분 전에 익힌 생크림을 넣어 조려주고 애호박, 올리브를 넣는다.
5. 잘 어우러지도록 볶으면서 치즈가루를 넣고 잘 섞는다.
6. 소금과 후추를 넣어 양념하고 마지막에 올리브오일를 넣어 모든 재료가 잘 어우러지도록 융화시킨다.
7. 접시에 잘 펴서 담고 이탈리아파슬리 다진 것을 뿌리고 생 치즈가루를 살짝 뿌려 제공한다.

INGREDIENTS	W/MEASURES
올리브오일(Olive Oil)	30mL
양파(Onion)	20g
닭가슴살(Chicken Breast)	80g
쌀(Rice)	100g
치킨스톡(Chicken Stock)	300mL
그린올리브(Geen Oilve)	1ea
블랙올리브(Black Olive)	1ea
생크림(Fresh Cream)	30mL
애호박(Sqush)	20g
소금, 후추(Salt, Pepper)	pinch
파르메산 치즈가루(Parmesan Cheese)	50g
이탈리아 파슬리(Parsley)	1stalk

★ 이 요리는 롬바르디아(밀라노) 의 대표적인 쌀요리로, 뿔리아 또는 남쪽 지방에서 생산되는 샤프란을 이용해 병아리처럼 노란색 감이 나도록 만든 요리이다. 요리의 품질을 높이기 위해 현대에는 해물이나 금종이 같은 것을 올려 제공하기도 한다.

Saffron Risotto with Seafood 해물을 곁들인 샤프란리소토

1. 팬에 절반의 버터를 넣고 쌀을 볶는다.
2. 드라이한 백포주를 첨가하고 알코올을 증발시킨다.
3. 끓는 스톡을 넣은 다음 샤프란을 첨가하고 간간히 저어가며 익힌다.
4. 또 다른 작은 냄비에 남은 버터를 넣고 거기에 양파를 넣어 수분이 스며 나오게 한 다음 해물을 넣고 와인을 부어 뚜껑을 덮어 익힌다.
5. 익으면 불에서 팬을 떼어내고 해물을 걷어내고 주스는 고운 채에 거른다.
6. 익히던 쌀에 이것을 넣고 치즈가루와 함께 잘 혼합한다. 소금 간을 하여 맛을 낸다.
7. 접시에 넓게 펼쳐 담고 위에 해물을 조심스럽게 올리고 차이브와 피망으로 장식한다.

INGREDIENTS	W/MEASURES
버터(Butter)	30g
쌀(Rice)	100g
새우(중하)(Shrimp)	2whole
오징어(Squid)	15g
홍합(Mussel)	2ea
백합(Clam)	3ea
차이브(Chive)	2stalk
노란 파프리카(Yellow Paprika)	5g
빨강 피망(Red Pimiento)	5g
화이트와인(White Wine)	110mL
가벼운 맛의 스톡(Stock)	300mL
샤프란 꽃술(Saffron)	1mL
파르메산 치즈가루(Pamesan Cheese)	30g
소금, 후추(Salt, Pepper)	pinch
다진양파(Onion)	30g
레드와인식초(Red Wine Vinegar)	10mL

Seafood Risotto 해산물 리소토(나폴리식)

1. 팬에 절반의 버터를 넣고 쌀을 볶는다.
2. 드라이한 백포주를 첨가하고 알코올을 증발시킨다.
3. 끓는 스톡을 넣은 다음 샤프란을 첨가하고 간간히 저어가며 익힌다.
4. 또 다른 작은 냄비에 남은 버터를 넣고 거기에 양파와 마늘을 넣어 향과 수분이 스며 나오게 한 다음 해물을 넣고 와인을 부어 뚜껑을 덮어 익힌다.
5. 익으면 불에서 팬을 떼어내고 해물을 건어내고 주스는 고운 채에 거른다.
6. 익히던 쌀에 이것을 넣고 토마토소스를 붓고 알단테(약간 설익게)까지 익힌다.
7. 다 익었으면 치즈가루와 함께 잘 혼합한다. 소금 간을 하여 맛을 낸다.

INGREDIENTS	W/MEASURES
쌀(Rice)	100g
중하(Shrimp)	2whole
오징어(Squid)	15g
홍합(Mussel)	2ea
백합(Clam)	3ea
양송이(Mushroom)	5g
노란 파프리카(Yellow Paprika)	5g
화이트와인(White Wine)	30mL
생선스톡(Fish Stock)	300mL
샤프란(Saffran) 꽃술	1mL
파르메산 치즈 가루(Parmasan Cheese)	30g
소금, 후추(Salt, Pepper)	pinch
버터(Butter)	20g
양파 다진 것(Onion Chop)	10g
마늘 다진 것(Galic Chop)	5g

Pizza Funghi 양송이 피자

1. 바닥에 밀가루를 뿌리고 피자 반죽에 밀가루를 조금씩 묻혀가면서 가장자리를 0.5cm 정도 세워 벽을 만들면서 늘리고 양손으로 당기면서 납작하고 동그랗게 만든다.
2. 스크린(또는 팬)에 오일을 살짝 바르고 얇게 만든 반죽을 깔고 가장자리를 정리한다.
3. 소스를 바르고 치즈를 얹는다.
4. 프라이팬에 올리브오일를 두르고 다진 양파를 넣고 볶다가 버섯 슬라이스를 넣고 잘 볶아서 3에 골고루 펴서 놓고 치즈를 얹는다.
5. 320~350℉의 오븐에서 10분 정도 갈색이 날 때까지 굽는다.
6. 6~8 쪽으로 잘라서 접시에 담아 마무리한다.

반죽하기

계량된 정확한 미지근한 물에 생이스트를 풀어준다. 밀가루에 소금을 혼합한다. 반죽기에 혼합된 밀가루를 넣어 처음 1단에 3분간 반죽을 시작한다.(반죽기에 하지 않고 믹싱볼에서 해도 된다. 하지만 힘껏 오래동안 반죽을 치대어 준다.) 반죽통 주위의 가루가 모두 반죽으로 뭉쳤을때 스톱시키고 반죽을 만져보면 말랑말랑한 느낌이 있다. 2단으로 기어를 바꾸고 올리브오일를 조금씩 넣어가면서 13분 동안 돌린다. 완성된 반죽의 상태를 보기 위해 조금만 떼어서 손가락으로 천천히 펴주었을 때 얇은 층의 막이 형성되면 완성된 것이다.

성형하여 발효하기

180g으로 분할 성형한 후 비닐을 덮고 발효실에 넣거나 실온에서 1.5배로 부풀 때까지 발효 시킨 후 사용한다.

참고 : 발효시킨 후 남은 사용하지 않는 반죽은 다시 둥글게 성형하여 올리브오일를 바른 후 랩으로 포장하여 냉동실에 보관한다. 사용시 3시간 전에 실온에 두어 사용한다.

피자만들기

버터에 양파와 마늘을 넣고 볶다가 토마토 페이스트와 월계수잎, 화이트와인을 넣고 조려주고 토마토와 치킨스톡을 넣고 끓인 후, 으깬 통후추, 오레가노, 설탕, 토마토콩카세를 넣고 끓이다가 토마토주스로 농도 및 색깔을 맞춘 다음 바질을 넣고 간하여 마무리 한다.

INGREDIENTS	W/MEASURES
피자 반죽(Pizza Dough)	200g
모짤레라치즈(Mozzarella Cheese)	100g
피자소스(Pizza Sauce)	80g
버섯(Mushroom)	100g
마늘(Garlic)	5g

피자 반죽 재료

강력분(밀가루) 1kg, 맥주효모(생이스트) 15g, 소금 25g, 올리브오일 40mL, 미지근한 물 560mL, 설탕 40g

피자 소스

버터 200g, 치킨스톡 700mL, 바질 30g, 양파 300g, 으깬 통 후추 40g 소금 · 후추 pinch, 마늘 100g, 오레가노 10g, 토마토페이스트 200g, 설탕 130g, 월계수잎 5leaves, chicken base 80g, 화이트와인 200mL, 토마토 콘까세 200g, 토마토 3ea, 토마토주스 100mL

Pizza on Nuts 견과류 피자

1. 바닥에 밀가루를 뿌리고 피자 반죽에 밀가루를 조금씩 묻혀가면서 가장자리를 0.5cm 정도 세워 벽을 만들면서 늘리고 양손으로 당기면서 납작하고 동그랗게 만든다.
2. 스크린(또는 팬)에 오일을 살짝 바르고 얇게 만든 반죽을 깔고 가장자리를 정리한다.
3. 크림소스를 바르고 치즈를 얹는다.
4. 프라이팬에 견과류를 넣고 잘 볶아서 3에 골고루 펴서 놓고 치즈를 얹는다.
5. 피자 굽기 : 320 ~ 350°F의 오븐에서 10분 정도 갈색이 날 때까지 굽는다.
6. 피자 담기 : 6 ~ 8 쪽으로 잘라서 접시에 담아 마무리한다.

크림소스만들기

소스팬에 양파 50g, 마늘 10g 볶다가 화이트 와인 30mL 넣어 졸이다가 생크림 150mL 넣어 양이 반이되게 조려 식혀준다.

반죽하기

209page 참조

INGREDIENTS	W/MEASURES
피자 반죽(Pizza Dough)	200g
모차렐라치즈(Mozzarella Cheese)	100g
크림소스(Cream Sauce)	80g
호두(Walnut)	20g
해바라기씨(Sunflower Seed)	15g
호박씨(Pumpkin Seed)	20g
건포도(Dried Gape)	30g
마늘(Garlic)	5g

Pizza Gorgonzola 고르곤졸라피자

★ 이탈리아밀라노에서 10세기 후반에 만들어지기 시작했으며 바깥껍질은 거칠고 몸체는 희거나 담황색을 띠며 크림함유량이 많으며 결이 나 있고 녹색을 띤다. 맛과 향은 자극적이고 톡 쏘는 매운맛이난다. 자극적이기 보다는 감칠 맛이 나야한다. 파스타, 리소토, 피자등에 어울린다.

1. 바닥에 밀가루를 뿌리고 피자 반죽에 밀가루를 조금씩 묻혀가면서 가장자리를 0.5cm 정도 세워 벽을 만들면서 늘리고 양손으로 당기면서 납작하고 동그랗게 만든다.
2. 스크린(또는 팬)에 오일을 살짝 바르고 얇게 만든 반죽을 깔고 가장자리를 정리한다.
3. 크림소스를 바르고 고르곤졸라치즈를 얹는다.
4. 피자 굽기 : 320 ~ 350°F의 오븐에서 10분 정도 갈색이 날 때까지 굽는다.
5. 피자 담기 : 6~8 쪽으로 잘라서 접시에 담아 마무리한다.

크림소스만들기

소스팬에 양파 50g, 마늘 10g 볶다가 화이트 와인 30mL 넣어 졸이다가 생크림 150mL 넣어 양이 반이되게 조려 식혀준다.

★ 고르곤졸라 피자를 손님에게 제공할 때는 꿀이나 과일이 곁들여 나가면 좋다.

반죽하기

209page 참조

INGREDIENTS	W/MEASURES
피자 반죽(Pizza Dough)	200g
고르곤졸라치즈(Gorgonzola Cheese)	100g
크림소스(Cream Sauce)	80g

6. 어패류(Fish & Shellfish)

6-1. 어패류의 개요

생선류는 크게 바다생선, 민물생선, 갑각류로 나뉜다. 바다생선은 수 천종에 달하며 어패류 중 가장 많이 먹는 중요한 부식이고, 극피동물로는 여러 종류가 있지만 주로 성게류와 해삼류만 식용에 해당된다. 갑각류는 절지동물에 속하는데 게와 새우 등이 있으며, 꼴뚜기 · 낙 지 · 오징어와 같은 두족류, 전복 · 소라 · 굴 · 대합 · 가리비 등의 패류가 있다. 생선의 가식 부위는 거의 반반이고 가식 부위는 조리내용물로 사용되지만 뼈나 지느러미 같이 못 먹는 부위는 스톡이나 부용을 만드는데 사용된다.

생선은 육류와 달리 섬유질이 연하고, 자기소화가 빨리 온다. 자가소화가 진행된 어패류는 조직이 연화되기 쉬우며, 풍미도 떨어져서 생식에는 적합하지 않으나 조리에는 이용할 수 있다. 자기소화에 의해 일어나는 부패 현상은 많은 유해물질과 악취를 동반한다. 그래서 생선은 가급적 살아있는 생선을 구입하여 신속하게 조리하는 것을 원칙으로 하며 여의치 않을 경우 급속 냉동한 제품을 구입 조리한다. 어패류가 가장 맛이 좋은 시기는 산란기 바로 전이다. 산란을 위해 먹이를 많이 섭취하고 육질이 풍부하고 지방도 많아져 맛이 좋다. 일반적으로 겨울 생선이 맛있으며 수컷보다 암컷, 등쪽보다 배 쪽 부위가 맛이 월등하다. 생선요리는 종교적으로 육류를 선호하지 않는 고객에게 주 요리로 선택되어지고 있으며 지방 성분이 적고 부드러워 오늘날에 들어서는 생활이 윤택해지면서 저칼로리면서 비타민과 칼슘 등 영양이 풍부한 생선류의 소비가 급격히 증가하고 있고 바닷가재 · 연어 · 참치 등 생선전문점이 점차 증가 추세에 있다.

6-2. 생선의 영양성분

대부분의 어류에는 오메가3지방산을 함유하고 있는데 혈액순환을 도와 뇌출혈 등 혈관계 질환 예방에 도움을 주고, 항염증제 · 천식 · 건선 · 류마치스 등에 효과가 있다고 알려져 있다. 약 150g의 생선은 성인의 일일 단백질 필요량의 50~60%를 공급해 주고, 지방의 함량이 5% 미만을 가지고 있다. 새우, 오징어, 생선알 경우에는 콜레스테롤 함량은 높으나 오메가3지방산을 많이 함유하고 있고 포화지방의 함량이 적다. 예를 들어 150g의 생선살의 경우 지방의 함량은 1g 미만이며, 대부분이 불포화지방산으로 이루어져있다. 해산물은 비타민의 좋은 급원이고 갑상선 기능에 중요한 요오드나 적혈구 형성에 필요한 철분, 상처치료에 필요한 아연 등이 포함되어 있는 식품이다. 그 밖에 인, 칼륨, 칼슘, 나트륨을 제공하며 해산물을 많이 섭취하게 되면 체중조절이 용이해진다.

6-3. 생선의 조리법

생선을 조리 할 때는 생선의 종류, 지방함유량, 근 결합 조직 등에 따라 각기 조리법이 틀려진다. 흰살 생선, 붉은살 생선, 등푸른 생선은 신선할 때 대부분 회로 먹을 수 있고, 그 외에 구이, 조림, 복음, 튀김 등 다양하게 이용된다. 특히 민물고기, 조개류, 게는 살아있는 상태로 조리해야 맛이 가장 좋다.

생선을 구울 때 소금을 너무 일찍 뿌리면 삼투압 현상으로 수분과 함께 감칠맛이 빠져나가 맛이 없으므로 굽기 30분 전에 뿌려 조리하는 것이 좋다. 조림 할 때도 국물을 먼저 끓인 다음 생선을 조리면 열에 의해 표면이 단단해지므로 감칠맛을 유지할 수 있다.

다음은 생선조리법이다.

1) 데치기(Poaching)

생선스톡에 소금, 향신료, 레몬, 화이트와인을 첨가하여 살짝 익히는 조리법.

2) 소테(Saute)

팬프라이로 생선에 밀가루, 달걀물, 빵가루 등을 입혀 팬에 익히는 방법이다.

3) 석쇠구이(Broiled)

생선을 소금이나 양념을 마리네이드(Marinade) 하여 석쇠에 직접 올려 굽거나 훈제된 생선을 직접 굽는 방법 숙련된 기술을 필요로 한다.

4) 튀기기(Frying)

생선에 빵가루, 달걀, 반죽 등을 입혀 깊은 기름에 담구어 조리하는 방법이다.

5) 그라탱(Gratinating)

생선이나 해물류를 1차 조리하여 치즈나 빵가루를 얹어 색깔을 내는 조리방법이다.

6-4. 신선한 생선 감별법

[표 6-1]

구분	내용
외관	비늘이 손상되지 않고, 상처가 없어야 하며 광택이 나고 밝은 색을 띠어야 한다.
눈	눈이 투명하고, 동공의 색이 짙고, 약간 돌출되어야 한다.
아가미	밝은 적색을 띠어야 한다.
탄력성	살이 단단하고 탄력이 있어서 손가락으로 누르면 반동으로 튕겨나와야 한다.
어취	생선에서 굴 냄새와 비슷한 바다냄새가 나야 한다.
내장	외관상 밖으로 나오지 않아야 하며 냄새가 나지 않고, 핏자국이 없어야 한다.
근육과 뼈의 밀착도	단단히 붙어있는 것이 신선하다.

6-5. 어취 해소법

어류도 사후강직이 되는데 육류보다 시간이 빨라 1~4시간이 지나면 최대로 강직이 된다. 그 후로 숙성단계로 이어지는데 근육 속의 효소 작용으로 단백질이 자체 분해되어 적당하게 살이 연해지고 맛도 좋아진다. 크기에 따라 시간의 차가 있으며 전갱이 경우 3시간 경과 후 맛이 가장 좋다. 숙성단계를 지나 단백질 분해가 심해지면 부패하는데 어패류의 경우 육류보다 쉽게 상하기 때문에 항상 신선한 것을 선택하고 즉시 냉장 또는 급속 냉동 후 보관하는 것이 좋다.

다음은 어취를 해소하는 방법이다

① 찬물로 씻는다.

② 식초, 과즙, 레몬 등 산을 첨가하여 아민류와 결합하여 어취 해소

③ 화이트와인이나 그 밖의 술을 사용한다.

④ 우유에 적셨다가 사용한다.

⑤ 생강, 고추, 파 등 맵고 향기가 있는 채소를 사용한다.

⑥ 생선의 보관 - 급속냉동이 품질의 변화를 예방한다.

6-6. 생선 마리네이드(Marinade) 하기

생선을 조리하는 경우 신선한 생선은 재료 고유의 맛과 향, 질감을 살려서 조리하는 것이 좋으며, 보통 간단한 향신료와 소금, 후추 정도의 간을 약하게 하는 것이 일반적인 조리 방법이다. 냉동생선 또는 신선하지 못한 생선을 조리할 때 특히 많이 사용하며, 어취제거, 향미증진, 질감개선을 목적으로 마리네이드(Marinade)를 한다. 주로 사용되는 양념은 다양한 허브와 향신료, 우유, 레몬, 오일, 소금, 후추 등 이며, 재료들은 서로 엇갈리게 섞고, 그 배합을 다양하게 조절하여 마리네이드(Marinade) 한다.

다음은 마리네이드(Marinade)의 종류이다.

[표 6-2

마리네이드 종류	특징
1. 허브(herb)의 배합	신선한 허브와 스파이스로 구성된 전형적인 양념 배합으로, 추가적인 소금, 후추 간은 별도로 한다. 프랑스식, 이탈리아식 등의 전통적인 허브의 배합 등으로 구성된 양념이 있다.
2. 파우더 믹스(powder mix)	분말 형태의 기본 양념 배합체로, 대표적으로 카레가루 (curry powder), 가람 마샬라, 시즈닝 믹스 등이 있다.
3. 유제품	우유와 생크림이 많이 사용하며 부드러움과 어취 제거에 효과가 있다.
4. 기타	주류(와인, 청주)가 가장 많이 사용되며, 향이 나는 양념류(마늘, 파. 샬롯), 신맛이 나는 과일(레몬, 라임) 및 산류(식초) 등 을 많이 사용한다.

6-7. 어패류 기본 스톡과 소스

1) 어패류 기본 스톡(stock)

어패류를 사용한 기본적인 스톡은 그 자체로 훌륭한 요리로 제공되기도 하며, 다른 요리에 기본적인 맛과 풍미를 제공하는 모체로 사용하기도 한다.

[표 6-3]

기본스톡	특징
어류	흰살 생선(white flesh fish)을 사용. 스톡은 그 용도에 따라 향과 농도, 질감을 조절하여 사용한다.
갑각류	새우, 바닷가재, 게 등을 사용. 스톡은 그 용도에 따라 향과 농도, 질감을 조절하여 사용한다.
조개류	용도에 맞는 다양한 조개를 사용. 스톡은 그 용도에 따라 향과 농도, 질감을 조절하여 사용한다.

2) 어패류 기본 소스(sauce)

어패류에 사용하는 기본적인 소스는 어패류에서 생산되는 좋은 스톡을 기본으로 하여 소스로 만들어 지는데, 다른 식재료를 사용한 요리에도 맛과 풍미를 제공하는 소스로 사용하기도 한다. 보통 생선요리에는 생선 벨루테 소스(fish veloute sauce), 레몬버터소스, 갑각류 요리에는 바닷가재 비스크 소스(lobster bisque sauce), 아메리칸 소스 조개류를 주재료로 한 조개 뵈르 블랑(clam beurre blanc)을 주로 많이 사용한다.

6-8. 생선의 종류

1) 연어

연어는 호수나 하천에서 산란, 부화된 치어가 바다로 내려가 자라는 회유어로서 수온이 18℃~19℃ 이상이 되면 살아갈 수 없는 냉수성어종이다. 물이 차가운 하천이나 호수와 모래, 자갈 속에 산란하고 핑크색의 알은 5~7개월 후 부화되며 부화된 치어는 바다로 즉시 내려가거나 약 1년 정도 하천이나 호수에서 생활하다 바다로 내려가기도 한다. 1년 정도 지나면 무게가 2.2kg정도로 성장하고, 4~5년 이상 바다에서 성장 후 산란을 위해 고향 하천으로 회유한다. 종류로는 King salmon, Socktye(red) salmon, Silver salmon, Pink salmon, Chum salmon이 있으며 Chum salmon의 알은 크기와 선도가 좋아 전량 염장 연어알로 쓰인다.

2) 새우

전 세계에 걸쳐 광범위하게 서식하고 있으며 연평균수온이 20℃이상 되는 해역에서 많이 자란다. 새우는 늦가을에서 겨울까지 어획된 것이 맛이 좋은데 이유는 새우의 맛을 내주는 글리신이 이때 가장 많이 함유하기 때문이다. 새우는 용해성 콜레스테롤을 함유하고 있고 각질에는 키토산을 함유하고 있는데 노화방지와 불순물제거에 탁월한 효과가 있다고 한다. 그 밖에 칼슘과 타우린을 함유하고 있어 양기를 왕성하게 하는 일급식품이라 불러진다. 종류로는 보리새우(Tiger), 대하, 킹새우, 바나나새우 등이 있다.

3) 바닷가재

갑각류의 왕이며 근래에 들어 가장 각광받는 생선이다.

바닷가재의 유충은 바다 수면 위에 약 한 달간 유영하면서 지낸다. 약 3회를 거쳐 탈퇴를 한 후 비로소 성장한 바닷가재와 비슷한 형태를 띠게 된다. 바닷가재 암컷이 약 만개의 알을 낳지만 4주간 버티는 유충은 열 마리 정도이며, 살아남은 바닷가재는 늪지대나 조약돌이 많아 숨을 곳이 많은 해저에 서식한다. 바닷가재의 종류는 크게 호주산 바닷가재, 미국산 바닷가재로 분류된다.

바닷가재는 보호차원에서 3인치 미만은 잡지 않으며, 살아있는 것을 조리하는 것이 가장 풍미가 있고 향도 우수하다. 굽거나 튀김, 샐러드, 소스 등 다양하게 쓰인다.

4) 가리비조개

전 세계적으로 바다와 모래바닥 또는 진흙 바닥에서 서식한다. 대략 360여종이 있고 껍질 지름이 85mm일 때 캐낸다. 가리비의 품질은 색상 및 수분물의 밀도, 수분이 과다한 가리비는 조리 시 심하게 수축되거나 물러서 못쓴다. 좋은 가리비는 변색이 없고 녹여도 모양이 유지되며 조리 시 수축되거나 변색되지 않아야 한다.

5) 가다랭이

초봄과 가을에 많이 잡힌다, 맛은 봄, 영양은 가을이 좋지만 향과 신선도가 좋은 봄철 가다랭이를 최고로 귀하게 여긴다. 상하기 쉬워 말리거나 가열처리를 하고 있다. 회로 먹는 것이 보통이지만 조림, 구이로 조리된다.

6) 오징어

오징어는 풍부하게 들어 있는 타우린이 혈액 속의 콜레스테롤을 낮추고, 중성지방을 줄여 혈압을 정상적으로 유지시키고 당뇨병을 예방한다. 비타민A도 풍부하며, 먹물에는 리조팀이라는 방부 효과가 강한 아미노산이 들어있어 항암효과가있다. 신선한 것은 회나 초밥으로 좋으며, 내장도 먹을 수 있는 오징어 젓갈은 영양가는 좋지만 염분이 많으므로 적당히 섭취하는 것이 좋다. 오징어의 손질은 몸통 안쪽에 손가락을 넣어 다리를 밑동에서 떼어낸 후 다리를 가만히 잡아당겨 내장을 제거한다. 눈, 입을 잘라내고 빨판을 제거한다. 껍질을 벗기고 칼로 몸통을 갈라 연골을 떼어낸다.

7) 고등어

가을의 대표적 생선이며, 특히 지방은 동맥경화나 뇌졸중에 좋은 EPA와 DHA라 불리는 불포화 지방산을 많이 함유하고 있어 비타민E와 함께 섭취하면 좋다.

우리나라에서는 소금구이나 조림으로 먹지만 서양에서는 뮈니엘이나 토마토 조림, 초절임으로 많이 먹는다.

8) 도미

도미는 단백질이 많고 지방이 적어 비만예방에 좋은 식품이며, 특히 눈에는 비타민B1이, 껍질에는 비타민B2를 많이 함유하고 있어 강정식으로 알려져 있다.

도미는 구이나 찜 요리로 많이 애용되고 있으며 맑게 국으로 끓여 먹기도 한다.

9) 굴

굴은 서양에서 유일하게 날 것으로 먹는 조개류이다. 굴은 철, 구리, 아연, 망간 등의 미네랄이 풍부하고, 굴 단백질의 성분인 타우린은 콜레스테롤을 저하하고, 망막의 발달과 시력회복에 효과적이다. 비타민C는 철의 흡수를 돕고 타우린의 손실을 예방함으로 생굴에는 레몬즙을 뿌려 먹으면 좋다.

※ 광어와 도다리 구별법

광어와 도다리는 생김새도 비슷하지만 습성도 거의 같습니다. 수심이 얕은 바닥의 사질대나 암초대에 붙어 서식한다.

보통 눈의 위치에 따라 구별하는데 쉽게 좌광우도라 하며 정면으로 볼 때 좌측으로 눈이 몰려 있으면 광어 우측으로 몰려 있으면 도다리라고 한다. 또한 자연산과 양식의 구별법은 배를 보면 알 수 있는데 배 부위가 하얗고 깨끗하면 자연산, 배 부위가 배가 검은색이거나 검은 반점이 있으면 양식 또 다른 구별법은 날개지느러미로 색이 하얗고 연하면 자연산 진하고 검으면 양식으로 구분된다.

[표 6-4]

종류	사진	형태	특징
광어		긴 타원형	눈 쪽은 황갈색바탕에 크고 짙은 갈색점이 고루분포하며 모든 지느러미는 짙은 갈색 혹은 황갈색을 띤다. 눈이 없는 쪽은 희다.
도다리		체고가 높고 마름모꼴이다.	눈 쪽은 몸과 지느러미에 걸쳐 불규칙한 형태의 짙은 갈색무늬로 촘촘하게 분포되어있다. 눈이 없는 쪽은 희고 눈이 없는 쪽의 등 지느러미, 뒷쪽지느러미와 꼬리지느러미 뒷가장자리는 검다.

6-9. 생선요리의 형식

[표 6-5]

Americaine	바닷가재 소스(American sauce)로 차려내는 생선요리Cardinal 얇게 저민 바닷가재 꼬리와 트러플로 장식하고 화이트소스에 쿨리를 첨가하여 붉게만든 소스를 뿌려나가는 것.
Chan chat	혀가자미(Sole), 흰살 생선 등 생선을 통째로 또는 뼈를 제거한 후 Poaching한 다음 달걀노른자로 리에종한 벨로우테 소스를 뿌린 후 삶은 감자로 장식한 것.
Dieppois	디포(Dieppe) 항의 이름을 따서 만든 것으로 혀가자미가 유명하다. 혀가자미를 화이트와인, 홍합, 갑각류, 양송이 등으로 조리
Doria	이탈리아국기를 장식하며 이탈리아 피치몽트 지방의 화이트 트러플과 3색(흰색, 초록,빨강을 나타낸다.
Florentine	생선, 고기, 달걀요리에 사용되며 이탈리아 북부지방도시이며 시금치 재배로 유명하다. 시금치와 관련된 요리를 뜻한다.
Nantua	프랑스 낭트의 조그마한 마을 이름으로 갑각류, 갑각류 버터를 이용하여 장식한다.
Nicoise	프랑스 남부도시 니스지방 형식을 의미하며 엔초비, 토마토, 올리브, 그린 빈스 등으로 장식한다.
Normande	노르망드 지방형식으로 생선, 육류요리에 사용, 사과와인으로 포치한 요리

6-10. 생선 손질법

생선은 생선의 종류에 따라 가시의 생김새가 각기 달라 손질하는 방법이 틀려진다. 육류와 달리 몸짓이 작아 빨리 자가소화에 이르러 빨리 손상되므로 손으로 여러 번 만지게 되면 체온이 생선에 전해져 세균오염을 일으켜 식중독의 원인이 되기 때문에 빠른 손질로 신선도를 유지하는 것이 중요하다.

생선의 기본적인 손질 프로세스는 비늘제거 → 아가미 → 내장제거 → 포 뜨기 → 용도썰기 → 보관 순으로 작업을 하면 좋다.

1) Seabass(농어)

1. 농어 기절시키기

2. 비늘 제거

3. 아가미 제거

4. 지느러미 제거

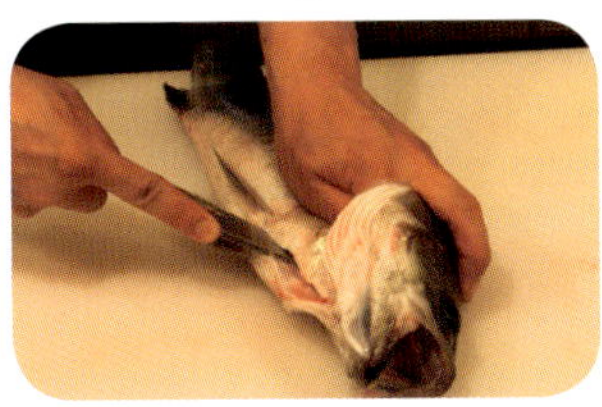
5. 배 가르기

6. 내장 제거

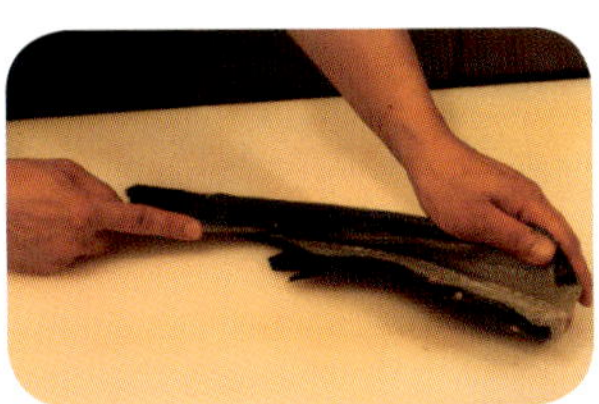
7. 칼집 넣기

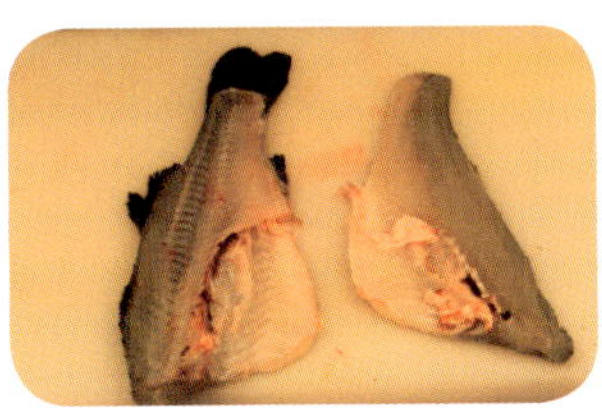
8. 1장 뜨기 완성

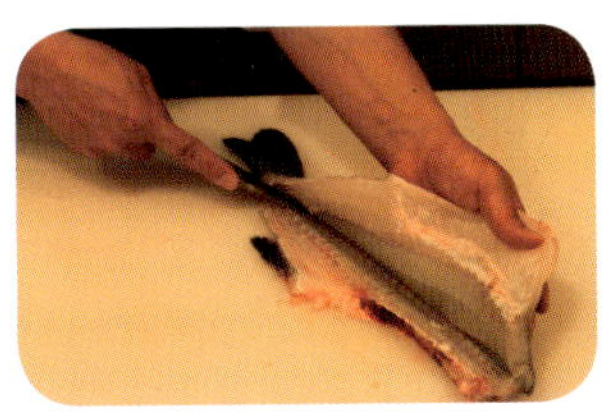
9. 반대쪽 칼집넣기

10. 3장 뜨기 완성

11. 뱃살부위 뼈 제거

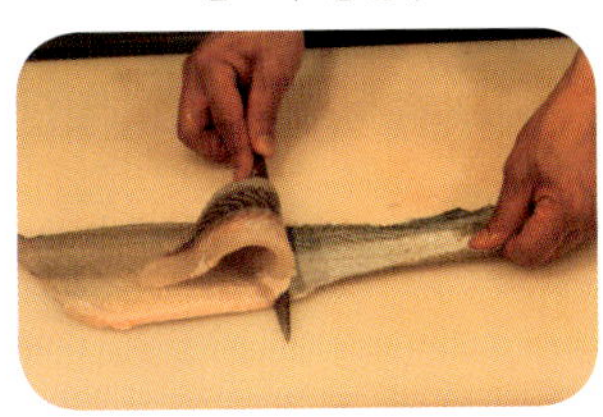
12. 껍질 벗기기

2) Snapper(도미)

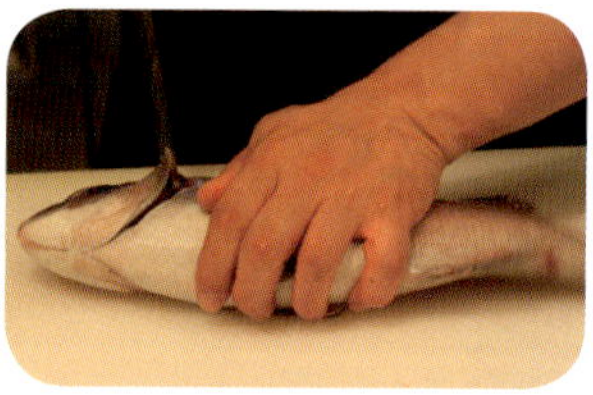

1. 도미 기절 시키기

2. 비늘 제거

3. 지느러미 제거

4. 아가미 제거

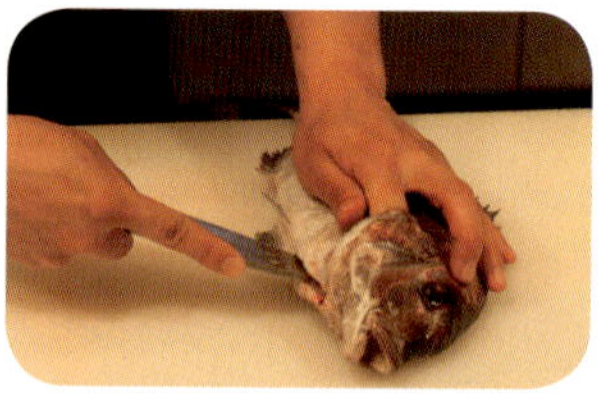

5. 배가르기

6. 내장 제거

7. 머리 제거

8. 칼집 넣기

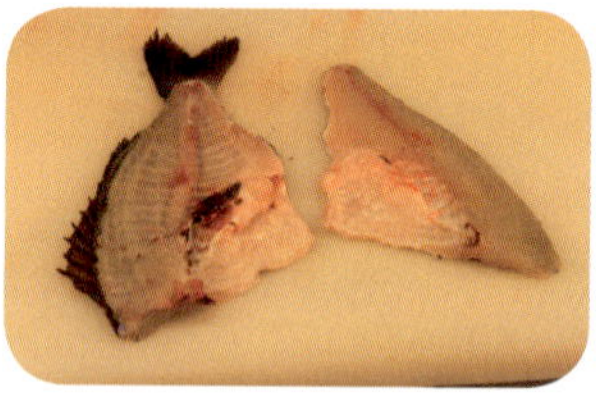

9. 1장 뜨기

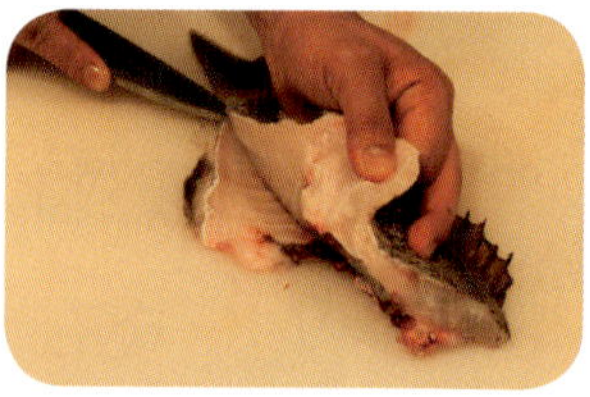

10. 반대쪽 뱃살부분 칼집 넣기

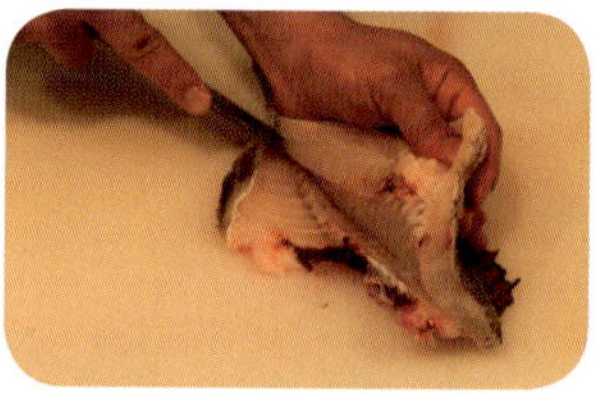

11. 중간뼈 칼집 넣기

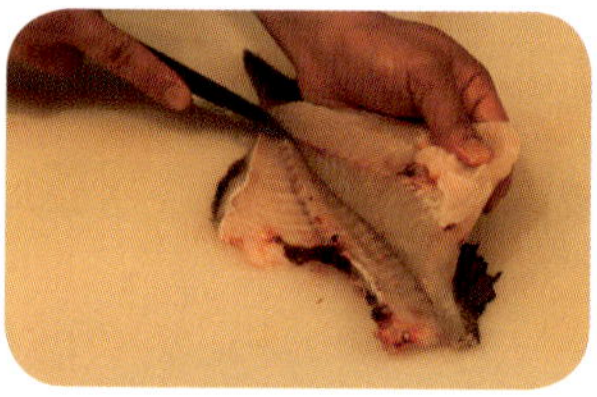

12. 반대쪽 칼집 넣기

13. 3장 뜨기 완성

3) Halibut(광어)

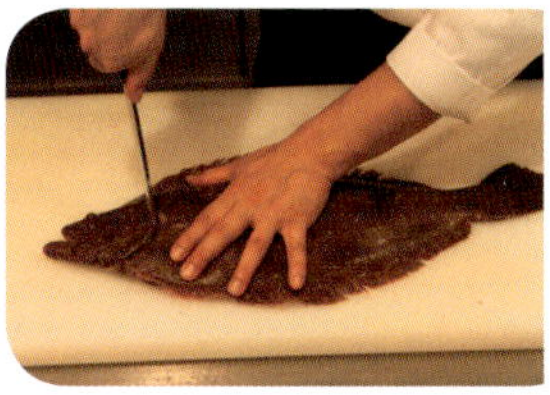

1. 광어 기절시키기

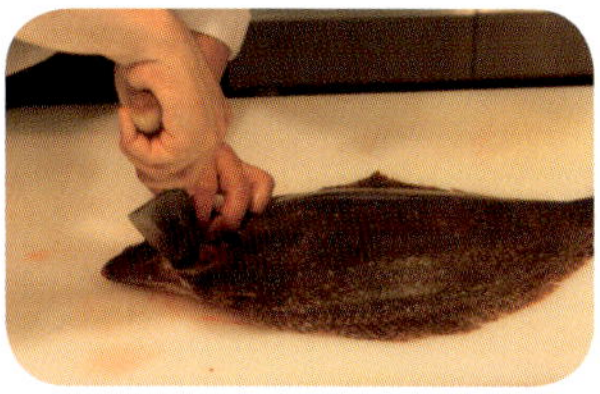

2. 아가미 제거

3. 반대쪽 아가미 제거

4. 내장 제거

5. 머리 제거

6. 칼집 넣기

7. 1장뜨기 완성

8. 반대쪽 칼집넣기 완성

9. 3장뜨기 완성

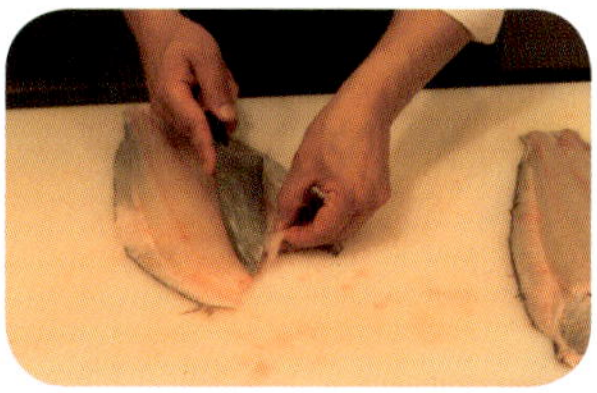

10. 뱃살 부분 뼈 제거

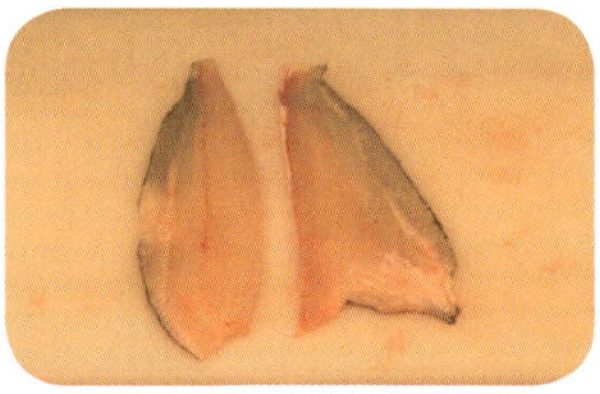

11. 1장 반으로 자르기

12. 껍질 벗기기

13. 껍질 제거 후 모습

14. 지느러미 뼈 제거

15. 지느러미 뼈 제거 후 모습

Baccala alla Napoletana 나폴리스타일의 소금에 저린 대구

1. 대구를 찬물에 5분 정도 담구었다가 소금기를 뺀 다음, 밀가루에 얇게 묻혀 맑은 갈색으로 올리브오일에 튀겨 놓는다.
2. 팬에 마늘과 홍고추를 다져 저열로 볶아 주고 거칠게 다진 토마토와 주스를 첨가하고 5분정도 시머링한다.
3. 잣과 건포도, 반으로 자른 블랙올리브를 넣고 몇 분간 부드럽게 요리한다.
4. 내열용기에 튀긴 대구를 놓고 소스를 부어 오븐에 180℃에 20분 동안 조리한다.
5. 접시에 담고 파슬리를 뿌린 후 뜨거운 음식을 제공한다.

INGREDIENTS	W/MEASURES
대구(Cod Already Soaked In Water)	200g
토마토(Canned Tomato)	100g
잣(Pine Nuts)	50g
블랙올리브(Black Olives)	100g
마늘(Garlic)	1clove
홍고추(Red Chili Pepper)	1ea
파슬리(Finely Chopped Parsley)	1stalk
바질(Basil)	1leaf

Pan Fried Sea Bass with Saffran Sauce

시금치를 곁들인 농어와 샤프란 소스

1. 농어를 손질하여 생선살에 소금 · 후추, 레몬으로 양념해 놓는다.
2. 시금치를 손질하여 깨끗이 씻어 데쳐 물기를 제거하여 5cm 길이로 썰어 놓는다.
3. 붉은 피망을 껍질을 태워 제거한 후 올리브오일을 발라 오븐에 살짝 구워 놓는다.
4. 팬에 올리브오일을 두른 후 손질한 농어를 갈색으로 구워 놓는다.
5. 팬에 양파다진 것을 볶다가 2의 시금치를 넣고 생크림을 첨가하여 볶아 양념한다.
6. 샤프란 소스를 만들어 채에 걸러 놓는다.
7. 접시 중앙에 시금치 볶은 것을 놓고 그 위에 농어스테이크를 올려준 다음 소스를 뿌리고 붉은 피망과, 딜로 장식한다.

INGREDIENTS	W/MEASURES
농어(Sea Bass)	150g
버터(Butter)	20g
레몬(Lemon)	1/2ea
시금치(Spinach)	10g
화이트와인(White Wine)	40mL
붉은 피망(Red Pimento)	10g
샤프란 소스(Saffran Sauce)	30mL
딜(Dill)	1stalk
생크림(Fresh Cream)	20mL
소금(Salt), 후추(Pepper)	pinch

Saffron sauce 샤프란 소스

1. 냄비에 버터를 녹이고 양파 다진 것을 볶다가 화이트와인과 샤프란을 넣고 1/3정도 조린 후 생선스톡을 넣고 1/2정도 조린다.

2. 1에 진한 생크림을 넣고 끓이다가 소금 · 후추로 간하고 채에 걸러서 마무리한다.

샤프란 10g, 화이트와인 50mL, 생크림 20mL, 월계수잎 1leaf, 양파 20g, 버터 20g, 생선스톡 50mL, 소금, 후추 pinch

Poached Sole with Green Noodle in White Wine Sauce

녹색 국수를 곁들인 찐 혀넙치와 화이트와인 소스

1. 생선의 껍질을 벗기고 5장뜨기하여 생선살에 소금 · 후추, 레몬으로 양념해 놓는다.
2. 머리가 제거된 생선뼈를 깨끗이 손질하여 으깬 통후추, 양파, 월계수잎, 채소 등과 함께 냄비에 넣고 찬물에서부터 생선스톡을 끓인다.
3. 준비된 생선살을 동그랗게 말아 뚜껑 있는 용기에 다진 양파를 깔고 그 위에 생선살을 놓아 화이트와인을 뿌리고 shallow poach한 뚜껑을 덮어 중불에서 익힌다.
4. 세 가지 피망은 마름모형으로 썰어 끓는 물에 데쳐서 버터에 볶아 사용한다.
5. 접시 바닥 가운데에 버터에 볶은 그린 누들을 담고 그위에 익은 생선살을 올리고 소스를 뿌리고 주위에 삼색 피망을 뿌려서 마무리한다.

White wine sauce 화이트와인 소스

1. 냄비에 버터를 녹이고 양파 다진 것을 볶다가 화이트 와인을 넣고 1/3정도 조린 후 생선스톡을 넣고 1/2정도 조린다.
2. 1에 진한 생크림을 넣고 끓이다가 소금 · 후추로 양념 후 고운 채에 걸러서 마무리한다.

화이트와인 50mL, 생크림 20mL, 월계수잎 1leaf, 양파 20g, 버터 20g, 생선스톡 50mL, 소금, 후추 pinch

Geen noodle 녹색국수

1. 시금치를 깨끗이 씻어 물을 최소한 붓고 블랜더에 곱게 간다.
2. 1에 달걀흰자, 밀가루, 소금을 넣고 반죽한다.
3. 2를 밀대로 밀어 국수를 완성한다.

시금치 50g, 밀가루 60g, 달걀 1ea, 소금, 후추 pinch

INGREDIENTS	W/MEASURES
버터(Butter)	20g
레몬(Lemon)	1/2ea
혀 가자미(Sole)	1whole
파란 피망(Geen Pimento)	10g
화이트와인(White Wine)	40mL
붉은 피망(Red Pimento)	10g
노란 파프리카(Yellow Paprika)	10g
파슬리(Parsley)	1stalk
월계수잎(Bay Leave)	1leaf
처빌(Chervil)	1stalk
통후추(Whole Black Pepper)	1g
소금(Salt), 후추(Pepper)	pinch

Seafood Gratinating 해산물 그라탐

1. 준비된 재료를 깨끗이 손질하고 해산물은 소금물에 한번 더 씻어서 물기를 제거한다.
2. 준비된 해산물을 레몬주스, 화이트와인, 처빌 다진 것, 소금 · 후추로 양념하여 10분간 재워둔다.
3. 2를 후에 Shallow Poach하고 주스는 고운 채에 걸러 준비한다.
4. 해산물 스톡과 요구르트를 1:2로 골고루 섞은 후 크림을 휘핑하여 난황과 함께 섞는다.
5. 내열용기 바닥에 버터를 골고루 바른 후 준비된 해산물을 균형 있게 담는다.
6. 5에 소스로 상부를 덮은 후 오븐에서 7분 구워 색깔을 낸 후 살라멘더에서 마무리 한다.
7. 골고루 색이 나면 꺼내어 처빌로 장식하여 마무리 한다.

INGREDIENTS	W/MEASURES
관자(Scallop)	3ea
홍합(Mussel)	3ea
중하(Shrimp)	3whole
광어(Halibut)	60g
처빌(Chervil)	2g
요구르트(Yoghurt)	50mL
달걀(Egg)	1ea
크림(Heavy Cream)	20mL
화이트와인(White Wine)	30mL
버터(Butter)	20g
레몬(Lemon)	1/2ea
소금 · 후추(Salt, Pepper)	pinch

key points

1. 오븐 예열 온도를 미리 확인하고 용기를 넣어 중간에 확인하며 연갈색이 나도록 굽는다.
2. 새우의 머리같은 노출된 부분은 은박지로 싸서 타는 것을 방지하고 마무리는 살라멘더에서 하는 것이 좋다.

Salmon Steak with Lemon Cream Sauce

연어 스테이크와 레몬크림 소스

1. 연어는소금 · 후추, 딜로 양념하여 올리브오일을 발라준다.
2. 시금치는 데쳐 식히고 양파는 다져놓는다.
3. 준비된 연어를 팬에 기름을 두르고 껍질 쪽을 제외한 3면을 고루 약간 노릇하게 익힌다.
4. 접시에 닿는 면을 바닥으로 하여 430°F에서 5분간 구워낸다.
5. 대파 흰 부분과 비트는 채 썰어 찬물에 담구어 놓고, 시금치는 양파 다진 것과 함께 볶는다.
6. 따뜻한 접시에 준비된 샤프란 리소토, 시금치, 연어 순으로 놓는다.
7. 6위에 대파, 비트 썰은 것을 보기 좋게 담고 소스를 쳐서 완성한다.

Saffron Rissoto 사프란 리소토

1. 쌀은 더운물에 불리고 사프란은 분량의 물과 함께 끓인다.
2. 냄비에 버터를 녹이고 양파를 볶다가 불은 쌀을 볶아준 후 사프란 주스를 넣고 저어 주면서 익힌다.
3. 2에 파르미잔 치즈를 넣고 소금 · 후추로 간하여 완성한다.

쌀 50g, 샤프란 2g, 버터 6g, 파르미잔 치즈 10g, 양파 10g, 타라곤 2g, 소금 · 후추 pinch

Lemon cream sauce 레몬크림 소스

1. 소스팬에 양파를 볶은 후 화이트와인을 넣어 1/3로 조린 후 크림을 넣어 1/2로 조린다.
2. 팬을 불에서 내린 후에 버터, 달걀노른자, 타라곤주스, 레몬주스 순으로 넣어 골고루 섞어준다.
3. 2를 약한 불에 살짝 올려서 농도를 맞추고 소금 · 후추로 가미하여 완성한다.

크림 80mL, 레몬 1/4ea, 버터 10g, 화이트와인 60mL, 달걀 1ea, 소금 · 후추 pinch, 양파 15g, 타라곤주스 5mL, 붉은 피망 오일 5mL

INGREDIENTS	W/MEASURES
연어(Fresh Salmon)	150g
비트(Beat)	30g
버터(Butter)	20g
딜(Dill)	1stalk
바질(Basil)	1leaf
올리브오일(Olive Oil)	30mL
양파(Onion)	10g
대파(Leek)	10g
시금치(Spinach)	40g
사프란 리소토(Saffron Rissoto)	60g
붉은 피망 오일(Red Pimento Oil)	5mL
레몬크림소스(Lemon Cream Sauce)	40mL
소금(Salt), 후추(Pepper)	pinch

White Wine Sauce 화이트와인 소스

1. 소스 포트에 화이트와인을 넣고 1/4정도 조린 후 생선스톡과 파슬리 줄기를 넣고 1/2정도 조린다.

2. 크림을 넣어 약 1/2정도로 졸이고 농도가 연하면 약간의 화이트 루를 이용하여 농도를 맞춘다.

3. 2를 소금 · 후추, 레몬주스로 가미한 후 걸러서 사용한다.

생선스톡 60mL, 화이트와인 30mL, 버터 5g, 밀가루 5g, 생크림 40mL, 월계수 잎 1leaf, 파슬리 줄기 3g, 소금 · 후추 pinch

Pan Fried Shrimp in White Wine Sauce

구운 새우와 화이트와인 소스

1. 새우는 머리를 제거하고 꼬리를 붙여 등껍질과 내장을 제거한 후 납작하게 포를 떠서 소금 · 후추, 레몬 주스로 양념해 놓는다.
2. 적피망은 고온의 그릴에서 껍질을 태워 제거한 후 먹기 좋은 크기로 잘라 버터에 볶아 놓는다.
3. 가지는 길게 잘라 올리브오일, 소금 · 후추로 양념하여 그릴에서 굽고, 청경채는 데쳐 버터, 소금으로 살짝 볶는다.
4. 대파와 비트는 줄리엔(Julienne : 2mm×2mm×4cm)으로 썰어 찬물에 담구어 놓는다.
5. 양념한 새우에 밀가루를 고루 묻혀 준 후 중불의 후라이팬에서 황금색으로 구워 낸다.
6. 접시 가운데에 청경채와 가지를 놓고 비트를 놓고 구운 새우와 더운 채소를 정갈하게 담는다.
7. 화이트와인 소스에 와인에 절여 다진 핑크 페페콘을 섞어 사용하고 오렌지웨지와 구운 피망으로 장식하여 완성한다.

INGREDIENTS	W/MEASURES
대하(King Prawn)	4whole
오렌지(Orange)	1/2ea
붉은 피망(Red Pimento)	30g
청경채(Bockchoy)	30g
가지(Egg Plant)	30g
대파(Leek)	20g
비트(Beat)	20g
처빌(Chervil)	1stalk
고수(Coriander)	1stalk
밀가루(Soft Flour)	20g
레몬(Lemon)	1/2ea
올리브오일(Olive Oil)	20mL
다임(Thyme)	1stalk
소금(Salt), 후추(Pepper)	pinch

Braised Red Snapper on Toast Bread and Saffron Cream Sauce 토스트 브래드를 얹은 적도미 샤프란 소스

1. 도미는 비늘을 벗기고 흐르는 물에 씻어 물기를 제거하고 세 장 뜨기하여 130g 크기로 바른 후 껍질 부위에 칼집을 넣어 준 다음 소금 · 후추, 레몬주스로 가미하여 준비한다.
2. 생선뼈는 양파, 향신료와 함께 찬물을 이용하여 분량의 생선스톡을 만든다.
3. 양념한 도미살의 양면에 밀가루를 약간 뿌린 후 팬에서 표면을 골고루 갈색 낸 후 380℉ 오븐에서 약 3분간 구워낸다.
4. 비트는 식초, 소금물에 삶아 반은 퓌레를 내리고 반은 주사위 모양으로 썬다.
5. 양파, 애호박, 가지, 노란피망은 네모지게 썰어 각각 버터에 볶는다.
6. 당근은 설탕물에 삶아 글라세 한다.
7. 감자는 통으로 삶아 으깨어 달걀 노른자, 소금 · 후추, 생크림, 버터를 넣어 으깬 감자를 만든다.
8. 토스트 브래드를 0.5cm 두께로 썰어 파슬리, 버터를 식빵 위에 바르고 토스트 한다.
9. 접시에 도미살을 올리고 토스트한 식빵을 올린 후 샤프란 소스와 채소로 장식한다.

INGREDIENTS	W/MEASURES
도미(Red Snapper)	1/2whole
올리브오일(Olive Oil)	30mL
밀가루(Soft Flour)	30g
노란 피망(Yellow Pimento)	20g
감자(Potato)	40g
레몬(Lemon)	1/2ea
양파(Onion)	10g
월계수 잎(Bay Leave)	1leaf
가지(Eggplant)	10g
애호박(Squash)	10g
꼬마당근(Baby Carrot)	1ea
새송이버섯(New Pine Mushroom)	20g
버터(Butter)	20g
파슬리(Parsley)	3g
달걀(Egg)	1ea
소금(Salt), 후추(Pepper)	pinch

Saffron Cream Sauce 샤프란 크림소스

1. 자루냄비에 버터를 두르고 작은 양파 샬롯을 투명하게 볶아준다.
2. 드라이 쉐리 와인, 화이트와인을 넣어 1/2정도 조린 후 생선스톡 넣고 1/3정도 조린다.
3. 생크림과 사프란을 넣고 은근히 우려내며 1/3정도 조린다.
4. 소스의 농도를 확인하고 색을 노랗게 내어 소금 · 후추로 간을 하고 고운 체에 걸러서 마무리한다.

버터 10g, 다진샬롯 20g, 드라이 쉐리 와인 20mL, 화이트와인 30mL, 생선스톡 50mL, 샤프란 2g, 생크림 120mL, 소금 pinch, 백후추 pinch, 레몬즙 5mL

Fan-Fried Salmon with Tomato Sauce 연어구이와 토마토 소스

1. 연어를 손질해 소금 · 후추 하여 마리네이드(Marinade) 해 놓는다.
2. 양파, 파프리카를 다이스로 썰고 토마토는 콩카세를 만들고 케이퍼는 염분을 빼고 준비한다.
3. 후라이 펜에 연어를 갈색으로 구워 170℃오븐에서 완전히 익혀준다.
4. 루꼴라를 싱싱하게 준비해 놓는다.
5. 소스펜에 마늘 양파를 볶다가 2.의 재료를 합쳐 볶아주고 토마토 쿨리와 콩카세를 넣어 소스를 만든다.
6. 접시에 소스를 놓고 연어를 놓고 루꼴라 샐러드를 올려 주어 제공한다.

INGREDIENTS	W/MEASURES
연어(Salmon)	150g
토마토 소스(Tomato Sauce)	50g
노란파프리카(Yellow Paprika)	10g
주황파프리카(Orange Paprika)	10g
루콜라(Arugula)	20g
케이퍼(Caper)	15g
화이트와인 식초(White Wine Vinegar)	20mL
올리브오일(Olive Oil)	30mL
소금, 후추(Salt, Pepper)	pinch

토마토 소스

소스펜에 오일을 두르고 마늘, 양파 다진 것을 볶다가 양파, 파프리카 다이스, 토마토 콩카세, 케이퍼 넣어 조려준 뒤 농도가 걸쭉해지면 소금과 후추로 양념하여 완성한다.

Guazzetto di Dentice alla Marchigiana 마르께 지방의 도미 구아제또

1. 냄비에 올리브오일를 넣고 마늘, 양파, 파슬리 줄기를 볶다가 잘게 썬 도미뼈를 넣고 중불에서 볶는다.
2. 화이트와인을 넣어 알코올을 증발시키고 토마토 즙과 스톡을 넣고 30분간 익힌다.
3. 스톡이 약 300g정도 남으면 이 스톡을 고운 채로 곱게 거른다.
4. 팬에 올리브오일를 두르고 손질해 둔 채소들을 볶는다.
5. 볶은 채소 중 감자와 당근을 제외하고 모두 꺼내 접시에 둔다.
6. 팬에 남은 당근과 감자에 걸러둔 도미소스를 넣고 감자가 익을 때까지 익힌 다음 나머지 채소를 넣고 식초와 소금 · 후추를 첨가하여 간을 한다.
7. 소스의 농도가 걸쭉하지 않으면 약간의 버터와 밀가루 섞은 것을 넣어 농도를 맞춰 완성한다.
8. 다른 팬에 올리브오일를 넣고 도미를 노릇하게 양쪽으로 익힌다. 코팅팬에 도미 껍질을 하나씩 바삭하게 굽는다.
9. 접시에 소스를 먼저 놓고 위에 도미를 올리고 바질로 장식한다.

INGREDIENTS	W/MEASURES		
도미살(Seabream)	150g	도미뼈(Seabream Bone)	1whole
올리브오일(Olive Oil)	80mL	호박(Pumpkin)	1/2ea
양파(Onion)	20g	화이트와인(White Wine)	15mL
마늘(Garlic)	2cloves	아스파라거스(Asparagus)	1stem
감자(Potato)	50g	생선스톡(Fish Stock)	150mL
양파(Onion)	50g	바질(Basil)	1leaf
당근(Carrot)	30g	토마토(Tomato)	100g
이탈리아 파슬리(Parsley)	1stalk	화이트와인 식초(White Wine Vinegar)	15mL
파프리카(Paprika)	1/2ea	소금, 후추(Salt, Pepper)	5g

★ 토마토를 넣어 물기 있게 익힌 요리다. 구아제또를 간단히 설명하자면 생선이나 육류를 조리하는 매우 묽은 소스를 말한다. 개인의 취향에 따라 다양한 재료들이 들어 갈 수 있는데, 일반적으로 토마토는 넣지 않는다. 블랙 혹은 그린 올리브, 케이퍼 등의 재료들과 이탈리아 파슬리와 마늘로 맛을 더한 간단한 소스로 여기에 전통적으로 개구리와 생선(특히 염장 대구, 메기, 지방질이 많은 생선)을 요리한다.

★ '까르토치오(Cartoccio)'는 얇은 종이를 의미하며, 유지나 호일, 페이스트리 반죽 등을 이용해서 채소와 해물 등을 넣고 오일을 뿌려 싸서 구워 내는 요리형태를 말한다. 이러한 방법은 간접적으로 열을 받아 생선이나 해산물 요리의 수분이 증발되지 않도록 조리 하기 때문에 늘 촉촉한 상태의 요리를 만들 수 있다.

생선에 따라 향초나 포도주 등으로 마리네이드(Marinade)를 해놓거나 생선의 껍질 부위만 살짝 구워서 넣는 방법도 있다. 이러한 요리방법은 생선요리뿐 아니라 파스타 등 다양한 요리를 이용해 만들 수 있다.

Filetto Orata al Cartoccio 도미살로 만든 까르토치오

1. 오븐용 종이를 바닥에 깔고 가운데에 올리브오일를 잘 바른다.
2. 감자를 겹겹이 붙여 직사각 형태로 깔고 위에 소금을 뿌린다.
3. 양념한 도미살을 올리고 체리토마토를 생선 가장자리 부분에 놓는다.
4. 블랙올리브, 케이퍼 벨, 바질 슬라이스을 올린다.
5. 생선살 위에 화이트와인을 조금 뿌린다.
6. 종이 가장자리 달걀노른자를 바르고 터지지 않도록 잘 접어 덮은 후 양쪽을 작게 말아 올려준다.
7. 오븐팬에 종이 생선을 넣고 220~240℃ 온도에 10분 정도 굽는다.
8. 노릇하게 구워진 종이의 윗부분을 칼로 자르고 요리가 보이도록 열어 제공한다.

INGREDIENTS	W/MEASURES
오븐용 유산지(Oil Paper)	1piece
올리브오일(Olive Oil)	25mL
감자(중)(Potato)	1ea
생도미(Seabream)	150g
드라이한 화이트와인(White Wine)	20mL
체리토마토(Cherry Tomato)	4ea
바질(Basil)	10g
블랙올리브(Black Olive)	2ea
과일 케이퍼(Caper Fruit)	3ea
마조람(Majoram)	some
오리가노(Oregano)	some
달걀(Egg)	1ea

Herb Salt in Hulibut

향초 소금 옷을 입힌 광어 요리

1. 광어의 비늘을 벗기고, 소금으로 광어표면을 문질러 점액질을 제거한 후 지느러미를 잘라서 손질한다.
2. 다진 허브와 굵은 소금을 혼합해 준다. 2시간정도 향이 스며들도록 둔다.
3. 밀가루와 반죽해 준다. 달걀을 넣어 준다. 부드러운 반죽이 얻어질 정도로 물을 넣고 작업해 준다.
4. 내장을 비우고 손질된 광어의 속에 다임, 오레가노, 월계수 잎1/2장을 넣어 준다.
5. 사각팬에 호일을 깔고 그 위에 반죽의 절반을 놓고 그 위에 광어를 올리고 달걀물을 반죽가장자리에 발라주고 나머지절반의 반죽을 덮어 칼 등으로 꼭꼭 눌러준 다음 광어모양으로 다듬어준다.
6. 반죽의 표면에 붓을 이용하여 달걀노른자를 발라 주고 170℃로 예열된 오븐에서 25분 정도 조리 한다.

key points

1. 반죽을 덮어 씌우기 전에 광어 표면의 점액질을 깨끗이 닦아 주어야 반죽이 잘 밀착된다.
2. 소스를 만들 때 끓이는 것이 아니라 이중탕으로 살짝 데우는 형태 이어야한다. 또 한 맛을 보고 올리브오일과 물의 량을 조절하여 농도를 춘다.

INGREDIENTS	W/MEASURES
광어(Halibut)	1whole(700g)
천일염(Salt)	500g
밀가루(Flour)	500g
다진 허브(다임, 월계수, 오레가노, 신선한 이탈리아 파슬리)(Herb Chop)	20g
달걀노른자(Egg Yolk)	5ea
달걀(Egg)	6ea
다임(Thyme)	2stalks
월계수(Bay Leaf)	1leaf
신선한 오레가노(Fresh Oregano)	2stalks

동반 소스 용

토마토 콩까세	20g
작은 케이퍼	6ea
신선한 오레가노 잎	6leaves
올리브오일	10mL
물	100mL
토마토 즙	30mL
블랙 올리브	3ea
오렌지	1whole

Steak with Swordfish 황새치 스테이크

1. 토마토를 블랜칭하여 살을 분리하여 콩까세한다.
2. 건포도를 물에 담구어 부드럽게 해 놓는다.
3. 황새치를 물에 씻어 녹여놓는다.
4. 샐러리와 양파는 작은 주사위(Small Dice : 3mm×3mm×3mm)로 썰어놓고 그린올리브는 손톱크기로 4쪽 설어 놓는다.
5. 얇은 소스팬에 올리브오일 두르고 마늘 다진 것 볶다가 양파, 샐러리 넣어 볶아주고 건포도, 잣, 케이퍼, 올리브,토마토 순서로 넣어주며 서서히 조리하여 소스를 완성한다.
6. 황새치를 소금과 후추로 양념 후 밀가루 묻혀 후라이팬에 색깔 내어 오븐에 익혀준다.
7. 접시에 황새치 스테이크를 중앙에 놓고 주위에 소스를 뿌려주고 완성한다.

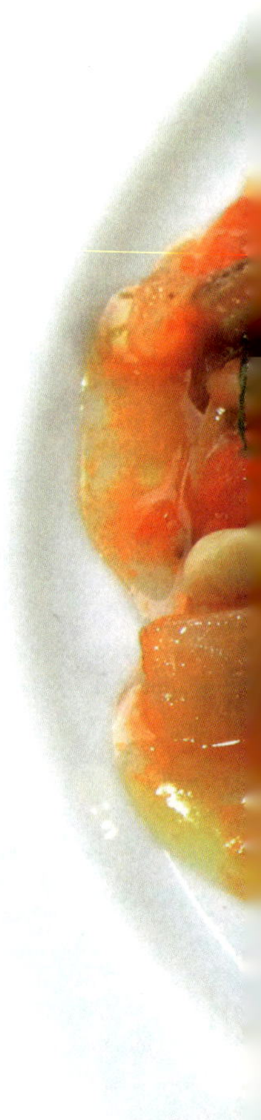

INGREDIENTS	W/MEASURES
황새치(Swordfish)	200g
건포도(Raisin)	50g
토마토(Tomato)	150g
마늘(Garlic)	30g
잣(Pine Nut)	30g
그린올리브(Geen Olive)	1ea
양파(Onion)	30g
샐러리(Celery)	30g
밀가루(Wheat Flour)	20g
소금, 후추(Salt, Pepper)	pinch

★ 생선스톡을 끓일 때 물 대신 얼음을 사용한 것은 열이 밑에 부분부터 서서히 전달되어 생선 뼈의 신선함과 안전성을 좀 더 보장할 수 있다.

Pan Fried Seabream and Risotto with Tomato Sauce

리소토를 곁들인 농어 요리

1. 농어를 손질하여 필렛하고 뼈는 찬물에 담구워 핏물을 제거한다.
2. 소스 폿에 1의 생선뼈, 양파, 샬롯, 레몬과 미르포아를 넣고 얼음을 넣고, 은근하게 40분 정도 끓여 걸러 놓는다.
3. 펜에 올리브오일 넣고 쌀을 볶다가 화이트와인 돌려주고 생선스톡을 넣어가며 리소토를 조리하다가 버터와 파르메산 치즈가루를 넣어 크림화 한다.
4. 소스펜에 홍고추, 마늘 오일을 뽑아 토마토 콩까세를 넣어 은근히 익히고 소스가 완성되면 소금 · 후추 하여 간을 맞춘다.
5. 필렛한 농어를 레몬주스, 소금 · 후추 하여 밀가루 입힌 후 펜에 색깔 낸 다음 140℃ 오븐에 15분 조리한다.
6. 접시에 리소토를 깔고 생선 올리고 생선 주위에 소스를 동그랗게 뿌려주고 장식한다.

INGREDIENTS	W/MEASURES
농어(Sea Bass)	200g
토마토(Tomato)	200g
쌀(Rice)	50g
당근(Carrot)	30g
양파(Onion)	30g
샐러리(Celery)	30g
마늘(Garlic)	1clove
홍고추(Red Hot Pepper)	1ea
버터(Butter)	20g
통후추(Whole Black Pepper)	15g
레몬(Lemon)	1ea
올리브오일(Olive Oil)	30mL
화이트 와인(White Wine Vinegar)	30mL
소금, 후추(Salt, Pepper)	pinch

7. 육류의 조리(Meat Cooking)

7-1. 육류의 이해

서양요리에서 가장 중요한 주요리(Main dish)라 불리우는 육류는 보통 쇠고기, 양고기, 돼지고기, 송아지가 대표적으로 사용되고 있고 가금류 및 엽수류를 요리에 사용되고 있다.

육류는 크게 적색육류와 백색육류로 나누어지는데 적색육류는 쇠고기가 대표적이며 말이나 사슴같은 육류도 요리에 사용되어지고 있다. 백색육류로는 송아지, 돼지고기, 가금류 등이 사용되고 있다.

육류의 구성성분은 약 2/3이상이 수분이고 나머지는 단백질로 이루어져 있으며 지방, 탄수화물, 비타민, 미네랄 등의 영양성분을 함유하고 있다.

육류의 가식부는 보통 35% 정도이다. 가식부는 주로 근육질인 골격 및 심근 등을 구성하는 횡문근, 그리고 소화관 등의 내장벽을 구성하는 평활근을 포함한 살코기를 말하지만 내장을 비롯한 혀, 꼬리, 머리 같은 부위를 포함한다. 가축의 종류, 성별, 연령, 사양조건, 영양상태, 건강상태 등에 따라 차이가 있으며 같은 도체 내에서도 부위에 따라 차이가 있다.

또한 부위별, 사용용도에 따라 조리방법이 달라진다. 운동량이 적어 부드러운 안심, 등심부위는 스테이크, 운동량이 많아 질간 사태, 양지부위는 습열요리, 그 밖에 부위는 사용용도에 따라 다양한 조리법으로 사용된다.

[표 7-1]

대분할	소분할	특 징	요리별용도
목심 (Chuck Roll)	목심살 뭉치살	목부분은 자주 운동하는 부위이기 때문에 고기 결이 곱고 전체적으로 근막이 많아 같은 목심이라도 자르는 방법과 위치에 따라 육의 부드러움이 다르다.	스테이크 로스구이 불고기
안심 (Tenderloin)	윗등심살 아랫등심살 꽃등심살 살치살	거의 움직임이 없는 부위이기 때문에 결이 비단과 같이곱고 부드러우며, 지방이 거의 없고 육즙이 많은 것이 특징이며 육의 변색이 빠른점을 주의해야 한다.	스테이크 로스구이
등심 (SpencerRoll)		고기 결이 곱고 가장 뛰어난 육질을 가지고 있다. 지방을 적당히 포함하고 있기 때문에 풍미가 좋아 스테이크용으로 최적이다.	스테이크 로스구이 불고기

채끝등심 (Strip Loin)		단면적이 크고 일정하며 고기결이 부드러운 것이 특징으로 외국에서는 스테이크의 대명사로 안심에 버금가는 최고 부위로 일컬어 진다.	스테이크 로스구이
앞다리 (Blade)	꾸리살 부채살	운동할 때 자주 사용되는 근육부분이 모여있기 때문에 근육이 질기고 육색이 약간 짙으며 거의 살코기로 지방교잡이 되기 어려운 부위이다.	샤브샤브 탕 · 구이 불고기
우둔 (Topside)		둥근 모양의 살덩어리로 이루어져 있으며 고기의 결이 약간 굵은편이나 근육막이 적어 연한편이다.	산적 장조림
설도 (Knuckle)	보섭살 도가니살 설깃살	살코기만으로 이루어져 있으며 풍미가 뛰어나다. 우둔 아래 동그란 모양을 하고 있다. 뒷다리 중 운동하는 근육이 많이 모여있다.	장조림 불고기 샤브샤브
양지 (Brisket)	치마살 차돌박이	삼겹살과 마찬가지로 지방과 적육이 겹겹이 층을 이루고 있는 것이 특징. 섬유질과 근막이 많고 고기결도 조금 거칠다.	구이 국거리 탕
사태 (Shin Shank)	아롱사태 뭉치사태	다리의 장단지 부위로 근막이 많아 부위 전체가 단단한 것이 특징이며, 육을 절단하면 꽃잎 모양을 이루고있다.	찜 · 탕
갈비 (Short Rib)		옆구리 늑골을 감싸고 있는 부위, 늑골은 13대이며 육질은 근육조직과 지방조직이 3중으로 형성되어 있어 갈비 특유의 맛이 있다.	구이 찜 · 탕

구매해야 하는 육류와 가금류 그리고 엽수류 등을 손질하는 방법은 영업 성격에 따라 달라진다. 특히 그릴이나 소테 항목을 주로 하는 일품요리 준비를 하는 레스토랑에서는 매우 연하고 비싼 부위를 구매해야 한다.

육류는 매우 다양한 형태로 구매할 수 있으며, 요리하기 위한 여러 가지 준비정도에 따라 구매할 수 있다. 요리사는 구매할 육류의 종류를 결정할 때 여러 가지 요소를 고려해야 한다. 저장 용량, 메뉴 항목을 준비하는 데 필요한 장비, 큰 부위의 육류를 도살하거나 가공하는 주방 직원, 그리고 필요한 육류의 크기정도 등이 반드시 고려되어야 하는 필수 사항들이다. 일단 이러한 정보가 측정되면 육류의 큰 부분을 구매하는 것이 더 경제적인지 정선, 가공된 육류를 구매하는 것이 더 경제적인지의 여부를 결정한다.

좋은 육류 구입 하는 요령을 살펴보면

① 색이 선명하며 고기결이 윤택하고 눌러봐서 탄력성이 좋으면 신선한 고기이다.

② 지방교잡(Mabling)이 좋고 결체조직이 적으며 손으로 찢기 쉬우면 부드러운 고기이다.

③ 생육 상태에는 풀 비린내가 적으며 조리 시 구수한 휘발성 냄새를 가지는 고기가 좋다.

④ 가공 포장 육류는 전혀 손상된 부분이 없어야 한다.

7-2. 쇠고기

1) 쇠고기의 품종

[표 7-2

품명	원산지	체중
헤어포드	영국 헤어포드 지방	암소:600kg 수소:900kg
	영국의 산업혁명 당시 풀을 먹여 수익을 많이 올릴 수 있는 소로 개량하여 현재는 대표적인 고기소이다. 털색은 적갈색과 흰색의 얼룩무늬, 체구가 작고 다리가 짧아 키가 작고 등이 넓고 곧으며 후구가 잘 발달되어 이상적인 고기소이다. 성장이 빠르며 비육이 잘되고 육질이 우수하다. 성숙이 늦어 16~20개월경에 번식한다.	
애버딘 앵거스	영국 스코틀랜드 지방	암소:500kg 수소:800kg
	추위에 잘 견디며 방목생활에 잘 적응하며 육질이 우수하고 풍미가 좋으며 뿔이 없다. 성숙이 늦어 16개월령에 번식한다.	
샤로레	프랑스 동부의 샤로레 지방	암소:700kg 수소:1100~1200kg
	털 색깔은 크림백색의 단색이고 뿔은 밝은 색이며 이마의 털이 곱슬곱슬하고 체구가 큰 편이며 특히 후구쪽 근육이 잘 발달되었다.	
심멘탈	스위스 서부의 심멘탈 지방	암소:750~800kg 수:1000~1200kg
	털색은 황갈색 또는 적갈색이지만 머리와 다리 등이 흰색이며 뿔이 있다. 체구가 나라와 지역에 따라서 변이가 크며 유육 겸용종이라고도 하지만 유육 비율도 크게 다르다.	
리무진	프랑스	암소:650~700kg 수:1000~1200kg
	털 색깔은 단일의 황색, 입근처와 눈언저리 부위는 분홍빛이며 한우와 외모가 비슷하다. 샤로레와 마찬가지로 후구의 발달이 좋다.	
기타	우리나라의 한우와 요즘 들어 선호도가 높은 와규품종의 쇠고기가 있다.	

2) 쇠고기의 주요 부위

우둔(Round)

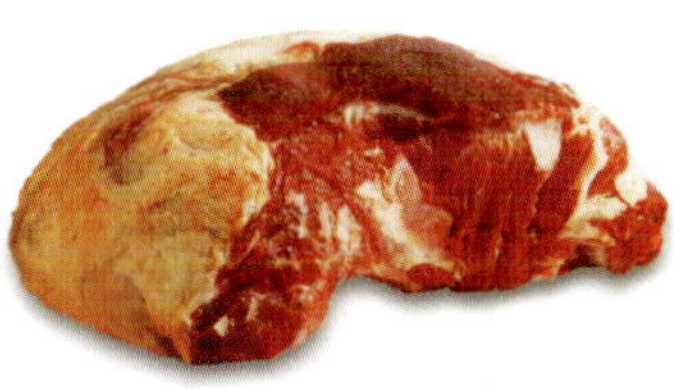

Topside 우둔상

음낭선과 지방 덩어리가 부착된 우둔상 부위

우둔(Round)

Inside 우둔상

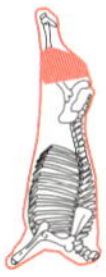

뼈가 포함된 우둔에서 발췌되는 세가지 부위 가운데 인사이드(Inside) 혹은 미디얼 파트(medial part; 가운데 부위)라고 불린다. 대퇴골 라인을 따라 커팅하면 설도하(knuckle)와 우둔하(outside round)에서 분리

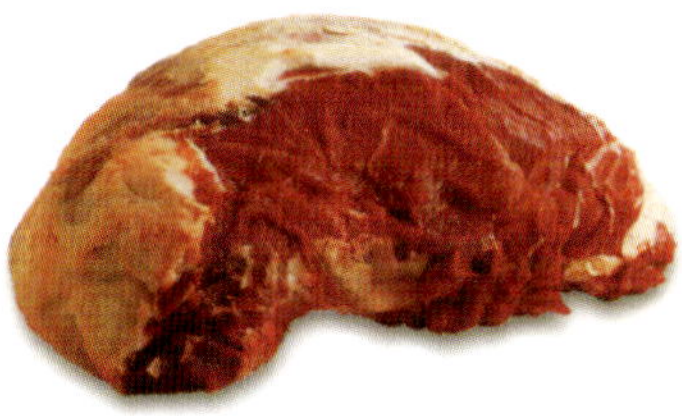

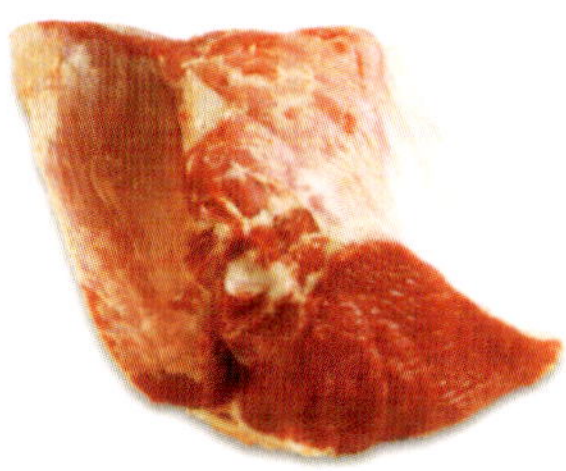

Outside 우둔하

아웃사이드(Outside) 혹은 바텀 라운드(bottom round)로 불리는 이 부위는 우둔상(Inside)의 다른 한쪽이다. 좌골(Aitch bone)의 발뒷꿈치부위(Heel meat), 오금선(Popliteal gland), 연골 등은 제거된다.

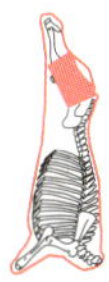

Flat 우둔살

소의 엉덩이 안쪽에 위치한 내향근과 반막모양근.
붉은 살코기이며 지방이 없고 부드러우며 담백하여 육회나 조미육으로 사용한다.

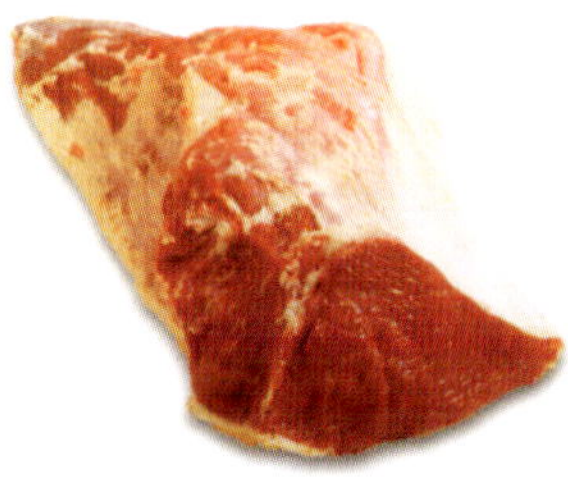

Thick flank 설도이

뼈가 포함된 우둔(Round)에서 우둔상(Inside)과 우둔하(Outside)를 제거하고 남은 부위

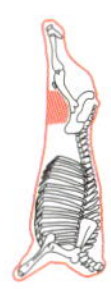

Knuckle 도가니살

설도하(Thick flank)에서 립(Lip)과 캡(Cap) 그리고 지방덩어리를 제거한 부위

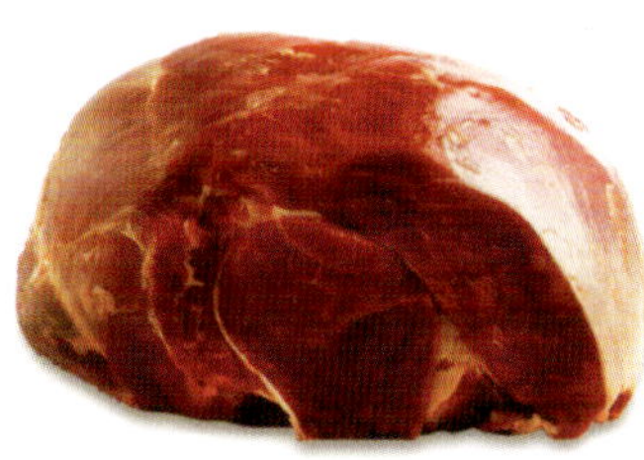

우둔(Round)

Eye round 홍두깨살

우둔하(outside)에서 우둔살(Flat)을 떼어 낸 길다란 아이(Eye) 전체 부위

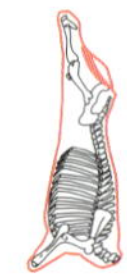

설도상(Botton round)

Sirloin Butt 설도상

뼈를 포함한 설도(Rump)에서 뼈를 완전히 제거해낸 부위

D-Rump D형 설도

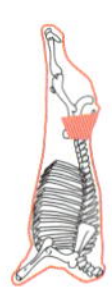

설도상의 두꺼운 탑 아이부분으로 써로인의 아래쪽에서 자연경계면을 따라 분리

Roastbiff 로스트비프

D형 설도에서 자연경계면을 따라서 캡과 표피 지방층을 제거한 부위

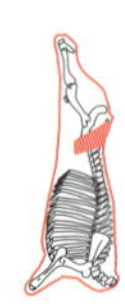

Eye of Rump 럼프 아이

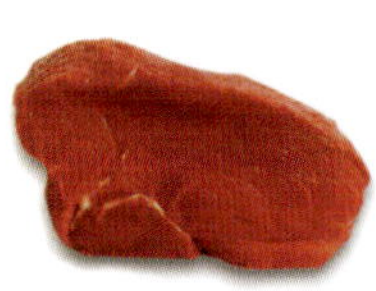

Rump Centre 럼프 센터

Rump Cap 럼프 캡

설도상(Botton round)

Tritip 트라이팁

D형 설도에서 경계면을 따라 분리해 낸 뒤 내부표면의 두꺼운 지방을 제거한 부위

등심(Loin)

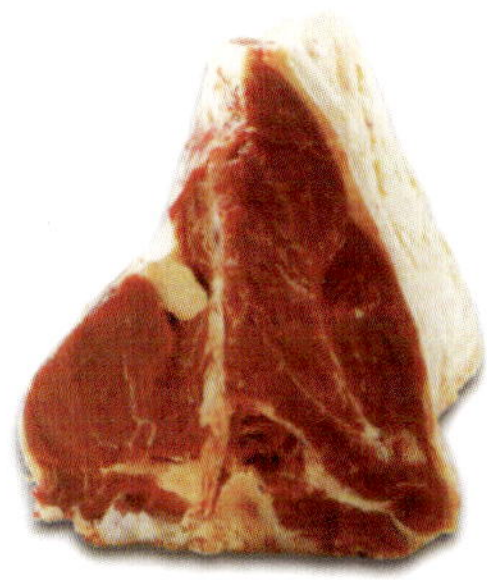

Shortloin 티본등심

핀본(Pin bone)지점의 설도(Rump)와 로인(Loin)에서 분리되어 나오는 부위로 대개 한 개의 갈비뼈를 포함하고 있지만 갈비뼈 세개짜리로 가공할 수도 있다.

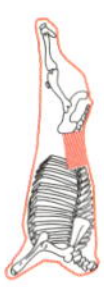

Shell-loin 쉘-로인

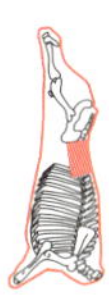

안심을 떼어낸 티본등심 부위로 편평하게 잘린 등뼈와 갈비뼈를 포함하고 있다.

Striploin 채끝등심

티본등심에서 안심과 뼈를 제거하고 남은 부위

Tenderloin 안심

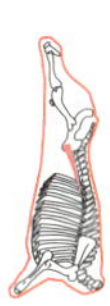

갈비 안쪽 채끝에 붙은 연하고 부드러운 살

양지(Brisket & Flank)

Brisket Point end 차돌양지

전사분체에서 1번 갈비뼈와 1번 가슴뼈의 연결부위를 11번 갈비뼈에 있는 횡격막의 반대쪽까지 직선으로 커팅하여 발췌한 부분

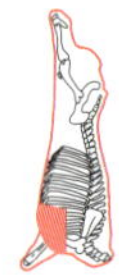

Brisket Navel end 앞양지

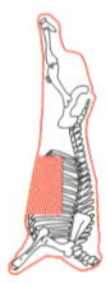

5번 갈비뼈에서 차돌양지를 제거한 부위

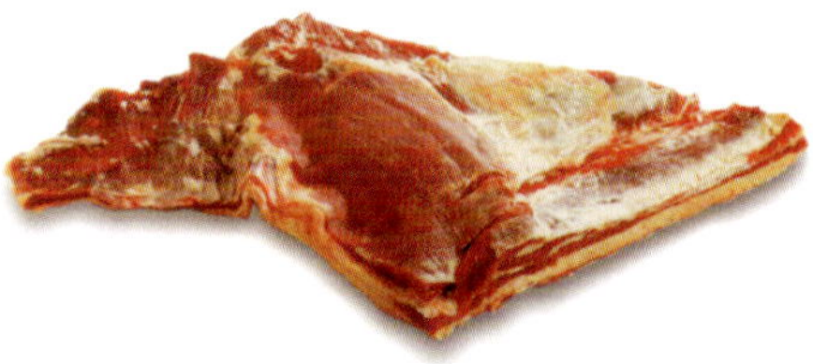

Thin flank 치마양지

설도(Rump)와 로인(Loin)에서 발췌된 부위

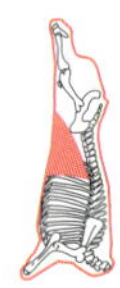

Flank steak 양지 스테이크

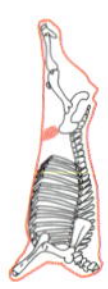

플랭크(Flank)의 끝부분에 있는 편평한 타원형의 부위

Thin skirt 안창살

후사분체의 복벽(腹壁)의 안쪽에 있는 얇은 횡격막부위

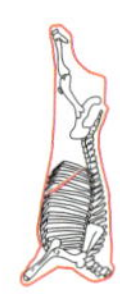

Internal flank plate 인터널 플랭크 플레이트

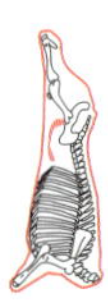

치마양지(Thin flank)에서 발췌되는 부위로 배속 경사근의 가장 두꺼운 부분

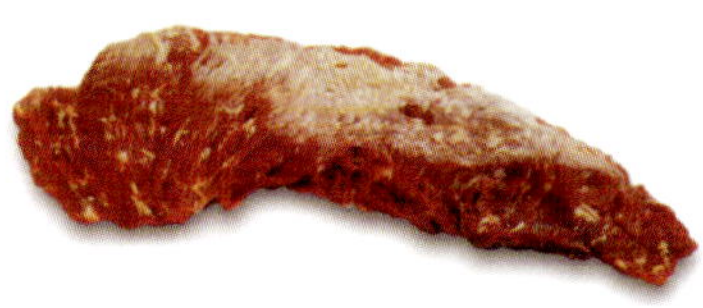

갈비(Ribs)

갈비 세트 (Ribs set)

전사분체의 갈비부분으로 5번과 6번 갈비뼈를 사이를 잘라서 목심(Chuck) 과 분리된 부위

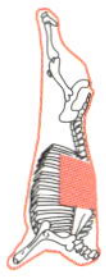

Spencer Roll 갈비등심

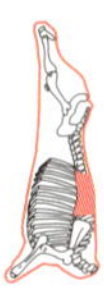

갈비세트에서 갈비뼈의 윤곽을 따라 잘라낸 부위

Cube roll/Ribeye roll 갈비심/알등심

갈비심 또는 알등심은 5번과 12번 갈비뼈 사이에 있는 등뼈에 부착된 근육 또는 식육의 아이(Eye) 부분

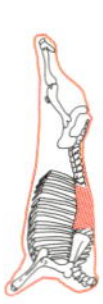

Short ribs 갈비

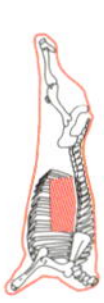

갈비세트에서 등심과 갈비심을 뺀 날개뼈 부위

목심과 앞다리(Chuck & Blade)

Square cut chuck 목심 사각절단

전사분체의 목에서부터 6번 갈비뼈에 이르는 부위

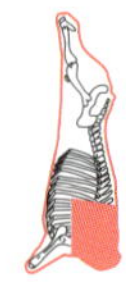

Chuck roll 목심

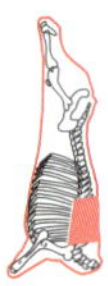

5번 갈비뼈에서 차돌양지를 제거한 부위

Chuck tender 꾸리살

꾸리살 또는 블레이드 롤(Blade roll)이라 불리며 앞다리 옆에 있는 둥근 부위이지만 부채뼈(Blade bone)의 등줄기에서 발췌된 부분

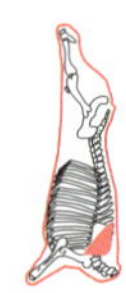

Neck 목

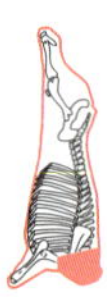

목심(Chuck) 전체부위에서 목심(Chuck roll)을 떼어내고 남은 부분

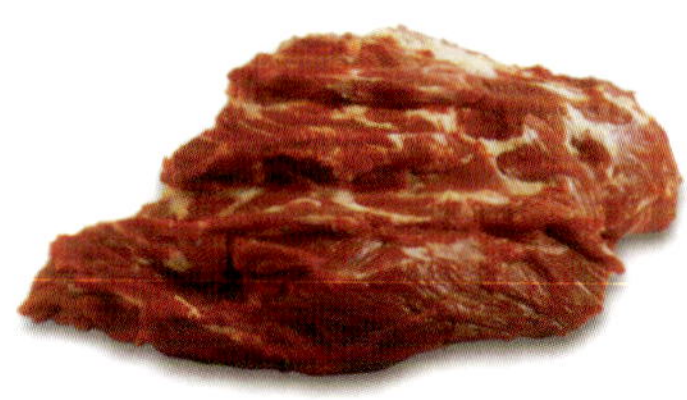

Rope meat 재비추리

경추골과 흉추골 사이에 있는 길다란 모양의 부위

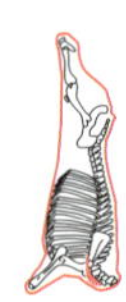

Blade/Clod 앞다리

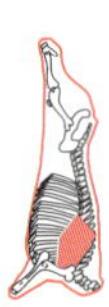

앞다리는 부채뼈(Blade bone) 바깥쪽의 앞사태(Foreshank) 연결부위에서 부채뼈 연골 끝까지 해당되는 커다란 덩어리 부위

3) 쇠고기의 등급

등급의 구분은 품질등급과 수육등급으로 나누어진다. 품질등급은 지방교잡도, 성숙도, 육색, 근육의 탄력도 등을 보며 수율등급은 지방두께, 갈비심단백질, 체강내지방, 온도 체추량 등으로 구분한다.

[표 7-3]

등급	장소	특징
Prime	Hotel, 고급식당	최상급, 육질은 맛과 육즙이 좋은 그물 조직으로 되어 있고 마블링(Marbling) 좋아 성숙시키기 적합
Choice	고급식당, 백화점	육질이 연하고 육즙이 많고 그물조직을 이루나 마블링에서 prime보다 떨어진다.
Select	시장, 레스토랑	경제적이나 지방함량이 적어 조리 후 수축이 덜 된다.
Standard	시장, 일반 레스토랑	살코기의 비율이 높고 지방량이 적다.
Commercial	시장, 일반 레스토랑	성숙한 동물에서 생산, 맛은 있지만 질기기 때문에 천천히 오래 요리하는 것이 좋다.
Utility	시장, 일반 레스토랑	
Cutter	시장, 일반 레스토랑	맛은 위의 등급보다 떨어지나 경제적이고 영양적 규모적으로 유리하고 육가공, 제조에 유리하며 갈아서 사용하기에 적합하다.
Canner	시장, 일반 레스토랑	

4) Butcher의 개요

모든 육류의 구매, 품질 검수 및 육류의부위 별 정선하여 각 레스토랑에 공급하며 햄, 소시지 등의 육가공 제품을 생산한다.

비교적 고가품을 대량으로 취급하므로 적정 재고량을 유지, 선입선출에 의한 입출고 및 정확한 생산관리를 하여야 하며 조리업무에 종사하는 자는 반드시 거쳐야 할 핵심 부서다.

(1) 육류의 선도관리

① 원료육 입고 및 재고관리 기술

냉장고 0℃, 냉동고 -20℃로 항상 온도를 선정한다. 정확한 발주와 재고관리로 적정 재고(1.5~2.5일분)량과 상품회전율을 설정하고 재고상품 소진에 대한 대책을 마련하여 항상 재고정리를 한다.

② 상품화 공정의 선도관리 및 유지

작업환경 및 작업원에 대한 위생관리 철저, 원료육은 외부공기와 차단 신속하게 상품화한다. 가공 후 곧바로 냉각시켜(0℃) 포장한다.

③ 가공실의 청결유지

가공용 비품 기구는 항상 세정, 소독하여 제자리 보관한다.

(2) 저장

육류, 가금류 그리고 엽수류 등은 느슨하게 포장을 해서 냉동 보관해야 하고, 가능하다면 각 단위별로 저장하거나 각각 분리된 칸에 저장해야 한다. 그리고 다른 음식물이나 바닥에 액체가 떨어지지 않도록 반드시 선반 위에 놓아야 한다.

요리사는 반드시 종류별로 육류를 분리해야 하는데, 예를 들어 가금류 같은 경우 쇠고기나 돼지고기 같은 육류와 함께 두어서는 안 된다.

플라스틱 포장 방법인 압착필림 포장으로 포장된 육류는 못쓰게 되지 않는 한 압착필림 포장으로 바로 저장될 수 있다. 밀폐된 용기는 음식물 부패나 오염을 유발할 수 있는 박테리아의 증식을 활성화시킬 수 있기 때문에 일단 포장을 풀게 되면 육류는 부쳐 종이 같은 공기가 투과되는 종이로 다시 포장해야 한다. 다양한 육류와 가금류 그리고 가공처리되지 않은 돼지고기류는 오랫동안 보관할 수 없기 때문에 가능한 한 회수되는 즉시 조리해야 한다. 적정 온도와 최상의 조건이 아닌 상태에서 저장되는 육류는 별다른 품질의 저하 없이 일주일 정도 보관이 가능하다.

5) 지육의 분할 원리

지육골격도

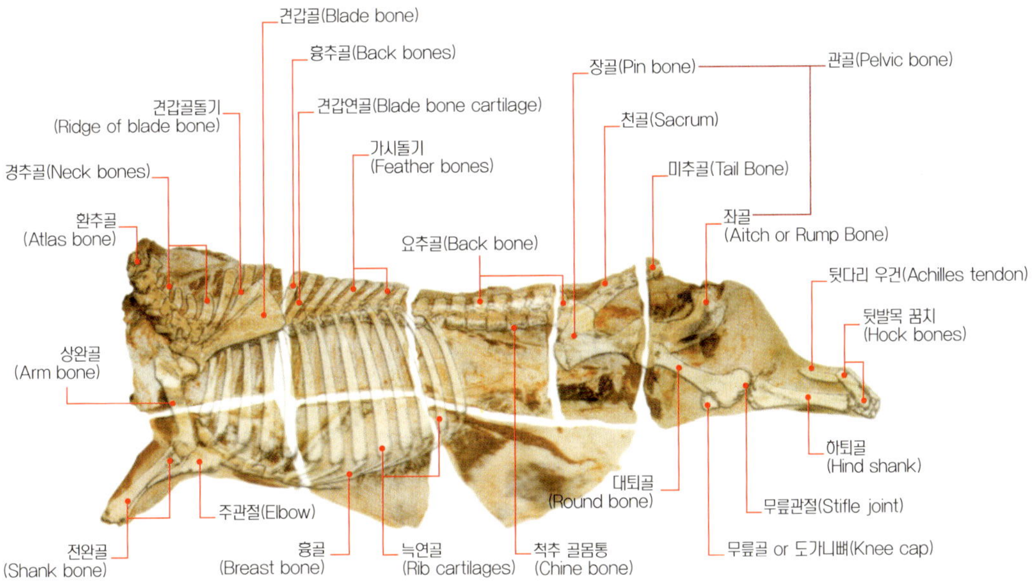

① 도축장에서 소 도축 후 방혈이 이루어지면 소머리와 우족을 제거한다. 박피를 행하고 내장을 적출하여 소지육이 생산된다. 토시살과 꼬리는 도축장에서 분리가 된다. 신장은 지육에서 분리되기도 하고 남아있기도 한다.

② 지육을 이등분하여 이분체(Half carcass)를 만든다.

③ 이분체를 전사분체(Front quarter)와 후사분체(Hind quarter)로 분리 절단한다. 전사분체와 후사분체의 경계선은 등급판정이 이루어지는 12번째 늑골 아래다. 호주의 경우는 9번째 늑골 밑이 경계선이 되고 한국의 경우에는 13번째 늑골 밑이 경계선이 된다.

④ 후사분체를 우둔, 로인, 플랭크의 대분할 부위로 절단한다.

⑤ 전사분체를 뒷가슴, 갈비, 목심, 앞가슴과 앞 사태로 분리 절단한다.

⑥ 대분할육을 작은 부위별로 세분하여 소분할육을 만든다.

지육대분할

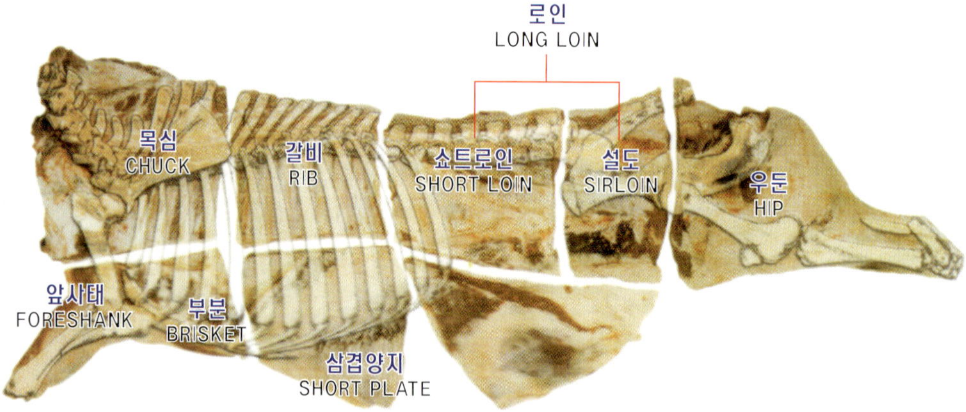

6) 지육의 구성

[표 7-4]

	각 대분할 부위	뼈포함중량	구성비
각 대분할 부위 뼈포함무개	Hip(우둔)	39.0kg	12%
	Sirloin(설도)	11.3kg	4%
	Shortloin(쇼트로인)	35.4kg	11%
	Rib(갈비)	24.0kg	7%
	Chuck(목심)	50.8kg	16%
	Flank(플랭크)	1.8kg	1%
	Plate(뒷가슴)	16.3kg	5%
	Brisket(앞가슴)	11.3kg	4%
	Shank(앞사태)	4.1kg	1%
	대분할 부위 총량	194kg	60%
	분쇄육, 스튜용 고기	48.1kg	15%
	비식용 부산물, 등지방, 잡뼈, 기타 유실부분, 추가 적근육감량	87.7kg	25%
	총 량	323kg	100%

※ 대분할육 용도와 소분할 작업 시 고려사항

[표 7-5]

<table>
<tr><th colspan="2">대 분할육</th><th>용도</th><th>소분할 작업시 수율손실</th></tr>
<tr><td colspan="2">갈비</td><td>로스트용 프라임 립, 갈비 스테이크, 꽃등심 스테이크 등으로 분할 절단된다.</td><td>지방 포함 정도에 따라10~20%</td></tr>
<tr><td colspan="2">목심</td><td>Blade roast, Cross rib roast, Tip blade roast 등의 부위로 분할이 된다. 대부분 대분할목심으로 스테이크나 로스트용 부위보다는 분쇄육용으로 더 선호하는 편이다.</td><td>10~25%</td></tr>
<tr><td colspan="2">앞가슴</td><td>연한 부위가 아니기 때문에 훈제용 쇠고기로 많이 사용 된다.</td><td></td></tr>
<tr><td colspan="2">앞 사태</td><td>연하지 않고 결합조직을 많이 포함하고 있기 때문에 주로 분쇄육으로 쓰인다. 일부 사람들은 스튜용이나 기타 토속음식을 만드는데 사용한다.</td><td></td></tr>
<tr><td colspan="2">뒷가슴</td><td>뱃살이며 돼지의 경우에는 베이컨에 해당된다. 이 부위는 지방층이 풍부하기 때문에 주로 분쇄육으로 쓰인다. 일부 사람들은 훈제하여 쇠고기 베이컨을 만들기도 한다.</td><td></td></tr>
<tr><td colspan="2">우둔</td><td>보통 분할 절단하여 우둔 로스트, 홍두깨살 로스트, 우둔상 로스트와 스테이크, 우둔하 로스트와 스테이크, 도가니살 로스트와 스테이크 등의 부위를 만들어 낸다. 일부 사람들은 덜 연한 부위들을 분쇄육으로 사용하기도 한다.</td><td>뼈 제거작업으로 인해 15~30%에 이른다.</td></tr>
<tr><td rowspan="2">로인</td><td>쇼트로인</td><td>안심과 채끝등심 스테이크 및 T-bone 스테이크, 윙 스테이크 등을 만들 때 사용 한다.</td><td>뼈 포함여부에 따라 10~20%에 이른다.</td></tr>
<tr><td>설도</td><td>주로 설도 스테이크를 만드는데 사용된다.</td><td>뼈가 이미 제거된 상태에 있기에 수율 손실이 적은 편이다. 스테이크를 만드는 경우 약 10%</td></tr>
<tr><td colspan="2">플랭크</td><td>분쇄육으로 사용되기도 하고 스테이크용으로 사용되기도 하고 양념에 절여서 구이용으로 사용하기도 한다.</td><td>5% 이하</td></tr>
</table>

5) 쇠고기 분할육 용어 대조표

[표 7-6]

한국		미국, 캐나다	호주, 뉴질랜드
대분할	소분할	Tenderloin	Tenderloin
안심	안심살	Butt	Butt
등심	윗등심살	Tenderloin	Tenderloin
	아래등심살	Chuck roll	Spencer roll
	꽃등심살	Rib, Roast ready	Cube roll
	살치살	Chuck flap tail	Flap meat
채끝	채끝살	Strip loin	Strip loin
목심	목심살	Neck meat	Neck meat
앞다리	꾸리살	Chuck tender	Chuck tender
	부채살	Top blade muscle	Blade or Cold
	앞다리살	–	–
	갈비덧살	–	–
우둔	우둔살	(Inside round) Top round	Inside round Topside round
	홍두깨살	Eye of round	Eye–round
설도	보섭살	Top sirloin butt	Rump(D–rump)
	설깃살	Out side flat	Silverside(Outside flat)
	도가니살	Knuckle	Thick flank, Knuckle
양지	양지머리	Brisket	Chuck meat, Neck meat
	업진살		Brisket navel end, Skirt M
	차돌백이	Brisket(Deckle)	Brisket point end
	치마살	Inside skirt	External & Internal skirts 등
사태	앞사태	Fore shank(Boneless)	Fore–shin & Shank
	뒷사태	Hind–shank(Boneless)	Hind–shin & Shank
	뭉치사태	Heel muscle	Heel muscle
	아롱사태	Digital muscle	Center heel muscle
갈비	갈비	Bone–in rib (Short, Spare back, Chuck short)	Bone–in rib (Short, Spare back, Chuck short)
	마구리	Back rib & Brisket bone	Back rib & Brisket bone
	안창살	Outside skirt	Thin skirt
	토시살	Hanging tender	Thick skirt
	제비추리	Rope meat	Neck chain

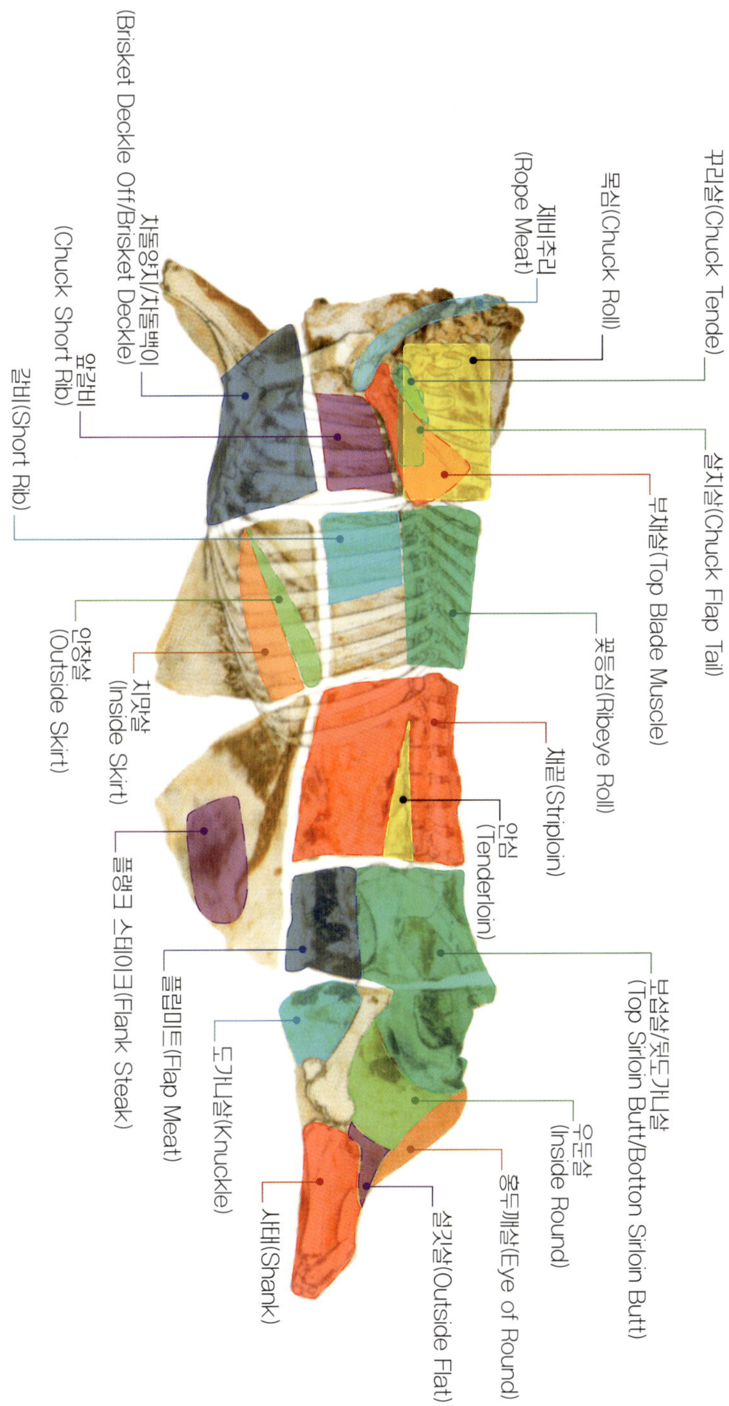

소분할육의 지육상에서의 위치도

7-3. 안심의 분류

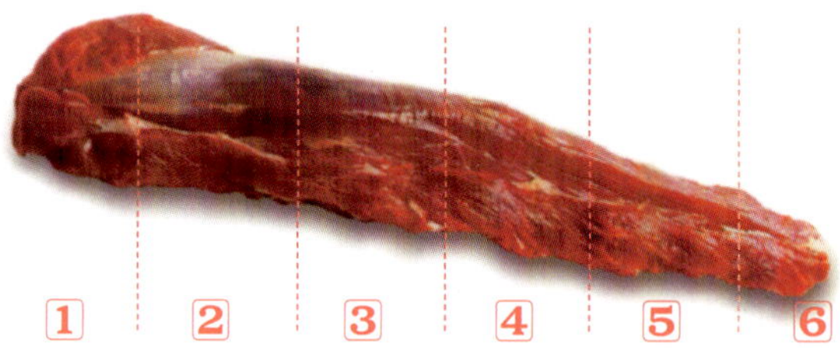

1 Head
2 Chateaubriand
3 Filet steak
4 Tournedos
5 Filet mignon
6 Filet tip

※ French 분류와 American 분류 두 가지가 대표적이며 French에서는 1을 Chateaubriand으로, American 분류에서는 2를 Chateaubriand으로 분류하고 있다.

1) 안심 손질법

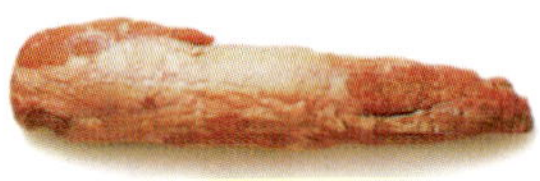

1. 처리하기 전의 안심

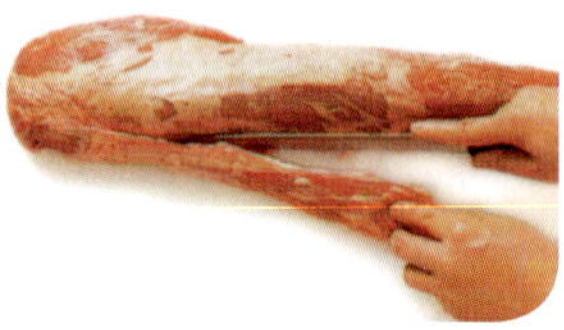

2. 측면 부위를 떼어낸다.

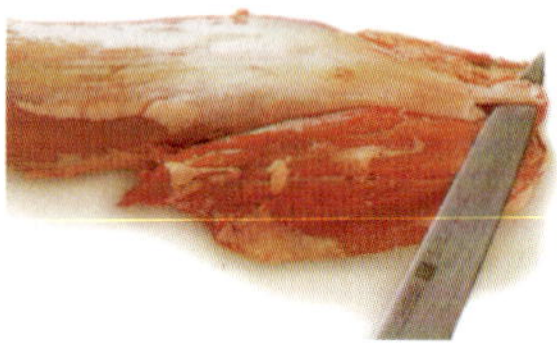

3. 윗부분의 힘을 끊어 놓는다.

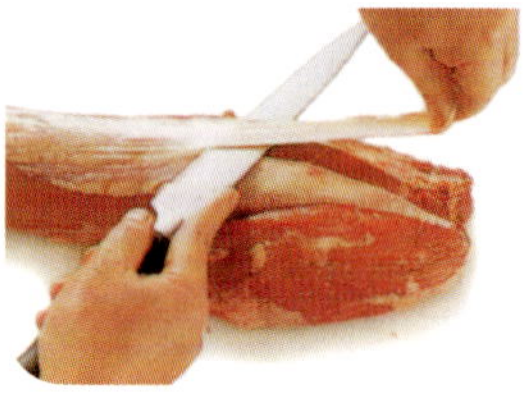

4. 윗부분의 힘줄을 제거한다.

5. 완전히 손질된 안심

7-4. 육류의 조리

1) 육류의 조리, 목적

① 맛과 색깔, 향을 가미하거나 향상시키기 위하여

② 입맛과 식욕을 돋우기 위하여

③ 연하게 만들기 위하여

④ 소화를 쉽게 하기 위하여

⑤ 식품안전을 위하여(손질 과정에서 생길 수 있는 각종 박테리아 살균)

2) 조리 중 육류의 변화

육류는 동물을 도살한 후 장시간 보존하여 숙성시키므로 미생물이 부착되기 쉽다. 그래서 생고기로 먹는 일은 드물고 가열조리를 하여 먹는다. 가열에 따라 고기의 단백질은 변성되고 고기의 색, 텍스처, 맛, 육즙의 용출 등의 변화가 일어난다.

① 색의 변화

고기를 가열하면 일반적으로 그 색이 변하여 회갈색을 띠게 된다. 이것은 열에 의하여 미오글로빈을 구성하는 글로빈 단백질이 변성되고 헴 색소는 그에 결합된 철 이온이 산화되어 헤미크롬으로 변하기 때문이다. 돼지고기는 쇠고기보다 미오글로빈 함량이 낮기 때문에 가열했을 때 색의 변화가 크지 않다. 로스트비프나 스테이크에는 익히는 정도에 따라 덜 익힌 고기의 내부는 선명한 붉은색이고 표면은 변성된 글로빈 헤미크롬을 가진 얇은 갈색층으로 덮혀 있다. 반쯤 익힌 고기의 내부는 연분홍색이고 잘 익힌 고기는 속까지 모두 갈색이다.

② 고기의 수축과 경과

가열온도가 높아지고 가열시간이 길어짐에 따라, 고기는 수축하고 중량이 감소된다. 따라서 육질은 단단하고 질겨지며 독특한 씹힘성이 생긴다. 이러한 변화는 근섬유단백질인 섬유상의 액틴과 미오신이 열변성되어 응고되고 수축되기 때문이다. 또한 구상의 근장단백질은 가열에 의하여 두부처럼 응고되어 근원섬유들을 접착시킨다. 결합조직을 이루는 섬유상의 콜라겐은 물과 함께 가열할 때 초기에는 급격히 수축되어 고기가 질겨지나 장시간 가열하면 수용성인 젤라틴으로 변하여 용출되고, 고기는 부드러워진다. 고기는 일반적으로 가열할수록 수축되어 경화되므로 조리시간은 짧게 하고 고기의 내부온도는 60~85℃ 정도에 도달하도록 해야 한다. 그러나 결합조직이 많은 고기는 장시간 가열하여야 조직이 부드러워진다.

③ 육즙의 용출

고기를 가열하면 단백질이 변성되어 보수성이 감소하므로 고기가 수축될 때 육즙이 용출된다. 육즙은 단백질이 응고될 때 압출되는 수분이나 지방으로 그 안에는 구수한 맛 성분이 함유되어 있으므로 가능한 육즙의 유출을 방지하기 위하여 고기의 표면을 단시간에 고온으로 가열하고 내부를 차차 익히는 방법으로 가열하는 것이 좋다. 가열에 따라 육즙이나 지방이 유출되어, 결과적으로 고기를 가열하였을때 20~30%의 고기 중량이 감소된다. 식육을 조리할 때, 제대로 갈색이 날 때까지 시어링 하면 모양과 맛이 좋아지지만, 저지방 식육을 지나치게 오래 조리하면 뻣뻣해지므로 적절히 조리하여 육즙이 풍부하고 부드러운 저지방 식육에 비해 맛이 떨어진다는 것을 생각해야 한다. 매우 높은 온도에서 지방이 없는 식육의 표면을 갈색으로 익히는 시어링(Searing)은 식육을 캐러멜화 하여 맛과 색깔을 좋게 해주고 근조직을 수축시켜 어느 정도 육즙의 손실을 줄일 수 있다.

④ 지방의 확산

지방조직에서는 지방구를 둘러싸는 콜라겐의 막이 열에 의하여 용해되고, 지방의 융점 이상으로 되면 지방이 녹아 콜라겐의 통로를 따라 확산되며, 콜라겐과 유화되면서 갈색으로 변색하여 구수한 맛을 나타내며 조리된 고기를 따뜻할 때 먹으면 지방이 아직 녹아 있는 상태이므로 맛이 좋다.

⑤ 맛의 변화

고기를 가열하면 글루타민산과 이노신산 등의 구수한 맛 성분과 단백질과 지방이 분해되어생성되는 냄새성분 등이 형성되어 향미가 좋아진다. 특히 구이를 할 때는 고온에서 분해가 일어나 좋은 냄새성분이 많이 형성되나, 가열시간이 길어지면 육즙이 유출되어 구수한 성분이많이 손실된다.

⑥ 영양가의 변화

고기를 조리하면 주성분인 단백질의 영양가에는 별 변화가 없으나 고기에 상당량 존재하는 티아민, 리보플라빈, 나이아신, 판토텐산 등의 비타민B 복합체의 손실은 건열 조리 시 약 20%정도이며, 고기를 물에 넣고 끓일 때에는 수용성이므로 국물에 용출되고 열에 약한 티아민 등은 상당량 손실된다.

3) 로스트의 익은 정도를 확인하는 방법

① 식육 온도계 사용

큰 부위의 경우 로스팅하기 전에 식육에 온도계를 꽂아 두는데 뼈나 지방을 피해서 식육의 가장 두꺼운 부분에 삽입한다. 채끝 등심을 미디움 레어로 익히는 경우 내부온도(ICT)가 약 60℃(140℉)가 되면 완성된 것으로 본다.

② 집게로 식육을 눌러보기

식육표면의 가운데나 가장 두꺼운 부분으로 가볍게 눌러본다.

▶ 레어 : 압력을 가하면 부드럽고 탄력이 느껴짐.

▶ 미디움 : 약간 단단함.

▶ 웰던 : 단단함.

③ 최종검사

육즙의 상태로 익은 정도를 알 수 있다. 그 외의 방법으로 익은 정도를 정확히 판단하기 힘들면 마지막으로 육즙의 색깔을 살펴본다. 가는 금속 핀으로 식육의 가장 두꺼운 부분을 찌른 후 핀을 빼내고 식육을 살짝 눌러 육즙을 짜낸다.

▶ 언더던(Under-done) 또는 레어 : 붉은 색 육즙

▶ 미디움 레어 : 핑크빛 육즙

▶ 미디움 : 맑은 육즙

▶ 웰던 또는 오버 쿡 : 육즙이 없음

4) 로스팅 온도와 시간

익은 정도	Very rare
식육내부온도	40℃~45℃(104℉~113℉)
촉감테스트 결과	매우 부드럽다.
내부 상태	짙은 붉은색, 따뜻하고 붉은 육즙이 매우 풍부하다.

익은 정도	Rare
식육내부온도	45℃~50℃(113℉~122℉)
촉감테스트 결과	부드럽다.
내부 상태	매우 붉은색, 풍부한 육즙이 더 따뜻하고 붉은색이 짙다.

익은 정도	Medium rare
식육내부온도	55℃~60℃(131℉~140℉)
촉감테스트 결과	부드럽고 탄력이 있다.
내부 상태	밝은 붉은색, 핑크빛의 따뜻한 육즙이 남아있다.

익은 정도	Medium
식육내부온도	60℃~65℃(140℉~149℉)
촉감테스트 결과	다소 단단하나 푹신하다.
내부 상태	연한 핑크빛, 맑은 핑크빛 육즙이 남아 있다.

익은 정도	Medium well
식육내부온도	65℃~70℃(149℉~158℉)
촉감테스트 결과	내부 상태
내부 상태	핑크빛, 여성고객이 가장 선호

익은 정도	Well done
식육내부온도	70℃~75℃(158℉~167℉)
촉감테스트 결과	내부 상태
내부 상태	밝은 회색이며 투명한 육즙이 약간 있다.

익은 정도	Very well done
식육내부온도	75℃~80℃(167℉~176℉)
촉감테스트 결과	내부 상태
내부 상태	돌회색, 육즙이 없거나 투명하게 약간 있다.

5) 조리 시 필수지침

낮은 온도에서 요리한다.

조리에 의한 열손실은 불가피하나 낮은 온도에서 조리하면 최소화할 수 있다. 낮은 온도에서는 식육이 덜수축하기 때문이다. 쇠고기 로스트 두 조각을 같은 정도로 익히는 경우 장시간 낮은 온도로 일정하게 로스팅(Roasting)한 경우가 단시간에 고온으로 조리한 경우에 비해 손실률이 적다는 실험 결과가 발표되었다.

고온으로 끓이지 않고 서서히 끓인다.

서서히 끓이면 식육을 고르게 조리할 수 있고 손실률도 적어진다.

태우지 않고 굽는다.

그릴은 고온 조리법이지만 온도가 너무 높으면 식육표면이 타버리고 뻣뻣해지기 쉬우며 수축할 뿐 아니라 고르게 익히지도 않는다.

지나치게 조리하지 않는다.

식육을 오븐 안에 오래 조리할수록 수축량이 많아지므로 과도한 조리는 피해야 한다. 부위가 클수록 조리시간도 길어지나 얇고 납작한 부위는 같은 무게라도 두꺼운 부위에 비해 조리시간이 반으로 줄어든다는 것을 고려해야한다. 조리시간을 계산할 때는 항상 식육의 무게뿐 아니라 모양도 고려해야 한다.

한 번에 조리하는 양을 고려한다.

한 번에 조리하는 양에 따라 조리시간도 달라진다는 것을 기억해야 한다. 일반 오븐에 로스트용 부위를 한번에 3조각 넣을 때는 열이 식육에 고루 분산되므로 한 조각만 넣을 때보다 조리시간이 길어진다.

상황을 고려하여 시간을 계산한다.

오븐에서 한꺼번에 3조각을 로스팅하는 경우 양이 많아지므로 무게 당 조리시간도 이와 비례하여 늘어나지만 식육 전체무게로 조리시간을 계산해서는 안 된다. 조리시간은 가장 크기가 작은 조각에 필요한 무게 당 시간을 계산한 후 여기에 큰 조각의 조리시간을 감안하는 방식으로 계산해야 한다.

정확하게 커팅(Cutting)하여 손실을 줄인다.

슬라이스(Slice)할 때 식육의 손실을 최소화할 수 있는 커팅 기술을 교육해야 한다. 지육의 결이 반대로 커팅해야 최적의 연도를 얻을 수 있다.

잡육의 적절한 이용

손질과정에서 나오는 잡육을 적절히 활용하면 낭비를 줄일 수 있을 뿐 아니라 추가 이익을 얻을 수 있다.

잡육의 용도

① 지방은 정제하여 조리에 사용한다.

② 뼈와 힘줄은 소스나 수프용 스톡으로 사용한다.

③ 큰 조각은 네모로 썰거나 가늘게 썰어 캐서롤이나 케밥, 스트로가노프 등에 이용한다.

④ 작은 조각은 다져서 파이나 패티, 미트볼 등을 만든다.

6) 육류요리 가니쉬(Garnishes for the beef dishes)

à la Americaine(American style)

스테이크 위에 햄 슬라이스, 달걀후라이, 완두콩을 볶아 얹고, 토마토 콩까세를 첨가하고 소스를 제공한다.

à la Belle helene

도네도 스테이크를 아스파라거스와 송로버섯을 장식하여 제공한다.

Helder style

필렛 스테이크를 베어네즈 소스와 함께 제공한다.

à la Maitre d'hôtel

허브 버터를 스테이크 위에 얹어 제공한다.

à la Lyonnaise

얇게 썰어 볶은 양파를 스테이크 소스에 첨가하여 제공한다.

Aux champignons

볶은 양송이를 스테이크 소스에 첨가하여 제공한다.

Rossini

얇게 썬 거위 간을 스테이크위에 올려 제공한다.

à la Probencale

토마토와 양송이 조린 것을 번갈아 스테이크 주위에 장식한다.

à la Florentine

볶은 시금치를 밑에 깔고 그위에 스테이크를 얹고 제공하고, 양쪽에 뇨끼를 담아낸다.

Dubarry

퐁당트 감자와 컬리플라워를 스테이크와 함께 제공한다.

à la Forestire

스테이크를 구워 양송이, 베이컨, 큐브감자와 함께 제공한다.

7-5. 사후경직과 숙성

1) 사후경직

대부분의 동물은 도살 직후의 근육은 부드러우나, 시간이 경과됨에 따라 살아 있을 때와는 다른 생화학적인 변화가 일어나며 경직상태에 이르게 되는데 이를 사후경직이라 한다. 동물이 죽으면 산소공급이 중지되고 혈액순환이 정지되어 대사산물이 제거되지 않기 때문에 근육에 젖산이 쌓이게 된다. 따라서 pH가 저하된다. 또한 ATP도 점차 감소되기 시작하는데, ATP의 수준이 어느 정도 유지될 때는 근육이 부드러우나 ATP가 감소됨에 따라 근육의 이완 작용은 더 이상 일어나지 못하고 미오신과 액틴이 결합된 상태(액토미오신)로 유지되어 경직이 일어난다.

사후경직이 시작되는 때와 계속되는 시간의 동물의 종류, 나이, 크기 및 도살 전후의 취급방법에 따라 다르다. 소는 도살 후 9시간 이내에 경직이 시작되고, 12~24시간 경과하면 완전히 경직된다.

도살 전에 동물을 굶기거나 격렬하게 움직이게 하면 근육의 글리코겐 함량이 낮아져서, 사후에 젖산 생성량이 적어진다. 그렇게 되면 pH가 6.3 이상으로 높게 유지되기 때문에 쇠고기의 경우 고기의 색이 어둡게 되어 선호도가 떨어진다.

2) 숙성

경직상태의 고기는 냉장고 안에서 근육내의 단백질 분해효소 작용에 의해서 자가소화가 일어나서 연해지는 동시에 수분이 많고 독특한 향기와 풍미를 갖게 된다. 이것을 숙성이라 한다. 고기의 숙성은 미생물의 성장을 방지하기 위하여 1.0~3.3℃, 상대습도 70%에서 행한다. 쇠고기의 경우 최대한의 효과를 얻기 위하여 7~10일, 양고기는 3~5일 숙성시킨다. 돼지고기는 하루의 숙성으로 충분하다.

온도가 높으면 숙성속도가 빨라 쇠고기의 경우 21℃ 정도에서 2일이면 숙성된다. 그러나 이때는 수분의 증발을 막기 위하여 습도를 높게(85~90%) 유지하고, 세균 성장을 막기 위하여 숙성실에 자외선 등을 설치해야 한다.

7-6. 육류의 연도와 연화

1) 육류의 연도

고기의 텍스처는 품질평가의 중요한요인이다. 우리가 고기를 먹을 때 질긴 고기는 싫어하고 부드러운 것을 선호하게 된다. 전에는 상강육에 분포되어 있는 지방조직이 고기의 부드러움과 관계가 있는 것으로 생각되었으나, 그것은 조리 시 녹아 윤활역할을 함으로써 부드럽게 느끼게 할 뿐이라고 알려졌고, 육류의 질긴 성질과 보다 직접적으로 관련되는 요인은 결합조직과 근섬유조직으로서 부위에 따라 둘 중의 한 요소가 주요인이 된다.

결합조직이 많은 부위는 일반적으로 질기며, 결합조직 단백질인 콜라겐은 습열 조리 시 가열에 의하여 젤라틴으로 용출됨에 따라 부드러워진다. 따라서 콜라겐 함량도 중요하지만, 콜라겐의 용해도가 고기의 연한 정도에 더 관련이 있다. 동물은 나이가 들수록 콜라겐에 가교결합이 많이 형성되어 용해도가 떨어져서 결합조직이 더 질겨진다.

결합조직의 함량이 적고 비교적 부드러운 부위에는 근섬유성분 단백질에 따라 텍스처가 달라진다. 도살 직후에는 부드러우나 경직상태에 들어가면 미오신과 액틴의 필라멘트 사이에 가교결합이 많이 생기게 되고 극도로 수축되어 신장성이 소실되어 질기며 육류를 평가하는 가장 중요한 요점은 고기의 연도이다.

① 치아로 쉽게 고기를 깨물 수 있어야 하며

② 근육 섬유를 쉽게 치아로 끊을 수 있을 것이며

③ 일정한 기간 동안 씹은 고기가 구강 내에 남는 잔량이 적을수록 육류의 연도는 높이 평가된다.

2) 육질등급 판정기준(소도체)

소도체의 육질등급판정은 등급판정부위에서 측정되는 근내지방도(marbling), 육색, 지방색, 조직감 및 성숙도에 따라 1++, 1+, 1, 2, 3의 5개 등급으로 구분한다.

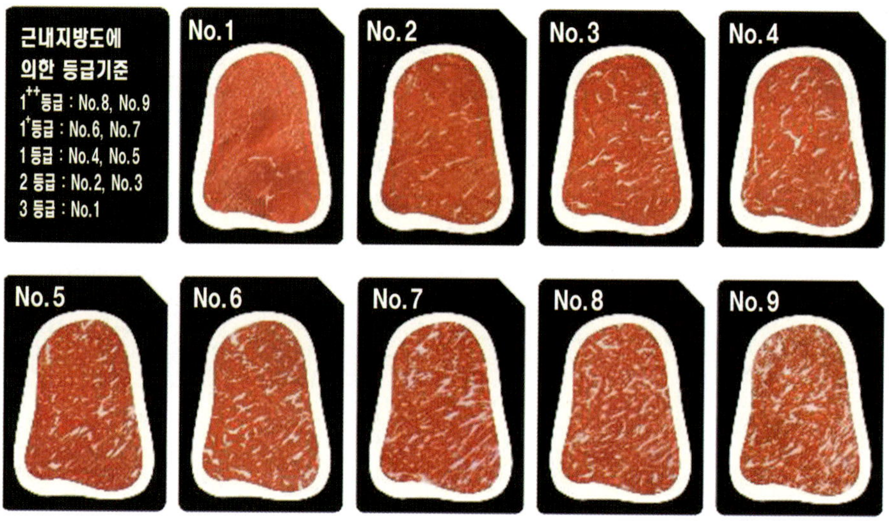

소도체의 근내지방도 기준

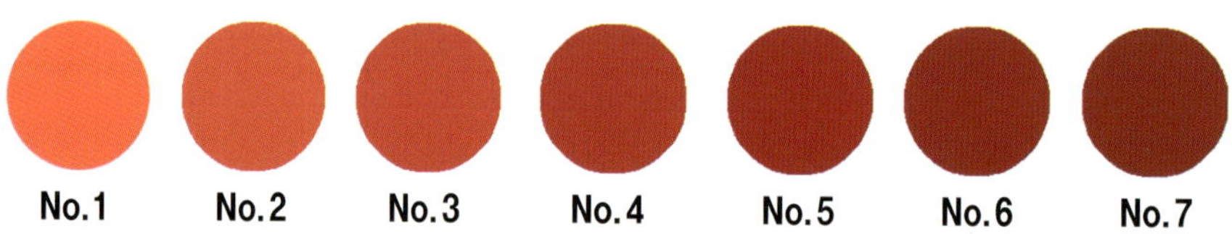

육색 기준

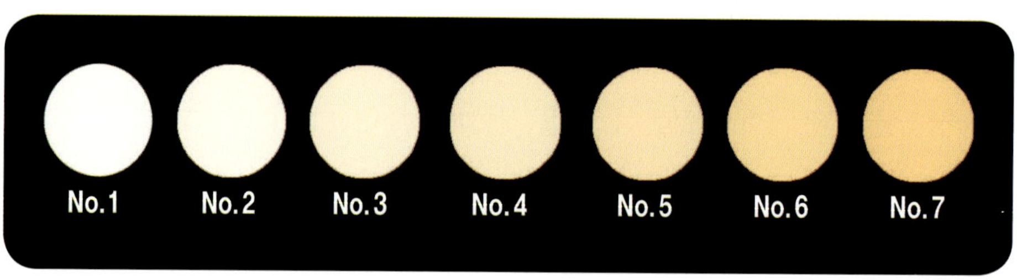

지방색 기준

3) 육류의 연화

① 효소에 의한 연화

숙성된 이후에도 질긴 고기를 조리할 때는 단백질 분해효소를 사용하여 결합조직이나 근섬유단백질을 가수분해함으로써 어느 정도 연화시킬 수 있다. 열대성 식물 중에는 육류를 연화시키는 효소를 많이 포함하고 있는 것이 있다. 파인애플에는 브로멜린(Bromelin), 무화과에는 피신(Ficin), 파파야 열매에는 파파인(Papain), 카이모파파인(Chymopapain) 등을 포함한 몇 가지 단백질 분해효소와 펩티다아제가 들어 있다. 브로멜린은 콜라겐을 연화시키고 파파인과 피신은 근섬유단백질을 분해한다고 알려져 있다. 또한 배, 양다래(키위) 등에도 효과적인 단백질 분해효소가 들어 있다.

② 기계적 연화

고기를 갈고, 다지고, 칼집을 내고, 얇게 썰고, 두드리는 등의 기계적인 조작은 근섬유와 결합조직을 물리적으로 파괴시킴으로써 고기를 연하게 한다. 스테이크와 같은 큰 조각의 고기를 연화시킬 때는 예리한 날이 좁은 간격으로 많이 달려 있는 장치(Tenderlizer)에 고기를 통과시킴으로써 연화시키기도 한다.

7-7. 훈제와 염지

1) 훈제(Smoking)

소금에 절인 어패류나 수조육류를 훈연하여 건조시키는 가공법으로 원시시대에 사냥물 중 일부 남은 것을 불가까이 매달아 놓았더니 연기 특유의 풍미를 가질 뿐 아니라 보존성도 생기게 된다는 것을 발견한 후 부터 발전하였다고 생각된다.

훈연의 목적은 수분을 제거하여 건조시킴과 동시에 그 풍미와 연기 속에 포함되어 있는 목초산을 침투시켜 방부성분을 갖게 하여 그로 인해 보존효과를 얻기 위함이다. 훈연의 방법에는 용도와 특성에 따라 냉훈법, 온훈법, 액훈법 등이 있으며 일반적으로 해체 → 세척 → 염장 → 소금빼기 → 물기제거 → 풍건 → 훈연의 순서를 거치는 것이 대부분이다. 그 재료로는 재질이 단단한 참나무, 밤나무, 벚나무 등의 활엽수를 사용하며 침엽수는 훈연 시 타르가 발생하여 사용하기 어렵다. 그래서 활엽수를 분쇄하여 사용하는 것이 대부분이며, 좋은 풍미를 얻기 위해 주니퍼 베리, 월계수잎, 세이지 등을 함께 섞어서 훈연한다.

해체 → 세척 → 염장 → 소금빼기 → 물기제거 → 풍건 → 훈연

2) 염지(Curing)

식품의 훈연에 앞서 일정기간 소금, 향신료, 채소 등과 함께 절임으로써 원료육의 수분을 감소시키고 미생물의 생육을 억제시켜 보존을 연장시켜 주고, 풍미를 더해주는 역할을 한다. 염지(Curing)에는 건염법(Drying curing), 수염법(Brine curing)이 있으며, 제품의 용도에 따라서 방법이 선택되고, 첨가되는 향신료와 보존료도 품목과 용도에 따라서 다양하다. 간단하게 방법을 설명한다면 다음과 같다.

(1) 건염법(Dry curing)

소금과 보존료 및 발색제(아질산나트륨을 주로 사용함)를 4:1의 비율로 섞은 후 향신료와 제품에 합당한 채소 등을 혼합한 후 만들고자 하는 원료육에 오랫동안 부드러워질 때까지 충분히 비벼 준다. 이렇게 충분히 마사지를 한 원료육을 차례차례 용기에 담는다. 용기는 금속성을 피해야 한다. 철은 육중의 색소를 산화시키는 작용을 하여 육색을 퇴조시킨다. 원료육 1kg당 소금과 보존료를 첨가한 무게를 100g을 마사지시켜 준다. 과다 사용 시 아질산소(Nitrite burn)를 일으켜 육색이 검게 변한다.

(2) 수염법(Brine curing)

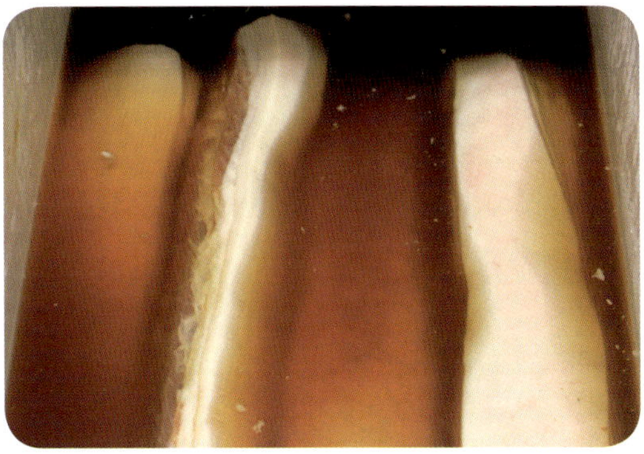

소금과 보존료 및 발색제(아질산나트륨을 주로 사용함)를 4:1의 비율로 섞은 후 향신료와 제품에 합당한 채소 등을 물 1L당 100g 정도를 넣어 용액을 만든다. 수용액이기 때문에 제품에 균등하게 빨리 침투되는 효과가 있고 일반적으로 조리에 사용되는 단기저장품목에 주로 사용하며, 염지 시에는 연육효과와 풍미를 위해서 설탕을 함께 섞어 사용한다.

3) 포스미트(Force meat)

파테(Pate)와 테린(Terrin), 소시지 같은 가드망저(Garde manger) 준비의 기본요소인 포스미트는 소로 쓰이는 양념하여 다진 고기를 말하는데 유화를 이루기 위해 살코기에 지방과 양념을 함께 갈아서 만들어진다.

(1) 포스미트의 종류

① 무슬린(Mousslíne) 포스미트 : 연어나 닭 같은 섬세한 고기에 크림과 달걀을 혼합하여 만든다.

② 스트레이트(Straight) 포스미트 : 기름기 없는 살코기를 돼지기름과 같이 갈아서 만든다.

③ 컨트리(Country) 포스미트 : 간을 포함하고 질감이 거칠다.

④ 그라탱(Gratin) 포스미트 : 스트레이트 포스미트와 유사하나 고기의 일부가 갈기 전에 그을려져 있고 식혀져 있다.

(2) 포스미트의 네 가지 필수기본요소

① 질 좋은 고기 : 맛, 향, 질감 및 색상을 부여하고, 포스미트 구성요소 중 가장 많은 비율을 차지한다. 쇠고기, 돼지고기, 닭고기, 생선류 등이 사용된다.

② 지방 : 풍부함과 부드러움을 부여한다. 돼지기름과 크림을 많이 사용한다.

③ 소금 : 향미를 강화시켜 주고 질감과 결합을 높인다(기타 양념류는 필요에 따라 첨가).

④ 결합제 : 포스미트를 부드럽게 해주고 모양을 잡아준다. 달걀흰자, 젤라틴등이 사용된다.

(3) 포스미트 만들기

① 청결한 위생과 항상 차가운 온도를 유지한다.

② 식품들이 잘 혼합되도록 갈아야 한다.

③ 재료가 적당하게 갈아지면 결합제를 넣고 갈아놓은 고기와 혼합하거나 가공한다.

④ 필요시 포스미트를 고운 채(Drum sieve)에 통과시킨다.

⑤ 향미와 농도를 위해 포스미트의 맛을 본다.

⑥ 포스미트는 가니쉬(Garnish), 스터핑(Stuffing)이나 필링(Filling)으로 사용되거나 준비된 몰드 안에 놓여져 익혀진다.

⑦ 완성된 포스미트의 질을 평가한다.

(4) 포스미트를 사용한 가드망저 제품

① 파테(Pate)

일정한 틀 안에 단단한 파이반죽을 깔고 그 안에 포스미트를 채워 넣고 구운 요리를 말한다. 만드는 과정은 틀 안에 반죽을 깔고 그 위에 라이너(Liner)를 깔고 포스미트를 넣어 차례대로 덮은 다음 달걀노른자를 바르고 공기구멍을 2~3개 낸 후 오븐에서 구워 익혀 식힌 다음 젤리를 부워 굳힌다.

② 테린(Terrine)

일정한 모양의 틀에 여러 가지 포스미트를 넣고 삶거나 젤리를 사용하여 굳힌 요리를 말한다.

③ 갈라틴(Galantine)

가금류 요리에 많이 사용되는 요리로서 통째로 뼈를 발라내어 포스미트를 발라주고 여러 가지 식재료를 넣어 연출하여 동그랗게 말아 스톡에 삶아내는 요리를 말한다.

④ 무스(Mousse)

보통 생선을 이용하여 만들어 지는데 커터 블렌더에 생선 육을 기본재료로 하여 휘핑크림, 달걀흰자, 브렌디, 화이트와인, 소금, 후추 등의 양념을 한 후 곱게 갈아 다양한모양 틀에 담아 익힌 후 소스와 함께 제공

한다. 부드러운맛을 강조한다.

⑤ 퀴넬(Quenelles)

포스미트로 만든 포치(Poached)한 만두다. 이것은 애피타이저나 수프의 가니쉬로 사용된다. 퀴넬의 형태를 만드는 방법에는 여러 가지가 있다. 한 가지는 두 개의 스푼을 사용하고 다른 방법은 국자를 이용하거나 평평한 깍지 페이스트리 백에 혼합물을 넣고 짜는 것이다. 포치(poach)할때 부서질 수 있으므로 시머링(Simmering) 상태로 조리한다.

7-8. 송아지고기

조리에 사용되는 송아지는 생후 1년 미만의 것을 일컬으며 생후 2~3개월쯤 고기 맛이 최고로 좋고, 생후 5개월이 일반적이다. 고기색은 옅은 핑크색이며 육질이 유아식으로 적합할 만큼 부드러운 고기이다. 철분을 제거한 사료를 먹이고 우유로 마사지하며 활동량을 줄여 근육 발달을 최소화한 송아지여야만 최고급의 육질을 얻을 수 있다. 송아지는 사육법에 의해 맛의 차이가 나는데, 단순히 풀만 먹고 자란 것보다 우유, 달걀, 단백질이 풍부한 밀가루를 우유에 섞은 사료를 먹고 자란 송아지고기가 맛이 좋다. 우유를 먹고 자란 송아지고기는 옅은 녹색을 띤 흰색인데 조직이 섬세하고 육질이 연하며 지방은 희고 매끄러워서 우유냄새가 나는 것이 특징이다.

송아지요리는 대체적으로 프랑스 또는 보르도(Bordeaux)의 가벼운 레드와인과 잘 어울리는 특징이 있다.

1) 송아지 부위별 분류

사태(Shanks)

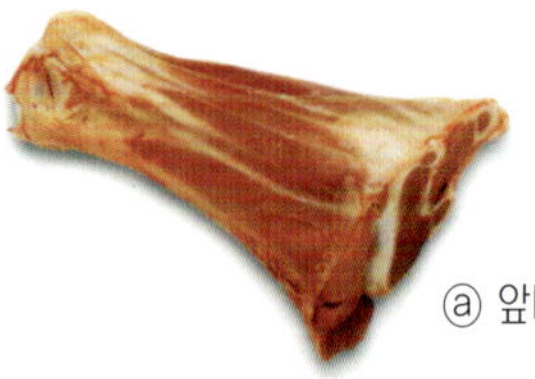

ⓐ 앞다리

ⓑ 뒷다리

다리(Legs)

몸통(Trunk)

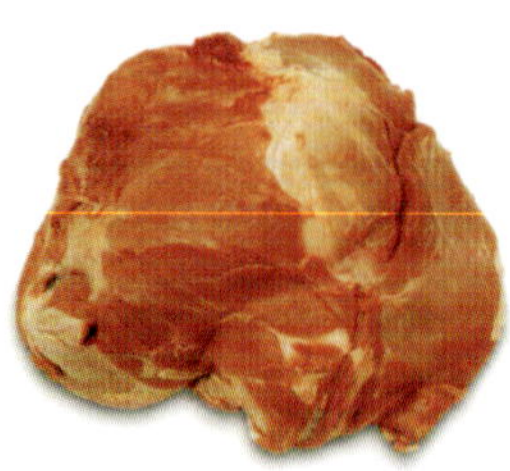

허리(Middles)

Loin fillet

Shortloin

Frenched Rack & Chops

Tenderloin

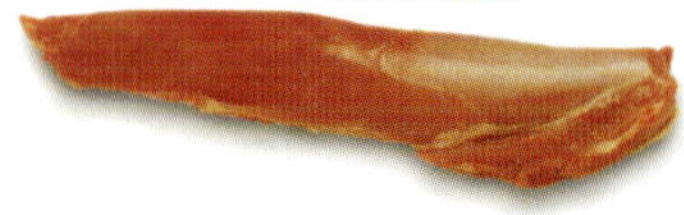

2) 송아지 요리 가니쉬(Garnishes for the veal dishes)

à la Bonne femmes

얇게 저민 송아지 고기를 볶은 다음, 송아지 고기 소스를 첨가하여 조린 다음 얇게 썰어 볶은 양송이와 감자를 곁들여 제공한다.

à la Milanaise

얇게 두드린 송아지 고기를 빵가루와 파르메산 치즈를 묻힌 다음 팬에 굽는다. 햄, 송로버섯, 양송이를 스파게티와 함께 버터로 볶아 제공한다.

à la Paysanne

햄, 감자, 양파 썬 것을 팬에 볶아 함께 제공한다.

à la Noisette de veau

송아지 안심 스테이크를 작은 메달 모양으로 두 쪽 준비하여 제공한다.

7-9. 양고기

육류 중 가장 오랜 역사를 가지고 있는 양고기는 원시시대부터 식용으로 사용되어 왔다. 프랑스에서는 어린 양고기(Lamb) 요리를 최고급 요리로 여기고 있을 만큼 고품질의 단백질과 철분 및 비타민B가 풍부하고 지방이 적어 훌륭한 영양원으로 인식되고 있다. 고기를 선택할 때 고기의 빛깔은 광택이 있으며 지방질이 적당히 섞인 연한 붉은색을 띠는 고기가 최상품이다. 3~5개월된 양고기는 Baby Lamb, 5개월~1년은 Lamb, 20개월 이상 지난 양고기는 Moutton으로 불린다. 더욱 상세히 설명하자면 생후 9~16주를 Hot House, 16주~8개월은 Spring, 8개월~1년을 Lamb, 1~2년을 Earing, 생후 20개월 이상은 Moutton이라 부른다.

양고기는 섬유질이 연하고 풍미가 좋지만 특유의 냄새가 나는데 이는 카프릴산, 펠라르곤산과 같은 지방산 성분 때문이다. 냄새를 제거하는 데는 생강, 마늘, 파, 후추, 포도주 등을 사용하면 좋고, 양 지방은 융점이 높아 식으면 냄새가 나고 풍미가 없어지므로 뜨거울 때 먹는 것이 제일 좋다. 또한 점착력이 강해 햄, 소시지의 결합제로도 사용되며, 스테이크, 바베큐, 스튜 등 요리에 많이 사용된다.

1) 양고기 부위별 분류

사태(Shanks)

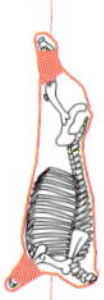

다리(Legs)

Long leg

Half leg shank

어깨(Whole shoulder)

Short forequarter

Oyster cut shoulder

Neck slice

허리(Middles)

Loin saddle

Rack saddle

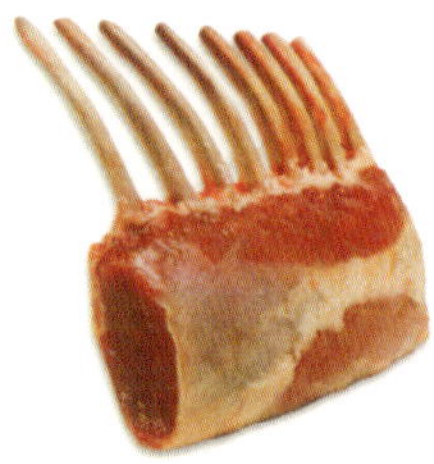
Rack-fully frenched

Saddle chops

Boneless loin

Tenderloin

2) 양고기 부위별 용도

① 어깨살(Shoulder) : 목과 정강이에 붙어 있는 부위로써 지방이 많고 근육이 많기 때문에 로스트나 구이에 적합하다

② 로인(Loin) : 육질이 부드럽다. 뼈째 로스트 하거나, 스테이크로 사용한다.

③ 사태, 가슴살(Shank, Breast) : 가장 연한 부위로 로스나 조림용으로 사용한다.

④ 다릿살(Leg) : 허리부분부터 다리에 걸친 부위로 뼈가 붙은 채로 로스트하여 파티에서 사용하기도 하고 뼈를 발라 스테이크나 불고기로도 사용한다.

⑤ 랙(Rack) : 갈비부위로 뼈를 붙혀 손질하여 그릴에서 직화구이로 사용하고 통째로 로스트하여 사용하기도 한다.

7-10. 돼지고기

돼지고기는 단백질 함량이 높고 철, 인, 칼슘 등 미네랄이 풍부하여 성장 발육에 좋고 비타민B1 함량이 많다. 피부를 윤택하게 해주고 피로회복에 좋다. 가격에 비해 영양가가 많아 일반적으로 많이 이용된다. 돼지고기의 이상적인 색은 분홍색에 가까우며 결이 곱고, 탄력이 있고 지방의 색이 희고 굳은 것이 비육을 잘 시킨 고기이다. 생후 12개월 이하로 성장시켜 도축하며 보통 6~8개월 정도에 식용으로 많이 사용된다. 전 세계적으로 가장 많이 소비되는 육류이며, 호텔에서는 바비큐, 햄, 소시지 가공육, 등심을 이용한 커틀렛 등 많은 용도로 쓰이고 있다.

1) 돼지고기 부위별 분류

다리(Legs)

어깨(Shoulder)

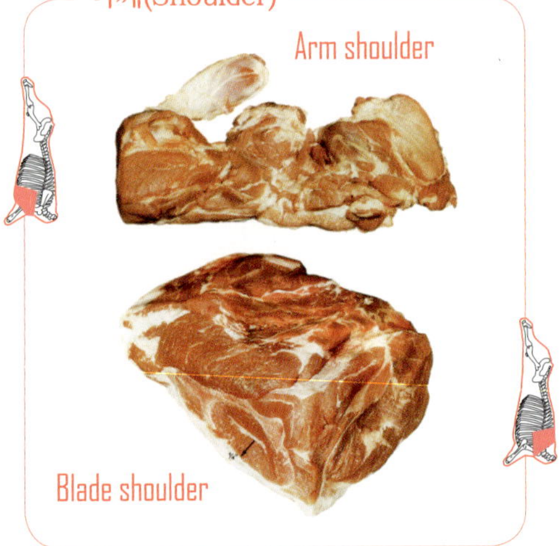

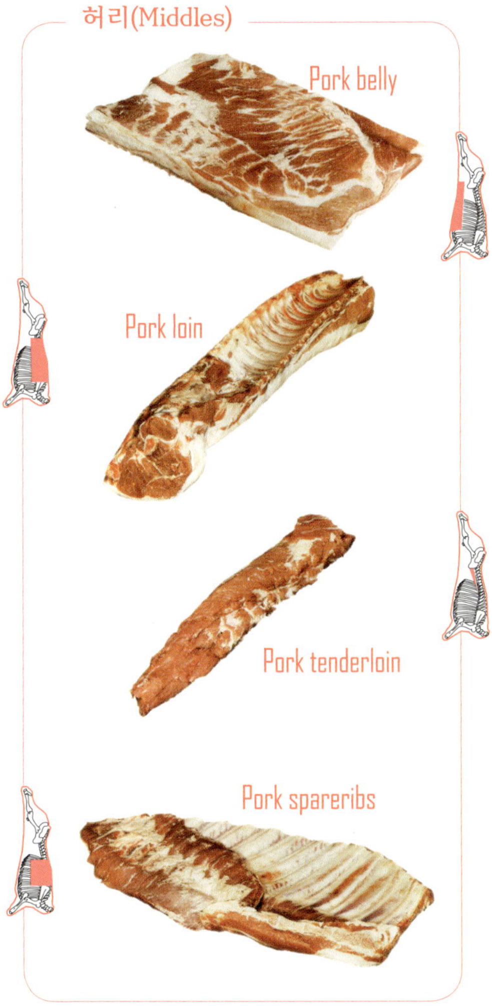

2) 돼지고기 부위별 사용용도

① Pork spareribs : 복부에서 떼어낸 갈빗대이며 양지머리가 제거된 늑골 연골조직과 횡경막을 포함하고 있다. 11개의 뼈를 포함하고 있고, 주로 오븐 로스팅, 바비큐 요리에 사용한다.

② Pork loin : 등심 부위를 말하며, 커틀렛 같은 튀김요리나 구이에 사용한다.

③ Pork tenderlion : 안심부위를 말하며 상당히 연한부위로 볶음요리나 구이, 스테이크요리에 잘 어울린다.

④ Pork shoulder : 어깨부위를 말하며 쫄깃함이 있어 볶음이나 찌개 등에 잘어울린다.

⑤ Pork belly : 삼겹살 부위를 말하며 우리나라 사람들이 가장 선호하는 부위이며, 보통 구이나 찜 요리에 많이 사용된다.

⑥ Pork short shank : 다리 부위를 가리키며, 볶음, 찌개 등에 사용된다.

3) 좋은 고기 구별 법

① 고기 색 : 분홍색에 가까우며 흰색에 가까우면 조리감량이 크고 퍽퍽한 맛이 나며, 진한 암적색은 늙은 고기이거나 오래 보관된 고기이다.

② 지방의 색 및 굳기 : 지방의 색이 희고 굳은 것이 비육을 잘 시킨 고기이고 연하고 냄새가 없다.

③ 고기의 결 : 결이 곱고 탄력이 있는 고기는 신선한 어린 돼지고기로서 연하고 맛이 있다.

7-11. 가금류

1) 가금류의 종류

① 닭고기(Chicken)

닭고기는 다른 육류에 비해 연하고 맛과 풍미가 담백하며 조리하게 쉽고 영양가도 높아 폭넓게 요리에 사용된다.

닭은 보통 사용목적에 따라 난용종, 육용종, 겸용종으로 나뉘며 미국에서는 생후8~14주 체중 1.3kg 이하를 Broilers, 14~20주 체중 1.3~1.6kg을 Fryers, 로스트해서 먹을 수 있는 어린 닭을 Roaster라고 구분한다. 식용 닭은 부화 후 대략 35일 전후로 몸무게가 1.5~1.7kg 정도 자란다. 더 이상 자라면 상품성이 떨어지며 내장과 털을 제거 했을 때 순수한 고기의 무게가 1~1.2kg 정도일 때 상품성이 제일 좋다. 닭의 체온은 사람보다 높은 41.7℃, 하지만 지방의 녹는 온도는 25~32℃여서 산패가 쉽게 일어난다. 따라서 신선한 육질을 유지하기 위해서 냉각 작업이 필수이다. 수냉각 20분, 공기냉각 60분 정도 실시하여 육심의 온도를 4℃까지 낮춘 다음 급속냉각 과정을 거쳐 시중에 출하한다. 날개에서 가슴에 이르는 살은 희고 지방이 적어 산뜻한 맛을 내므로 프라이, 스튜, 수프에 사용하고 다리살을 빛깔이 붉고 지방이 많아 로스트나 커트렛 등에 적합하다.

②오리(Duck)

오리는 전 세계적으로 분포하고 있으며 오리과의 새 중에서 천둥오리나 물오리같은 비교적몸집이 큰 새들을 가금화 시킨 것으로 고기는 선적색으로 유연한 맛을 가지고 있다. 알에서 부화 후 2~4개월 정도 자란 2~3kg 이내의 오리를 요리에 사용해야 유연한 맛을 낸다.

오리는 주로 호수나 개천의 물에서 수중 생물을 먹이로 섭취하며 대부분의 시간을 보낸다. 물갈퀴모양의 발을 가지고 있어 수영과 잠수에 능하며, 꼬리부근의 분비선에서 분비되는 기름을 깃털에 발라 차가운 물속에서 따뜻하게 보내며 몸을 보호한다.

오리 기름이 알카리성이고 불포화 지방산이라고 건강에 좋다고 많이 섭취하는데 몸에 해롭지 않는 수준이지 반드시 좋은 것은 아니다. 100% 불포화 지방산은 아니기 때문이다.

③ 칠면조(Turkey)

닭목 칠면조과의 조류로서 북아메리카와 멕시코가 원산지이다. 칠면조는 오래전부터 북아메리카 원주민에 의해 사육되어온 가금류로서 콜럼부스가 1492년 이후 전 세계로 알려져 요리로 사용하였다. 산란기는 4~6월이며 한해에 30~50개의 알을 낳는다. 부화 일수는 약 1개월이며, 몸집이 5~6kg정도로 사육하여 요리에 사용한다. 살은 희고 지방이 적고 담백하여 닭에 비해 가슴살이 크다. 특히 미국의 경우 추수감사절에 칠면조고기를 먹는다는 것은 다 알려진 사실이다. 보통 오븐에서 칠면조를 통구이하고 칠면조 모래주머니 같은 내장부위를 사용해서 만든 소스(Giblet)를 곁들여 제공한다.

최근에는 추수감사절뿐만 아니라 크리스마스이브부터 새해맞이까지 연결하여 칠면조 고기를 많이 애용한다.

추수감사절

영국의 청교도들이 미국으로 건너와 정착한 뒤 1621년 가을 첫 수확을 마친 뒤 3일간 감사기도를 올리며 축하 잔치를 올린 것이 시초가 되었다고 알려져 있다.

2) 닭고기 부위별 분류

1

Chicken bone in leg

2

Chicken drum stick

3

Chicken wing stick

4 Chicken middle wing

5 Chicken kebab

6 Chicken tenderloin

7 Chicken middle wing tulip

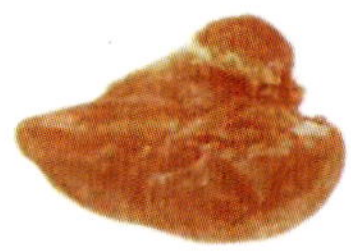

8 Chicken breast skinless

9 Chicken leg meat

3) 닭고기 부위별 용도

① 가슴살(Chicken breast) : 지방이 가장 적은 부위로 담백하여 단백질이 풍부하다. 불고기, 찜, 튀김, 육개장 등에 쓰인다.

② 봉(Chicken wing stick) : 쫄깃한 맛을 내는 부위로 맛과 영양이 풍부하다. 튀김, 볶음, 구이, 한·중식 요리재료에 많이 사용된다.

③ 근위(Chicken leg meat) : 탄력 있는 육질에 깨끗한 맛이 일품이다. 안주, 꼬치, 소금구이, 볶음, 찌개 등으로 쓰인다.

④ 북채(Chicken drum stick) : 가장 인기 있는 부위이다. 튀김, 찜, 도리탕 등에 쓰인다.

⑤ 윙(Chicken middle wing) : 콜라겐 성분이 많은 부위로 미용효과에 좋으며 맛이 쫄깃하다. 튀김, 찜, 볶음, 구이, 한·중식 재료로 많이 사용 된다.

4) 닭고기 손질 방법

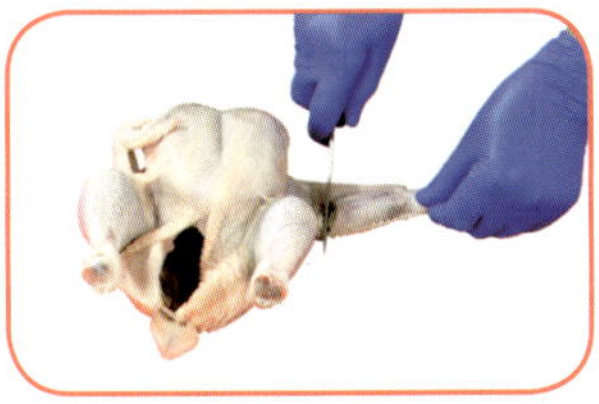

1. 왼쪽 날개 자르기

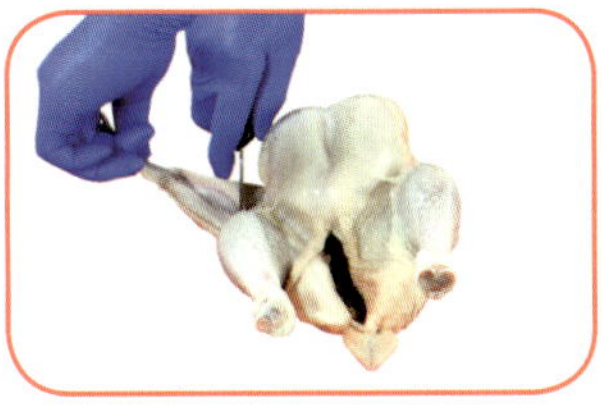

2. 오른쪽 날개 자르기

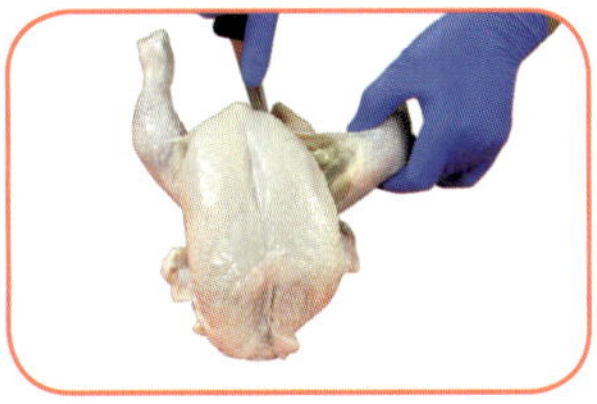

3. 오른쪽 다리 칼집넣기

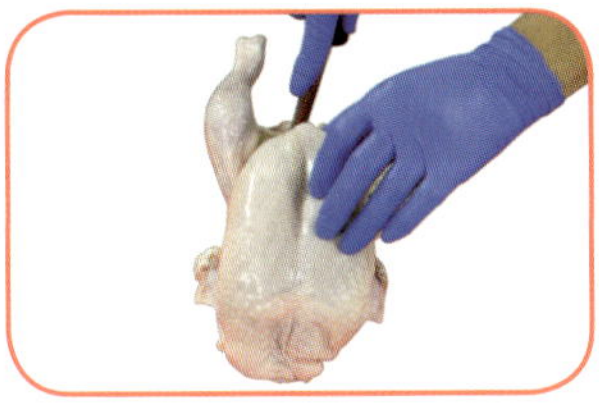

4. 왼쪽 다리 칼집넣기

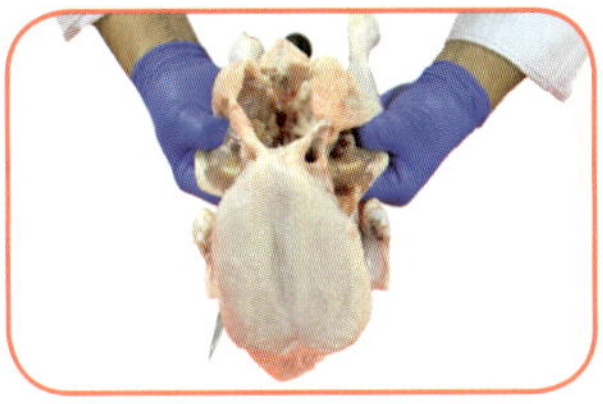

5. 다리 벌리기

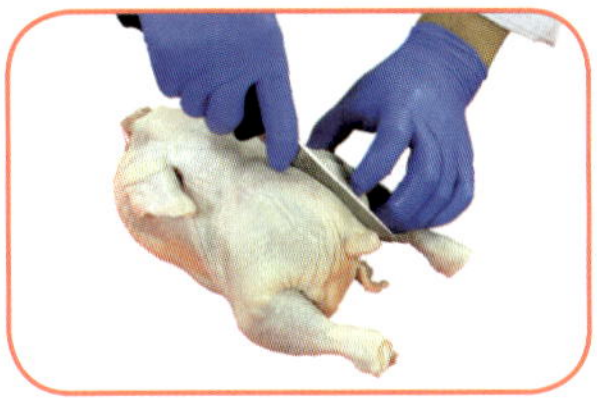

6. 등에 길이로 칼집넣기

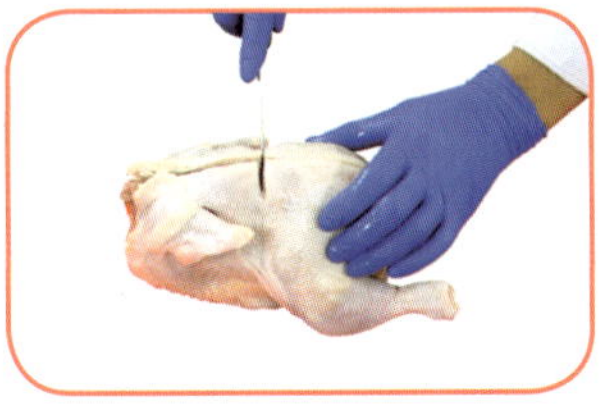

7. 허리부분에 가로 칼집넣기

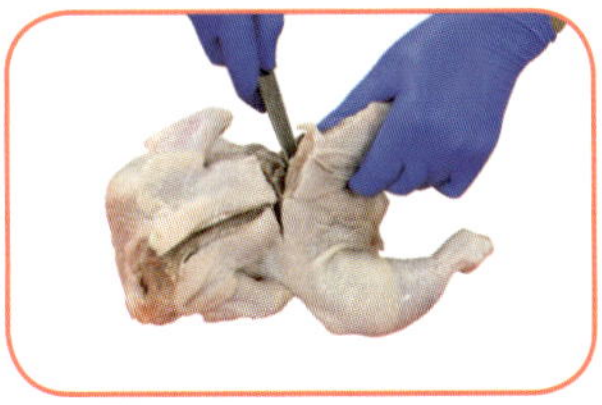

8. 골반 오목한 부위 칼집넣기

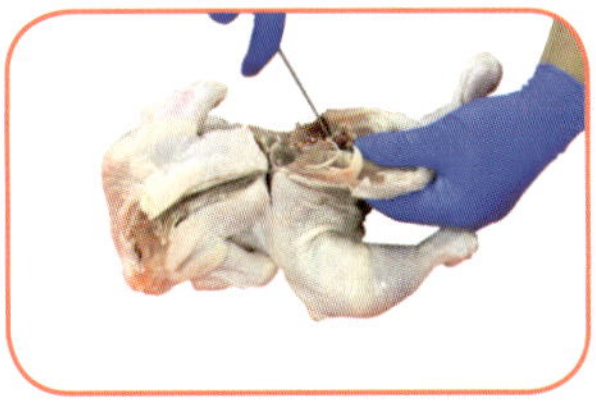

9. 오른쪽 다리 관절 힘줄 자르기

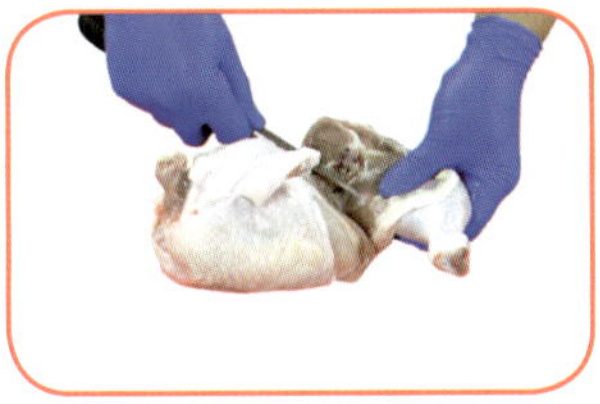

10. 반대편 골반부 위 칼집넣기

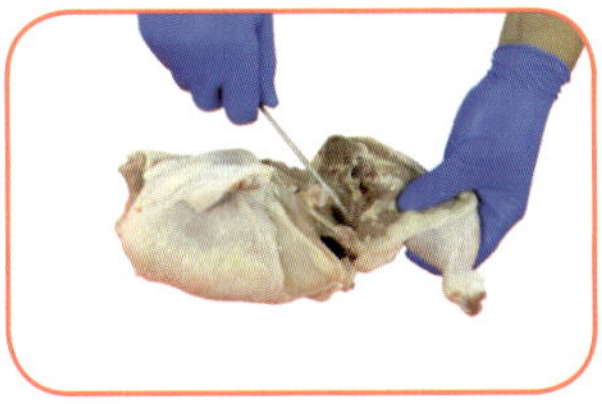

11. 왼쪽 다리 관절 힘줄 자르기

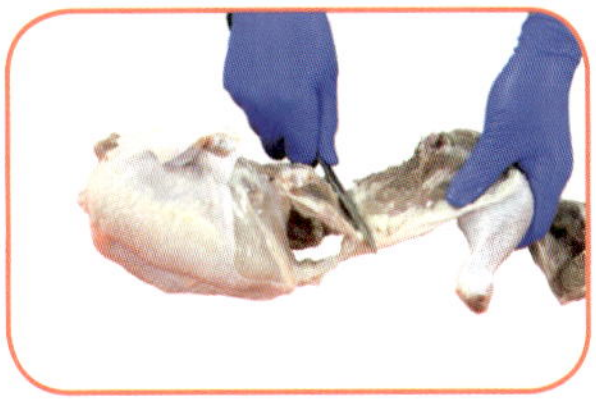

12. 잡아 당겨 분리하기

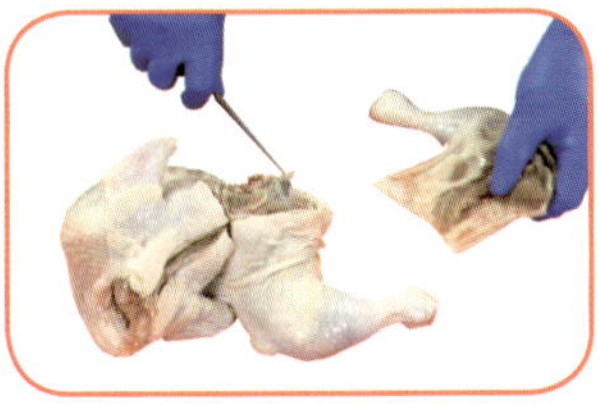

13. 칼로 누르고 당겨 분리하기

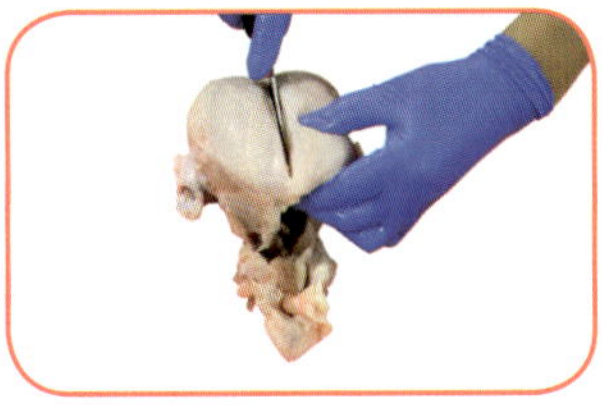

14. 오른쪽 가슴부위 칼집넣기

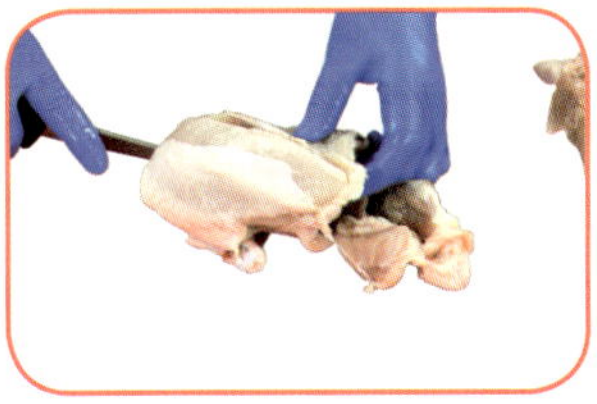

15. 왼쪽 가슴부위 칼집넣기

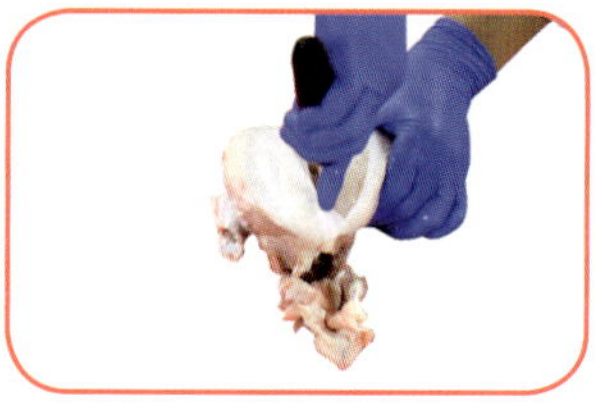

16. 가슴살 벌리기

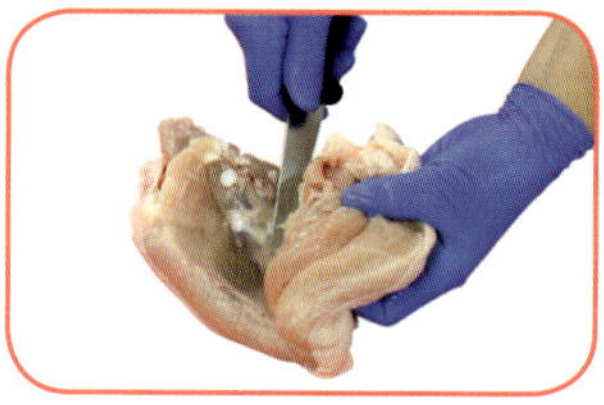

17. 어깨관절 자르기

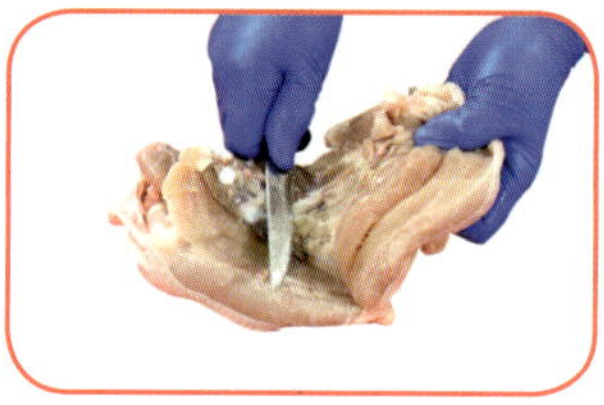

18. 칼로 누르고 잡아당기기

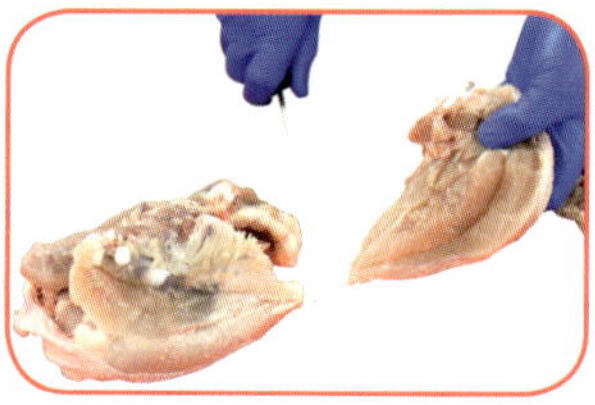

19. 가슴살 불리하기

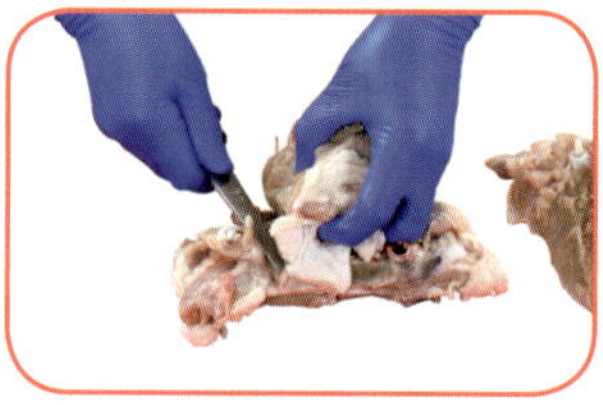

20. 어깨관절살 자르기

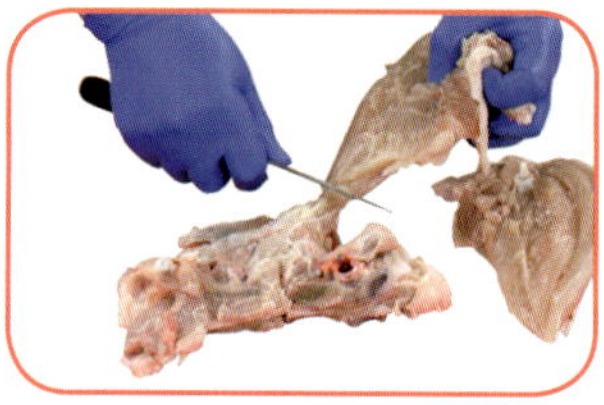

21. 눌러 가슴살 당겨 분리하기

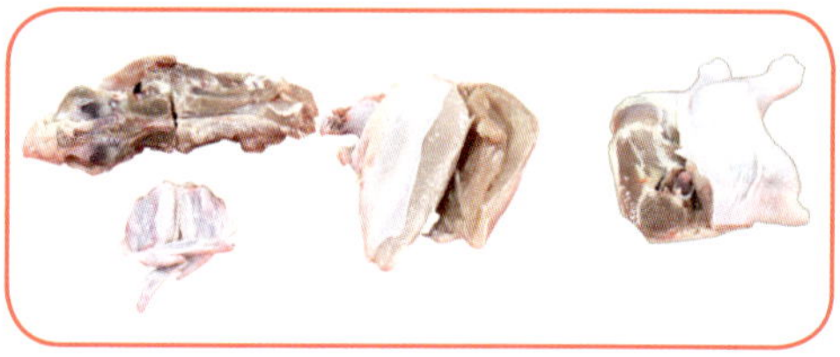

22. 분리된 모습

다리살 분리

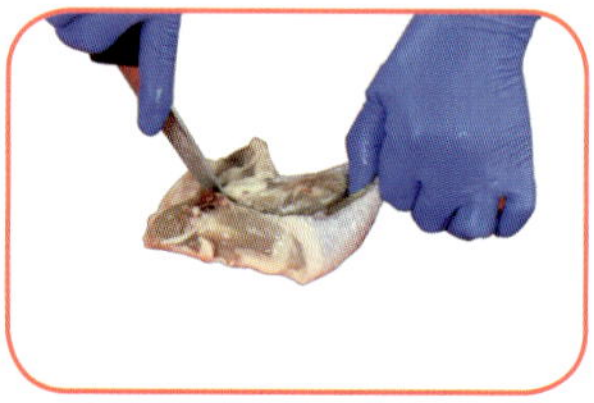

1. 뼈 안쪽따라 칼집넣기

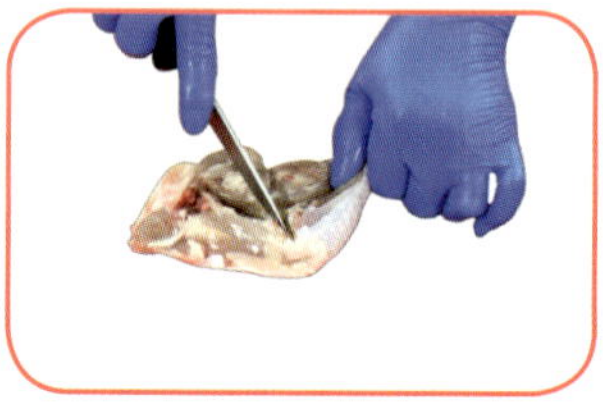

2. 관절에 칼집넣기

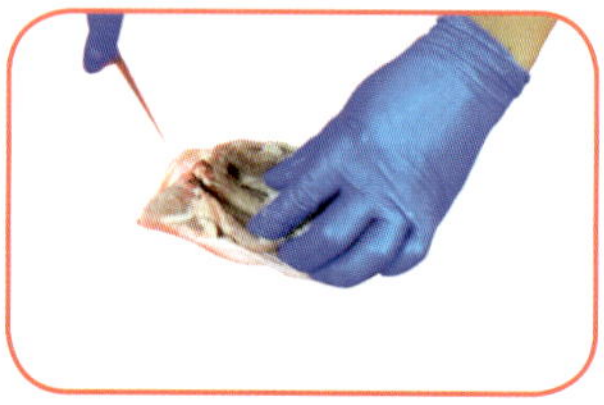

3. 허벅지뼈 따라 칼집넣기

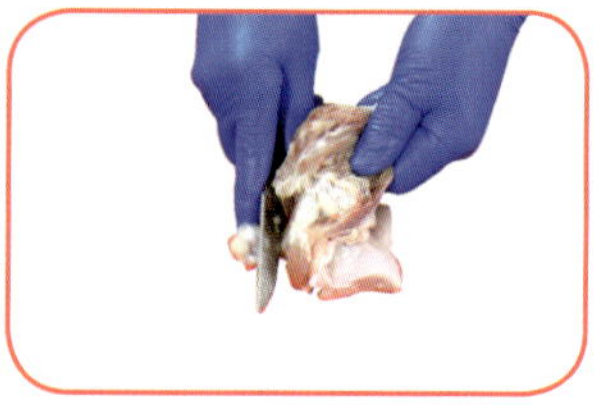

4. 허벅지뼈 밑으로 칼집넣기

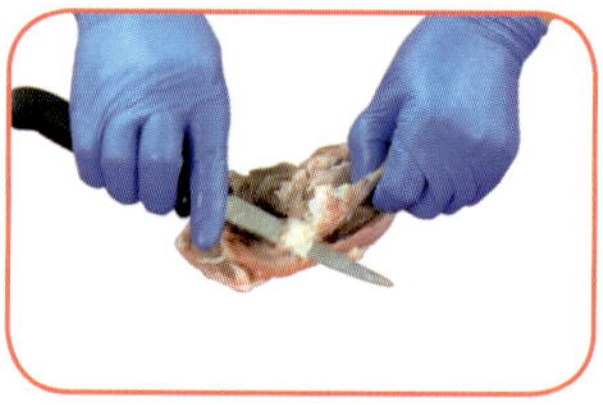

5. 뼈 밑으로 칼집넣기

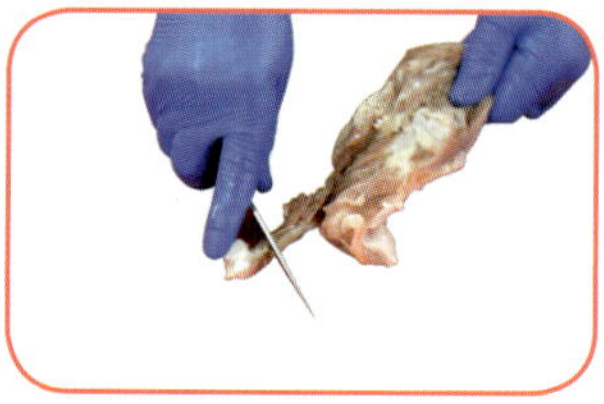

6. 허벅지뼈 잡고 당기기

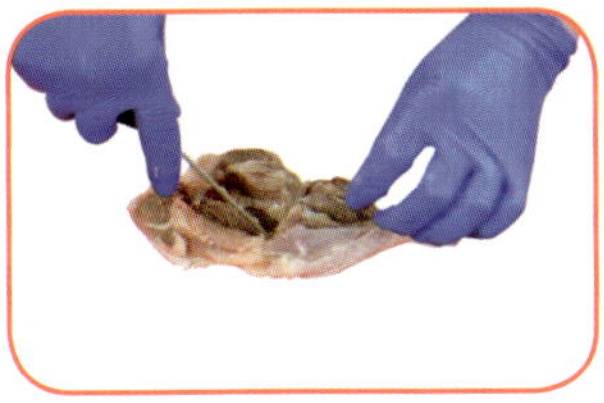
7. 드럼스틱부부뼈 칼집넣기

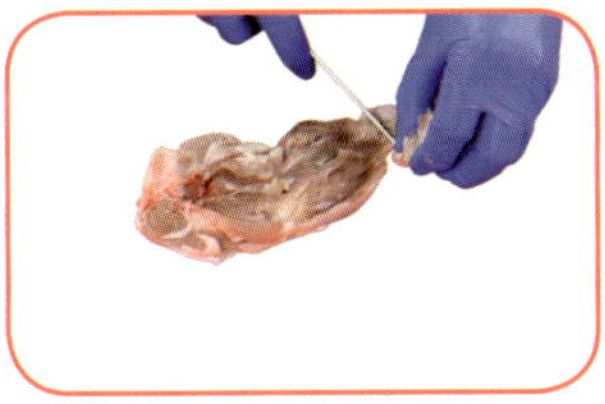
8. 뼈잡고 칼로 분리하기

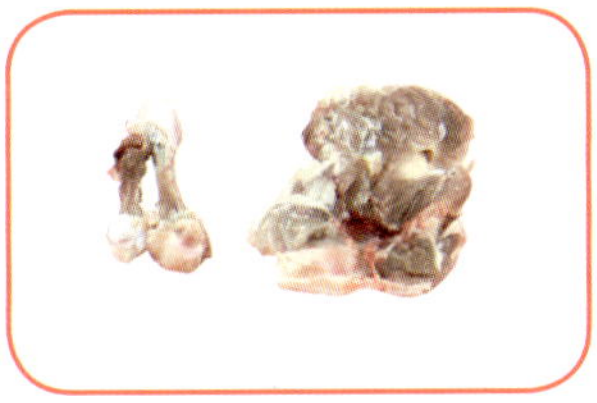
9. 분리된 다리부분

가슴살 봉뼈 제거

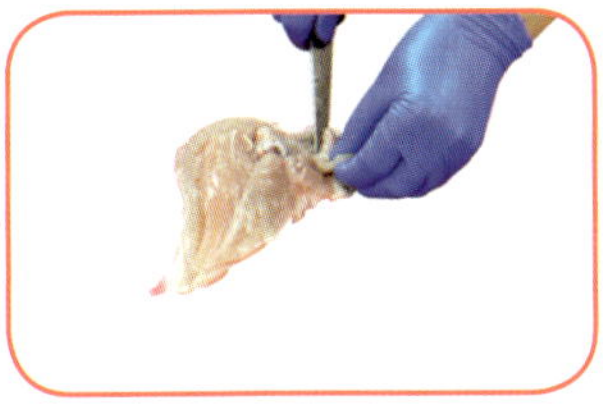
1. 날개 봉뼈 칼집넣기

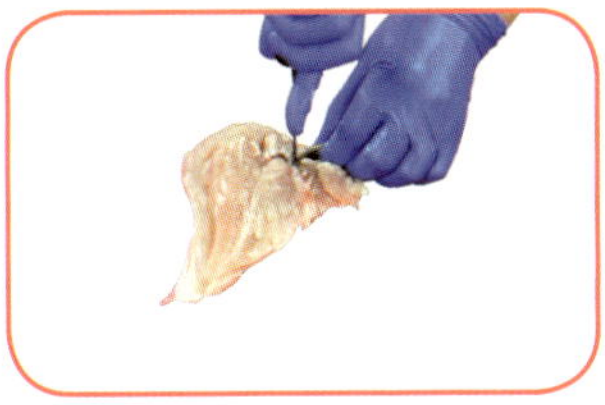
2. 봉뼈 밑으로 칼집넣기

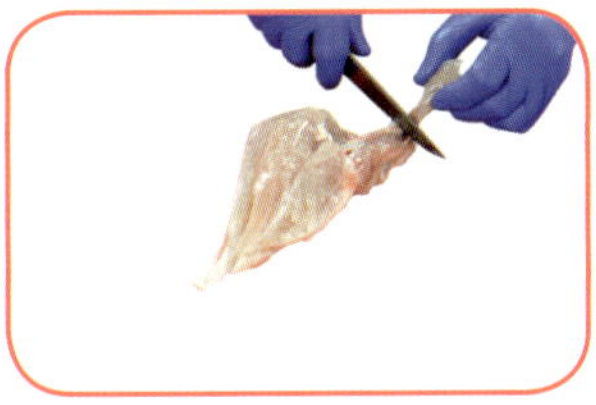
3. 봉뼈 분리하기

4. 분리한 모습

7-12. 육류의 완성

1) 육류요리 담기

육류요리를 완성하면 보통 메인 접시에 뜨거운 상태로 담아 고객에게 제공한다. 메인 접시를 살펴보면 바깥에서 약간의 기울기로 3cm 안쪽에 선이 생성되어 있다. 이 선을 벗어나지 않게 안쪽에 담아 제공한다. 최근에는 음식을 담는 그릇에 대한 선택의 중요성이 부각되면서 심플하면서도 고급스런 디자인으로 선택을 많이 하는 추세이다. 일반적으로 육류요리를 플레이팅 할 때는 완성된 육류요리(단백질)와 전분음식 한가지(탄수화물), 각기 다른 3가지 색 이상의 더운 채소(미네랄), 각종 소스의 어울림이 조화를 이루게 연출하는 것이 기본원칙으로 되어있다. 또한, 육류의 종류와 부위의 형태에 따라 접시의 선택과 담는 방법이 각기 다르게 연출되어야한다.

2) 육류요리 가니쳐

육류요리의 가니쳐는 곡물(전분함유음식)과 채소 3~5가지를 곁들여준다. 가니쳐는 동일한 색상이 겹치거나 동일한 조리법으로 조리해서는 안된다. 아래의 표는 육류요리 가니쳐에 대한 설명이다.

[표 7-7]

종류	재료명	특징	조리법
곡류	쌀, 보리, 밀, 옥수수	열량이 우수한 공급원이고 소화 흡수가 쉬우며 담백한 맛	보일링, 프라잉, 소테잉
서류	감자, 고구마, 마	전분 함량이 높고 다당류를 함유하여 주식대용으로 이용하는 식품	보일링, 스팀밍, 프라잉, 딥프라잉
버섯류	표고, 양송이, 새송이, 느타리, 목이, 석이, 팽이	담자균류에 속하며 토양이나 나무속으로 뻗어 있는 균사로 이루어져 있고, 독립적 영양소를 확보하지 못하여 기생 또는 부생 생활,200여 종이 식용 가능하고 20~30여종이 보편적으로 사용	Poaching, 소테잉, 그릴링
채소류	엽채류, 인경채류, 근채류, 화채류, 과채류	독특한 풍미와 다양한 색깔로 식욕을 증진시키는 기능성 작용, 식이섬유함유	브랜칭, 보일링, 프라잉, 딥프라잉

7-13. 소시지

1) 소시지란?

소시지는 돼지, 송아지, 소, 양, 사슴 같은 온혈동물과 닭, 꿩, 그리고 칠면조같은 가금류를 가지고 만들어진다. 저장성을 높이기 위해 이런 동물의 고기에 소금을 사용한 것이 소시지의 유래인 듯 싶다. 소시지라는 용어는 라틴어로 "소금에 절인"(salted)다는 의미인 salsus에서 유래되었다. 고대 로마 · 그리스 시대에 최초의 소시지가 만들어졌다는 기록이 있고, 유럽을 정복하면서 전 유럽으로 전해진 것으로 알려져 있다. 심지어 동양에서도 중국 문헌에 보면 남, 북조 시대에 염소를 이용해 파, 소금, 간장, 생강, 후추 등으로 양념하여 창자에 충진하여 소시지를 만들었다는 기록이 있다.

소시지는 고기와 자투리고기를 주원료로 하여 소금과 향신료 각종 식품첨가물을 혼합하여 를 넣어 섞어 갈아줌으로서 만들어진다. 이 혼합물을 천연 또는 인공 케이싱에 속을 채워 만드는데 원래 케이스는 창자, 위, 그리고 다른 동물의 부위로 만들어진다. 이탈리아어(insacatta)로 소시지는 "케이스 안에 넣은"(encased)란 의미이다.

중세시대에 들어 현재의 소시지 모양을 한 소시지가 전 유럽에 퍼지기 시작했고 독특한 지역적 형성은 다양한 향신료와 허브는 지역마다 나라마다 각기 독특한 소시지를 만들기 위해 다양하게 사용하였으며 소시지를 신선한 상태로 두거나 훈제 또는 건조시키도록 선택되어졌다. 심지어 소시지나 다른 음식들은 훈제하는데 사용되는 나무의 종류나 미묘한 향의 차이를 만들어냄에 따라 지역마다 변화를 가져왔다.

소시지의 종류는 수백 가지가 되며 원료육이나 제조형태 그리고 향신료등의 첨가물의 종류에 따라 여러 가지 종류가 있으나 크게 도메스틱소시지(Domestic sausage)와 드라이 소시지(Dry sausage)로 분류한다.

채식위주의 식사를 하는 동양권 보다는 돼지고기를 비롯한 육식을 선호하는 유럽을 중심으로 발달하였다.

2) 소시지의 재료

(1) 주재료

① 식육

소시지는 돼지를 주로 많이 사용하며 송아지, 소, 양, 사슴, 꿩, 닭, 그리고 칠면조를 가지고 만들어진다. 전통적으로 소시지는 운동량이 많은 다리나 어깨부위의 질긴 고기를 사용하여 만들어져왔다. 운동량이 많은 근육일수록 질기고 더 높은 향을 가지고 있다. 질긴 고기를 부드럽게 하는 것은 고기를 갈아줌으로서 만들어낸다.

소시지를 위한 고기들은 가급적 위생적으로 인증된 식육을 구입하여 사용하되 냉동시키지 않은 신선한 고기를 사용하는 것이 품질 좋은 소시지를 생산하는 지름길이다. 식육을 갈아주기 전에 정육각형 모양으로 잘라 양념이나 소금 등에 절이는 혼합물은 고기를 갈기 전에 고기와 함께 잘 섞어 냉장고에 보관 후 사용한다.

② 지방

지방은 도살 직후의 신선한 돼지의 턱지방이나 옆구리 윗지방 같은 두껍고 단단한 지방이 소시지 제조에 가장 좋다. 지방을 손질할 때 바깥껍질부분을 얇게 벗겨내고 안쪽의 물렁한 지방과 힘줄을 정교하게 제거해야만 부드러운 소시지를 생산 할 수 있다. 지방은 살코기와 분리하여 따로 처리하여 지나치게 연한 지방이나 냄새가 나거나 노란색깔을 띤 것은 제외시켜야 하며 작업장의 온도관리에도 주의하여 낮은 온도에서 처리하여야 한다.

대부분의 소시지 레시피는 돼지지방(턱지방, 옆구리 위지방)또는 생크림(Fresh cream)을 요구하고 있다는 것을 알 수 있다.

(2) 양념과 소금절임혼합물(Cure mixes)

소시지는 제조 시 일반적인 테이블용 소금을 사용하는 것이 보통이다. 그러나 대체소금으로 해수염(Sea Salt), 코셔(Kosher)소금으로 대체할 수 있다. 소금은 부피와 무게의 관계가 다른 점을 고려하여 무게를 확실하게 잰다.

건조소시지나 훈제 소시지는 위생적으로 완전히 안전하게 절이기 위하여 질산염 또는 아질산-질산염 혼합물이 반드시 포함되어 만들어진다. 조리되어진 훈제 소시지(Hot sausage)나 생소시지(Fresh sausage)에는 질산염이 필요 없다.

설탕, 포도당, 꿀, 그리고 다양한 시럽들이 소시지의 향을 완화시키고, 완제품을 촉촉하게 하기 위하여 절임 혼합물에 더하여 진다.

③ 향신료(Spices)

시중에 향신료를 구입하면 건조한 상태의 씨앗이나 줄기, 열매가 대부분이므로 빻거나 구워서 사용하고 쿼트 에피스(Quatre Epices)나 파테 스파이스(Pate Spice)라는 특별한 상품을 구입해서 소시지에 사용하기도 한다. 사용하기 바로 전에 건조된 팬이나 오븐 안에서 향신료를 구워준 다음 향신료 분쇄기에 갈아 사용하는 것이 좋다.

④ 허브(Herbs)

소시지 제조법에는 건조된 허브가 사용된다. 신선한 허브가 필요할 때는 잘게 자르기 전에 씻어서 건조해야만 한다. 그러나 맛은 상이할 것이며 조심스럽게 비교하며 맛을 보아야 할 것이다. 일반적인 원칙에 따르면 건조된 허브와 비교해서 신선한 허브는 약 두 배에서 세 배가량이 요구되어질 것이다.

⑤ 향료(Aromatics)

채소류(양파, 버섯, 샐러리), 포도주, 감귤류의 껍질을 포함해서 많은 종류의 향료 재료들이 소시지에 사용되어진다. 대부분의 채소류들은 조리되어 사용하는데 섞어주기 전에 반드시 완전하게 식혀주어야 한다.

소시지에 추가적으로 더해지는 향을 가진 향미료나 양념들은 보통 소스류(

훈제기

보일러

충진기

사일런트커터

타바스코, 우스터소스), 양파 가루 그리고 마늘, 스톡을 사용하고 와인, 식초와 같은 높은 산도의 재료들은 주의해서 사용해야 한다. 너무 많은 량이 사용되면 완성된 소시지를 거칠게 만들 것이다.

3) 장비의 선택, 주의점 그리고 사용법

소시지를 제조할 때 사용하는 장비는 보통 고기분쇄기(Meat mincer), 푸드 프로세서(Food processors), 절단기(Chopper), 믹서(Mixers), 그리고 소시지 충진기(Sausage stuffers) 소시지 삶는 솥(Sausage boiler) 등이 사용된다. 이들 기계들을 고가이면서 세심하게 관리하지 않으면 항상 위생에 노출 될 수 있고, 사용 할 때에는 항상 집중하고 주의 하지 않으면 큰 사고의 위험에 상시 노출된다. 그러므로 이들 기계들은 관리하는 소시지제조자 또는 가드망제 주방장은 부하직원들에게 늘 안전교육과 사용지침을 교육, 숙지 시켜 시간이나 노동력을 절약하고 더 좋은 품질의 소시지로 만들게 해야 한다.

장비를 사용 할 때는 다음의 지침에 따라 사용하라.

① 장비들은 완벽한 상태를 유지하도록 한다. 장비사용 지침서의 표준 장비 점검표에 의해서 주방에서 사용되어지는 기계들을 점검하고 성능이나 안정성을 고려하라. 칼날은 날이 잘 서 있는가? 모든 안전장치가 잘 작동하는가? 코드나 플러그가 잘 작동되는가?

② 장비들 작동하기 전에 반드시 꼼꼼하게 세척하라. 장비의 모든 부분은 완전히 청결하게 세척하고 반드시 물기를 제거해야 하며 사용하는 사이에도 위생적으로 관리하여야 한다. 교차오염(cross contamination)에 주의해라.

③ 소시지의 재료와 직접적으로 접촉이 되는 장비의 모든 부분은 차갑게 해야 한다. 작업 전에 냉동고나 냉장고 안에 부품을 넣어 차게 하거나, 얼음물에 부품을 담구 워 둠으로서 빠르게 식혀준다. 만약에 이렇게 하지 않으면 소시지 혼합물 세절과정 중 일정온도 이상 올라가면 질 좋은 소시지를 생산하지 못 할 것이다.

④ 작업을 위해서 올바른 도구를 선택하고 장비를 무리하게 작동 하지 말라. 만약 장비를 무리하게 작동 할 경우 모터에 부담을 주어 기계를 고장나게 하여 당신이 원하는 소시지를 생산 하지 못할 것이다. 또한 기계의 과부하는 불필요한 마찰에 의해 소시지에 지나친 열을 가할 뿐만 아니라, 고르게 혼합할 수 없는 원인이 될 수 있다.

⑤ 모든 기계는 정확하게 조립하여 사용하도록 한다. 초보자는 칼날과 구멍 틀을 부적절하게 조립하는 실수를 하여 칼날을 산산조각 내어 작업을 중지시키는 일이 자주 발생한다. 또한 칼날을 반대로 조립하여 재료가 분쇄기를 통해서 부드럽게 흘러나오지 않는

다면 고기가 깨끗하게 갈아지는 것이 아니라 찢어지거나 짓눌러지고 있음을 가리킨다. 즉시 작동을 멈추고 분쇄기를 분해하여 이물질을 제거하고 분쇄기를 적절하게 재조립하여 사용한다. 분쇄기를 분해하거나 조립할 때는 반드시 전원을 끄고 조립한다.

인공케이싱

4) 고명 준비하기(Garnishing)

소시지는 여러 가지 고명을 필요로 한다. 일반적으로 많이 사용하는 고명재료로는 치즈, 채소, 절이거나 훈제한 육류, 견과류, 건조된 과일들은 소시지에 넣어 줄 수 있다. 고명들은 보통 소시지반죽의 맛을 보고 수정을 한 뒤에 정사각형이나 다른 모양으로 잘라서 같은 고기에 넣어준다. 필요하다면, 얼음을 채운 용기 위에서 손으로 섞어주거나 또는 전기 블랜더 안에서 기본이 되는 혼합물에 고명을 넣고 잘 섞어준다.

5) 소시지케이싱(Sausage casing)

소시지 제조에는 천연 또는 인공적인 다양한 종류의 케이싱이 이용되고 있다.

① 천연 케이싱은 양, 돼지, 소의 내장 또는 창자를 분리 세척하여 염장 후 만들어진다.

천연케이싱들은 동물의 내장 : 대장, 소장, 라운드(Round), 막창과 같은 다양한 부위로 만들어진다. 케이싱의 각각의 직경은 다양하다. 커다란 소시지는 소의 중간 창자 또는 막창으로 만들어지고 작은 사이즈의 소시지들은 전형적으로 양, 염소 또는 돼지의 창자들로부터 만들어진다. 세척 손질 시 많은 노동력을 필요로 하고, 손쉽게 잘 파손되어 가격이 비싸지만 수분과 공기가 통과 할 수 있어 훈연소시지에서 사용 할 수 있고 소시지와 같이 섭취 할 수 있어 고가의 소시지에 적합하다. 천연케이싱의 특징을 살펴보면 다음과 같다.

· 소시지와 함께 식용이 가능하다.
· 빠른 수분의 손실을 방지한다.
· 직경의 크기가 다양하고 쉽게 파손된다.
· 보관이 어렵고 가격이 비싸다.
· 케이싱에 육의 밀착성이 좋아 표피주름현상이 적다.

② 인공 케이싱들은 식용으로 또는 식용이 아닌 것까지 다양한 식품등급의 물질들로부터 만들어진다. 이 케이싱은 천연 케이싱의 장점은 유지하면서 단점을 보완하여 만든 것으로 주 재료는 동물의 창자나 피부 등의 콜라겐(Collagen)을 젤라틴(Gelatin)화 하여 가식성이며 통기성이 우수한 케이싱을 제조하여 많이 사용한다. 콜라겐이나 셀루로오스, 섬유질, 셀로판, 플라스틱 등이 사용 된다. 직경의 크기와 장벽의 두께가 일정하고 충진 시 잘 찢어지지 않으며 제품의 감량도 적고 취급 보관이 용이하다.

가공천연 케이싱으로 대표적인 것은 셀루로즈(Cellulose)를 원료로 특수가공하여 만든 통기성이 뛰어난 제품을 많이 이용한다. 훈연을 하지 않고 삶기(Boiling)만을 행하는 제품에는 폴리염화비닐리덴(Polyvinylidene chloride)를 소재로 한 케이싱 제품에 충진한다.

③ 케이싱 보관 및 사용

소시지케이싱(Sausage casing)은 동물의 내장을 깨끗이 세척 손질하여 소금에 절여 보관한다. 서로 엉키지 않게 조심스레 순서대로 감아서 소금으로 덮어 보관한다. 소시지 제조를 위해 보관된 케이싱을 사용할 때 40℃ 정도의 미지근한 물에 담구어 충진기 관(튜브)에 조심스레 끼워 충진한다. 동물케이싱을 사용할 때는 굵기가 균일한지 미세한 구멍(pin hole)이 있는지 검사를 해서 사용하며 공기가 들어가지 않게 적당한 길이로 말아서 결착하던지 가는 실을 이용하여 묶는다.

6) 유화소시지 제조법

유화 소시지는 보통 5-4-3의 비율 즉, 잘 위생적으로 손질 된 생고기 5, 돼지의 지방(턱 부위 지방)4, 수분(얼음의 형태)3 의 무게 비율로 갈아준 기본적인 혼합물을 가지고 만들어진다. 많은 유화소시지들은 훈제되기 전에 60℃ 정도의 물에 뭉근하게 삶아준다. 소시지를 만들자마자 적절하게 포장하고 싸서 냉장고에 저장되어져야 한다.

① 고기를 연골, 힘줄, 결체조직을 제거해 준 다음 소금과 후추 절임제를 섞어주고 고기에 묻도록 잘 섞어준다. 절여진 고기는 고기 분쇄기의 가장 고운 틀을 이용해서 갈아주는데, 지방을 갈아주는 동안은 아주 차갑게 유지해주어야 한다. 이 시점에 고기와 지방은 따로 분리해서 둔다.

② 지방(전형적으로 돼지 턱 부위지방) 정사각형으로 잘라준 뒤 부분적으로 얼려줄지도 모른다. 차갑게 잘 보관한 지방을 고운 틀을 이용해서 갈아준 지방은 필요할 때까지 차갑게 잘 보관한다.

③ 빠른 속도의 찹퍼(Chopper) 또는 프로세서(Processor)의 용기에 고기를 넣고 갈아준다. 고기 위에 얼음을 넣고 혼합물을 가공해주기 시작한다. 고무주걱을 사용해서 위로 올려준다.

④ 온도가 -1° C에 도달했을 때 갈은 지방을 넣어준다. 온도가 7° C~10° C사이가 될 때까지 계속해서 갈아준다. 지방은 고기(Lean meat)와 잘 유화가 형성되는 시점에서 더해진다. 혼합물은 소금의 영향과 부서진 얼음에 의해서 만들어지는 마찰 그리고 기계적인 혼합작용은 거의 스펀지와 같은 질감으로 가볍게 만들어진다.

⑤ 지방이 고기 내부에 충분히 고르게 섞여서 용해시키는데 있다. 유화 소시지의 질감은 매우 일정해야 한다. 좋은 결과를 반드시 얻기 위해서 소시지가 혼합되는 동안 용기 옆에 있는 고기를 고무 주걱으로 내려준다.

소시지에 고명을 넣거나 모양집기 그리고 완성하기 전에 갈아준 고기를 테스트하고 평가해본다.

7) Domestic sausage의 일반적인 제조법

수제소시지(Domestic sausage)에는 후레쉬소시지(Fresh sausage), 훈연소시지(Smoked sausage), 가열조리소시지(Cooked sausage), 특수소시지(Special sausage)의 4가지로 분류한다. 이 분류는 주로 제조상 서로 다르며 그 만드는 법은 다음과 같다.

(1) 원료육(原料肉)의 처리

원료육은 햄(Ham)이나 베이컨(Bacon)의 원료를 채취하거나 정형할 때의 잔육이나 돼지고기가 주원료가 되며 쇠고기, 송아지고기, 양 고기 등을 이용하는 것이 보통이고 경우에 따라서는 고래고기, 말고기 또는 魚肉 등 각종 동물육을 이용할 수 있으며 원료를 만드는 것은 소시지의 종류에 따라서 선별하여 정리하지 않으면 안 된다.

소시지 제조 시에는 돼지지방을 일정량 배합하게 되는데 지방은 살코기와 분리하여 따로 처리하여 지나치게 연한 지방이나 냄새가 나거나 오염 된 것은 제외시켜야 하며 작업장의 온도관리에 주의하여 낮은 온도에서 차갑게 처리하여야 한다.

선별할 때 고기의 종류, 크기, 지방이 섞여 있는 정도, 염지유무, 색의 농도을 구별하고 고기가 유연한가, 결착성의 좋고 나쁨에 따라서 제품의 품질이 달라진다.

(2) 염지(Curing)

일반적으로 3~5cm정도 크기로 절단한 고기에 식염 2.5%, 질산염 0.1~2%, 아질산나트륨 0.01%의 염지제를 잘 혼합하여 원료육과 함께 혼합한 후 편편한 용기에 넣고 위에서 비닐을 덮어서 공기와 접촉하지 않게 한 후 2~3℃ 냉장고에 넣어 2~3일간 두면 염지가 완료된다. 그러나 Fresh sausage 등은 염지공정을 거치지 않기도 한다.

지방은 2%의 식염으로 염지하여 저장한다.

(3) 육세절(Grinding)

염지한 원료육은 세절기(Chopper)를 사용하여 세절한다. 세절기(Chopper)는 한 번에 비교적 커다란 고기 덩어리로부터 가늘게 고기를 세절할 수 있다.

플레이트(Plate)의 구멍 크기는 원료육의 크기에 따라 다르나 보통 쇠고기는 3.2mm, 돼지고기는 6.3mm, 돼지지방은 4.8mm가 표준이다.

고기를 세절할 때 주의할 점은 큰 덩어리의 고기를 너무 작은 플레이트로 갈거나 마모된 칼(Knife)을 사용하거나 무리하게 고기를 밀어 넣으면 기계에 부하를 지나치게 주어 고기의 온도가 상승하고 결과적으로 고기의 보수력과 결착력을 저하시킨다는 점이다.

따라서 고기를 세절기에서 갈 때에는 온도가 상승하지 않도록 고기를 충분히 냉각하여야 하며 세절기(Chopper)의 스크루(Screw)나 Plate, Knife 등을 충분히 냉각시켜 사용하여야 한다.

돼지기름은 온도가 올라가기 쉽고 고온이 되면 라드(Lard)화 되어 지방분리의 원인이 된다. 그런 까닭에 원료육과 지방은 항상 주의하여 온도가 올라가지 않게 냉장고에 넣어 둔다.

신선한 계절에 작업하기 좋으며, 더운 여름에는 작업장에 냉방 장치를 설치하여 항상 서늘한 온도를 유지 하는 것이 중요하다.

(4) 유화(Cutting and Mixing)

이 공정은 소시지를 케이싱(Casing)에 충전하기 전에 소시지 특유의 물성을 가지도록 기계적 처리를 하는 공정으로 이 공정을 거침으로써 소시지는 특유의 조직과 조직의 균일성을 가지며, 특유의 점탄성을 나타내게 된다.

이 공정은 혼합(混合), 유화(乳化), 세절(細切)의 다중효과를 내어 소시지 특유의 조직을 나타내게 된다. 각자의 정해진 처방에 의하여 준비된 재료는 사일런트 커터(Silent cutter)에 순서대로 넣는다. 동물의 종류이나 연령에 따라서 유연도가 다르므로 보통 단단한 것부터 순서로 넣는다.

세절기(Chopper)로 고기를 다 갈아내면 1회 연합할 수 있는 양을 측량하여 사일런트 커터(Silent cutter)에 균일하게 넣고, Cutting시의 온도의 상승을 방지하고 고기가 잘 세절될 수 있고 또한 첨가제가 균일하게 혼합되도록 얼음를 첨가한다.

얼음의 량은 제품의 종류에 따라 다르나 대개 5~25% 가량 넣은 후에 해당 조미료 및 향신료의 첨가제를 골고루 넣은 다음 회전시켜서 고기의 결착성을 높인다.

연합기를 3~4분 회전시킨 다음 전분을 균일하게 첨가하고, 마지막으로 지방을 첨가하여 1분가량 회전시킨 다음 연합을 마친다. 연합시간은 보통 5~10분이며, 결합조작은 소시지의 결착 및 보수성의 질을 결정하는 제일 중요한 공정이므로 온도는 절대로 10~15℃이상 올라가지 않도록 주의하여야 한다. 지방을 마지막으로 넣는 것은 열에 의한 지방의 분리를 방지하기 위해서이다.

Cutter Knife는 항상 예리하게 갈아서 청결하게 사용해야 연합육의 온도가 상승하지 않는다. 또한 나이프는 회전하는 카타의 대형 접시(皿)와의 사이가 0.3㎜정도 되게 단단히 고정시켜서 사용하여야 한다. 최근에는 성능이 우수한 고속의 Silent cutter를 사용해서 원료를 한번에 넣어 사용하는 경우가 많다.

(5) 충진(Stuffing)

Cutting을 마친 원료육을 충진기(Stuffer)에 공기가 들어가지 않도록 주의해서 넣은 다음 각종 소시지류가 필요로 하는 케이싱(Cassing)에 수동 또는 유압방식의 전자동으로 충진된다.

Cassing은 원래는 천연케이싱(Natural Casing)인 동물의 창자류에 충진하는 것이 소시지였으므로 동물의 내장에 많이 사용되어 왔다. 그러나 최근에는 가공천연케이싱도 많이 이용되고 있다.

(6) 훈연(Smoking)

소시지 훈연 과정

소시지의 종류에 따라서 연기를 쏘여서 독특한 풍미를 주며, 보존성을 높이는 것을 훈연이라 한다.

충전한 소시지는 표면이 대단히 습해서 소시지 내부에 연기의 유효성분이 충분히 침투하기가 어려우므로 훈연하기 전에 50℃ 전후에서 1~2시간 건조하지 않으면 안 된다. 이때 건조는 Casing 표면이 건조되어 약간 다갈색을 띠면 다시 온도를 서서히 높여가며 60~70℃에서 훈연을 하는데 비엔나소시지(Wienner sausage)와 같이 작은 것은 40분 정도로 하고 볼로냐소시지(Bologna sausage)처럼 큰 소시지는 2~3시간 훈연을 하여야 한다. 훈연은 충분히 건조시킨 다음 하여야 Smoking ring을 방지할 수 있고 소시지의 전체적인 표면에 골고루 훈연이 잘 베인다.

(7) 훈연의 온도와 시간

[표 7-8]

제품명	온도	시간
Bologna sausage	63~66℃	3시간
Knoblaugh sausage	55℃	1.5시간
Frankfurt sausage	52~55℃	2.5~3시간
Blood sausage	17~21℃	12시간
Tongue sausage	17~21℃	11시간
Liver sausage	43~49℃	1~1.5시간

8) 가열처리(Cooking)

제품의 종류에 따라 훈연(Smoking)과 삶기(Boiling)을 거치는 것과 거치지 않는 것이 있다.

훈연을 완료한 것은 뜨거운 솥에 넣는 데 이 온도와 시간의 관계는 제품의 종류나 굵기에 따라 표 7-9와 같이 다르나 70~75℃의 열탕에 담가 중심 온도가 65℃에 이른 다음 30분간 가열처리하는 것이 기준이 되고 있다.

여기서 주의 할 점은 케이싱의 종류에 따라 가열 솥의 물 온도가 다르다는 점이다. 보통 유화소시지에 사용되는 천연케이싱의 경우 아주 열에 약해서 삶는 도중 잘 터지기 때문에 물 온도가 60~65℃가 적당하고 인조케이싱의 경우 아래 표를 참조하면 될 것 같다.

가열조리(Cooking)가 끝난 것은 즉시 냉각수에 충분히 냉각시킨 다음에 제품을 냉장고에 입고시킨다.

(8) 가열조리(Cooking) 온도와 시간

[표 7-9]

제품명	온도	시간
Wienner sausage	70℃	20분
Bologna sausage	70℃	50분
Knoblaugh sausage	71℃	30분
Frankfurt sausage	71℃	30분
Blood sausage	93℃	2시간
Tongue sausage	93℃	2시간
Liver sausage	71℃	30분

9) 포장

조리(Cooking)한 것을 냉각하면 제품이 되나 실제로 포장을 하면 상품가치가 있는 제품이 된다.

플라스틱제품의 발달로 셀로판이나 폴리에틸렌으로 사용 하며 슬라이스(Slice)제품이나 건조소시지(Dry sausage)등은 진공포장을 한다. 최근에는 모든 제품에 진공포장을 해서 출하 하는게 일반적이다.

10) 소시지(Sausage)의 분류

[표 7-10]

제조방법상 분류	유형상 분류	종류	특징
Domestic sausage	Bruh wurst (Boiled sausage)	Vienna Hot-dog Chorizo	훈연시킨 후 삶거나 구워서 만들며, 조리시 습윤상태를 유지해야 탄력있는 제품을 만들 수 있다.
		Breakfast Neurnburger ST. Galler White sausage	모두 돼지고기를 만육하여 만든 제품이며, 삶아서 완성시킨다. 삶을 때 온도가 68℃를 초과해서는 안된다.
	Koch wurst (Special sausage)	Schinken sulze Ham sulze Pressack Blud sausage	이미 익힌 재료에 안 익은 재료를 합하여 만든 것으로, 젤라틴이나 피 등은 쉽게 용해되거나 파손되므로 온도 유지에 주의해야 한다.
Dry sausage	Roh wurst (Raw sausage)	Salami Salametti Zervelat Pepperoni Raw polish	익히지 않은 날것으로 원료육의 신선도와 훈연에 주의해야 한다. 특히 훈연후의 건조상태에 각별한 관리가 필요하며, 건조실의 미생물 및 온도와 습도 관리에 주의해야 한다.
		Tee sausage Mett sausage	걸쭉한 Dip형태로 되어 있어 빵이나 크래커에 발라서 먹는 것이 특징이다.
	Salted meats (Marinaded products)	Bacon Raw ham Dry beef Smoked salmon Smoked tuna Raw kasella	수염이나 건염을 한 후 훈연하여 건조시켜 완성시키는 것이 대부분이며, 장기 보관하는 품목으로 건조실의 관리와 곰팡이의 유해 여부를 늘 확인해야 한다. 독성 곰팡이(부패 작용)와 효모를 각별히 유념해야 한다.

Red Wine Sauce 레드와인 소스

1. 소스포트에 버터를 두르고 다진 양파, 다진 살롯을 놓고 갈색이 나도록 볶는다.
2. 1에 레드와인을 넣고 중불에서 1/3로 조려준 후 글라스 드 비안드 소스 넣고 한소큼 끓인다.
3. 2에 으깬 후추, 다임, 월계수 잎을 넣고 충분히 끓여준 후 고운 채에 거른다.

※ 포도주 소스는 포도주를 조려서 사용하는데 기본적으로 1/5정도 조려서 사용하고 최소한 1/3정도는 조려서 사용해야한다. 그래야만 어느 정도 알코올이 제거되고 포도주 소스의 제 맛을 느낄 수 있다.

양파 30g, 레드와인 100mL, 살롯 10g, 다임 1stalk, 진한스톡 60mL, 통후추 2g, 월계수 잎 1leaf, 버터 20g, 소금 pinch

Baked Garlic Crusted Beef Tenderloin Steak with Red Wine Sauce 마늘을 곁들인 소 안심과 레드와인 소스

1. 안심을 손질하여 원형 형태로 만들어 소금 · 후추로 간한 후 올리브오일을 발라준다.
2. 마늘은 겉껍질에 올리브오일을 바른 후 오븐에서 구운 다음 키친 타올에 놓아 껍질을 제거하고 으깨서 채에 내려 글라스 드비안드을 조금 넣고 소금과 후추로 양념하여 준비한다.
3. 감자는 껍질 채 물에 소금을 조금 넣고 삶은 후 껍질을 제거 후 채에 내려 버터와 양념을 섞어 으깬감자를 만들고 아스파라거스와 브로콜리는 소금물에 데친 후 버터에 살짝 볶아 준비한다.
4. 노란 파프리카는 그릴 위에서 돌려가며 껍질을 태운 후 랩에 싸서 20~30분 정도 경과한 후에 흐르는 물을 이용하여 껍질을 제거하여 적당한 크기로 잘라 놓는다.
5. 꼬마당근은 설탕물에 삶은 후 물을 조려 버터를 넣어 글라쎄하고 느타리는 간하여 버터에 볶아 준비한다.
6. 스테이크를 모든 면이 연갈색이 나도록 색을 낸 후 오븐에서 중간온도로 구워낸다.
7. 접시중앙에 으깬 감자를 놓고 그 위에 스테이크를 놓은 후 주위에 준비된 더운 채소을 조화롭게 담는다.
8. 8에 소스를 뿌리고 으깬 마늘을 스테이크위에 퀴넬모양으로 성형하여 올려 마무리한다.

INGREDIENTS	W/MEASURES		
소안심(Beef Tenderloin)	150g	노란 파프리카(Yellow Paprika)	20g
아스파라거스(Asparagus)	10g	소금(Salt), 후추(Pepper)	pinch
버터(Butter)	20g	마늘(Garlic)	20g
느타리버섯(Oyster Mushroom)	3g	당근(Carrot)	30g
브로콜리(Broccoli)	30g	올리브오일(Olive Oil)	15mL

Beef Tenderloin Wellington 밀반죽으로 말아 구운 소안심

1. 안심은 둥근 형태로 만들어 소금 · 후추를 뿌려 젖은 소창으로 싸서 둥근 모양을 내 준비한다.
2. 안심 스테이크는 팬에서 모든 면을 갈색을 낸 후 오븐에서 미디움 레어(Medium Rare)로 구워 식힌다.
3. 베이컨은 살짝 구워서 기름을 뺀 후 준비된 반죽 위에 넓게 놓고 위에 뒥셀(Duxelle)과 안심을 놓는다.
4. 반대편도 3.의 과정으로 하여 반죽으로 감싸주고 여분은 잘라낸 후 뒤집는다.
5. 도우 상부 중앙에 직경 1cm의 숨구멍을 내 놓는다.
6. 엔다이브는 길이로 4등분하고 가지는 길이로 두께 약 0.5cm 정도로 썰어 으깬 통후추, 소금, 다임 다진 것, 올이브 오일을 넣어 절여 두었다가 석쇠에 구워 낸다.
7. 홍, 청 피망은 길게 삼각형으로 썰어 뜨거운 팬에 빠르게 볶아서 소금과 후추로 양념한다.
8. 아스파라거스는 끓는 물에 데쳐낸 후 버터에 볶으면서 소금 · 후추로 간한다.
9. 작은 파이팬에 버터를 바르고 웰링턴을 놓고 크림을 섞은 달걀노른자를 붓으로 표면에 고루 바른 후 오븐에서 갈색으로 구워 낸다.
10. 접시에 소스를 깔고 구워낸 웰링턴을 2등분하여 접시 중앙에 담고 더운 채소는 균형 있게 주위에 놓고 로즈마리로 장식하여 완성한다.

INGREDIENTS W/MEASURES

안심(Tenderloin)	130g	달걀(Egg)	1ea	감자(Potato)	1ea
엔다이브(Endive)	30g	붉은 피망(Red Pimento)	20g	청 피망(Green Pimento)	20g
글라스 드 비안드(Glace Viande)	50g	베이컨(Bacon)	30g	아스파라거스(Asparagus)	30g
소금(Salt), 후추(Pepper)	pinch	로즈마리(Rosemary)	3g	가지(Eggplant)	40g
생크림(Fresh Cream)	10mL	버터(Butter)	60g	올리브오일(Olive Oil)	20mL

Dough 밀가루 반죽

1. 버터를 두께 3mm 정도로 납작하게 썰어서 말랑하게 준비한다.
2. 밀가루에 분량의 소금을 넣고 채에 내린 후 달걀, 분량의 물을 넣고 약간 되게 반죽한다.
3. 2를 정사각형 모양으로 반죽을 밀은 후 중앙에 버터를 놓고 모서리로 버터를 덮는다.
4. 3을 밀대로 본 크기로 밀고 다시 버터를 놓고 한번 더 반복한 후 두 번 접기하여 민 후에 비닐로 덮어 냉장 보관한다.

소금 pinch, 버터(butter) 60g, 달걀(egg) 1ea, 밀가루(soft flour) 100g

Duxelle 뒥셀

1. 양송이 양파, 샬롯은 곱게 다져놓고, 팬에 오일을 두른 후 양파, 샬롯을 버터에 먼저 갈색이나게 볶은 후 양송이를 넣어 충분히 볶아준다.

2. 화이트와인을 넣어 조린 후 글라스 드 비안드 소스을 넣고 조려 되직한 농도를 만든다.

3. 2에 넛맥, 파슬리 다진 것, 소금 · 후추를 넣어 간하여 뒥셀을 완성한다.

화이트와인 10mL, 소금 · 후추 pinch, 버터 10g, 양송이 50g, 글라스 드 비안드 소스 10g, 양파 15g, 다임 2g, 파슬리 2g

key points

1. 반을 가른 상태에서는 오븐에서 빨리 조리 되므로 과도하게 조리되지 않게 유의한다.
2. 마늘과 피망를 먼저 오븐에서 익혀야 조리시간을 절약할 수 있다.
3. 스테이크를 구운 팬을 이용하여 소스를 만들고 농도는 자연스럽게 흐르는 정도가 좋다.

Stuffed Fillet Steak in Garlic Flavored

마늘향을 첨가한 소안심 스테이크

1. 안심은 손질하여 동그랗게 만들고 소금 · 후추로 양념한 후 표면을 골고루 팬에서 미디움 레어로 조리하여 식힌다.
2. 마늘과 피망은 오븐에서 구워준다.
3. 팬에 양파, 마늘 다진 것을 넣고 볶다가 레드와인을 부어 조려준다.
4. 3에 월계수 잎 과 다임, 글라스 드 비안드 소스을 넣고 충분히 조린 후 걸러 소스를 완성한다.
5. 대파는 채 썰어서 튀겨 내고 구워낸 피망은 껍질을 벗긴 후 직사각형으로 썰어 버터에 볶아 놓고, 엔다이브와 느타리는 버터에 볶으면서 소금과 후추로 양념한다.
6. 애호박은 파란 부분을 썰어서 버터에 볶아낸다.
7. 구운 마늘을 채에 내린 후 글라스 드 비안드 소스를 조금 넣고 살짝 끓여 되직하게 만들어 식힌다.
8. 준비된 안심은 높이로 중간위치에 가로로 90%정도 썬 후 마늘 퓌레를 골고루 넣어준 후 요구하는 굽기 정도로 오븐에서 구워낸다.
9. 접시 바닥에 소스를 깔고 스테이크와 더운 채소를 조화롭게 담아 완성한다.

INGREDIENTS	W/MEASURES				
안심(Beef Tenderloin)	150g	마늘(Garlic)	30g	글라스 드 비안드(Glace De Fiand)	1/2C
파란 피망(Green Pimento)	20g	노란 파프리카(Yellow Paprika)	20g	붉은 피망(Red Pimento)	20g
양파(Onion)	30g	느타리버섯(Oyster Mushroom)	20g	신선한 다임(Fresh Thyme)	2g
월계수 잎(Bay Leaf)	1leaf	엔다이브(Endive)	40g	로즈마리(Rosemary)	3g
대파(Leek)	10g	레드와인(Red Wine)	30mL	애호박(Squash)	20g
소금(Salt), 후추(Paper)	pinch				

리오네이즈

리용은 프랑스 남부지방에 위치한 프랑스 제2의 도시이며 리용은 양파가 많이 재배되기 때문에 리오네이즈라고 명칭이 붙은 요리에는 모두 양파가 들어가는 것이 많다.

Beef Tenderloin Steak in Lyonnaise Sauce

리오네이즈 소스를 얹은 소안심 스테이크

1. 안심은 메달모양으로 만들어 소금 · 후추로 양념한 후 소창으로 싸서 고정시킨다.
2. 붉은, 노란 파프리카는 돌려가며 직화로 태운 후 랩에 싸서 식힌 후에 물에 넣고 껍질을 제거 하여 가로세로 4cm × 2cm 정도의 크기로 잘라 놓는다.
3. 느타리 버섯과 새송이 버섯도 파프리카와 같은 크기로 잘라서 소금과 올리브오일을 발라서 그릴에 굽는다.
4. 가지와 애호박도 파프리카와 같은 크기로 잘라 올리브오일, 으깬 통후추, 소금, 로즈마리, 다임, 다진 것을 함께 넣고 잘 섞어 절인 후 팬에서 구워준다.
5. 스테이크를 팬에서 모든 면이 갈색이 나도록 구운 후 오븐에서 중간온도로 구워낸다.
6. 리오네이즈 소스를 만든다.
7. 접시에 준비된 더운 채소를 색상에 맞추어 돌려 담는다.
8. 7위에 스테이크를 놓고 소스를 쳐서 완성한다.

INGREDIENTS	W/MEASURES				
안심(Tenderloin)	160g	버터(Butter)	20g	새송이(New Mushrooms)	20g
느타리버섯(Oystermushrooms)	20g	올리브오일(Oliveoil)	20mL	애호박(Greensquash)	30g
가지(Egg Plant)	30g	다임(Freshthyme)	2g	붉은피망(Redpimento)	20g
노란파프리카(Yellow Paprika)	20g	통후추(Whole Black Pepper)	3g	소금(Salt), 후추(Pepper)	pinch
로즈마리(Rosemary)	3g				

Lyonnaise Sauce 리오네이즈 소스

1. 냄비에 버터를 녹인후 양파 슬라이스, 마늘 다진 것을 넣고 갈색이 나도록 볶는다.
2. 1에 분량의 화이트와인과 식초를 넣고1/3이상 조린다.
3. 2에 데미글라소스와 글라스 드 비앙드 소스, 향신료를 넣고 끓인 후 소금 · 후추로 간을 한다.

양파 30g, 화이트와인 20mL, 식초 5mL, 다임 2g, 데미글라스 30g, 글라스 드 비앙드 소스 60g, 마늘 3g, 월계수잎 1leaf, 버터 30g, 소금 · 후추 pinch

Fillet of Tenderloin and King Prawn with Marchands Red Wine Sauce and Fresh Vegetable 레드와인을 곁들인 안심과 대하 구이

1. 안심은 손질하여 심줄과 기름을 제거하고 다임, 올리브오일, 소금 · 후추로 마리네이드(Marinade) 한다.
2. 새우는 껍질을 제거하고 소금 · 후추, 레몬즙 화이트와인으로 양념하여 준비한다.
3. 당근, 아스파라거스, 브로콜리는 다듬어서 끓는 물에 Poaching 하여 물기를 제거하고 버터에 소금 · 후추로 간하여 Poaching 한다.
4. 단호박은 설탕를 넣어 삶아 반은 으깨어 퓌레를 만들고 반은 큐브로 썰어 장식한다.
5. 팬에 마리네이드(Marinade) 한 새우를 구워서 익히고 껍질은 가니쉬로 사용한다.
6. 안심은 다이아몬드 마크내어 예열된 오븐(170℃)에서 중간 정도로 익힌다.
7. 접시에 재료를 나열하고 소스를 보기 좋게 그려 마무리한다.

American sauce 아메리칸 소스

1. 새우머리와 꽃게살 준비한다.
2. 부케가르니(Bouguet Garni), 코냑, 화이트와인을 준비한다.
3. 마늘과 채소를 볶는다.
4. 새우머리를 같이 넣고 주걱으로 으깨면서 볶는다. 코냑으로 플람베(Flambee)한 후 포도주를 넣어 1/3정도 조린다.
5. 토마토 페이스트를 넣어 볶은 후 생선스톡과 향신료를 넣어 끓인다.
6. 고운 채에 거른 다음 농도를 맞추어 사용한다.

꽃게살 1kg, 새우머리 20g, 토마토 700g, 양파 200g, 당근 100g, 샐러리 50g, 버터 100g, 토마토페이스트 300g, 생선스톡 1000mL, 백포토주 100mL, 코냑 20mL, 버터밀크 40g, 다임 1stalk, 월계수잎 1g

★ Marchand de vin Suace는 프랑스에서 포도주 상인이라는 뜻이다. 매우 농축된 레드와인 소스로 그릴이나 오븐에 구운 육류에 곁들여 먹는 것으로 유명하다.

INGREDIENTS	W/MEASURES
안심(Beef Tenderloin)	100g
대하(King Prawn)	1ea
로즈마리(Rosemary)	5g
아스파라거스(Asparagus)	1stem
꼬마당근(Baby Carrot)	1ea
새송이버섯(Oyster Mushroom)	10g
브로콜리(Broccoli)	10g
단호박(Sweet Pumpkin)	10g
레드와인소스(Red Wine Sauce)	20mL
아메리칸소스(African Sauce)	20mL
소금 · 후추(Salt, Pepper)	pinch

Italian Sauce 이탈리안 소스

갈색스톡 100mL, 버터 10g, 양파 10g 햄 20g, 홍피망 10g, 토마토 30g, 월계수잎 1leaf, 다임 2g, 샬롯 10g, 토마토 페이스트 10g, 양송이 30g, 소금 · 후추 pinch

1. 팬에 버터를 녹여 잘게다진 양파, 샬롯을 갈색으로 볶는다.
2. 1에 양송이를 사각으로 썰어 넣어서 주스가 없어질 때까지 고루 볶은 후 다시토마토 페스트를 넣어 볶는다.
3. 2에 쇠고기스톡과 향신료를 넣고 반으로 조려준다.
4. 3에 햄, 피망을 작은 주사위 모양으로 썰어 넣고 끓이며 농도와 간을 맞춘다.(즉석에서 스테이크와 함께 조리할 때는 스테이크를 구운 팬을 이용하여 끓이는 것이 바람직하다.)
5. 4에서 걸른 햄과 피망을 수분을 제거하고 퀴넬 모양으로 만들어 장식한다.

Pesto Sauce

바질 15g, 잣 5g, 파르메산치즈 5g, 마늘 1g, 올리브오일 15mL

Tenderloin Steak Poele with Italian Sauce

브로일에서 구워 익힌 안심과 이탈리안 소스

1. 브로콜리는 손질하여 삶아 버터로 양념 하여 준비한다.
2. 새송이 버섯은 5mm 두께로 썰어 그릴에 구워 준 다음 허브양념을 한다.
3. 팬에 기름을 치고 준비된 스테이크의 옆면과 양면을 갈색으로 그릴에 구워 준비한다.
4. 체리토마토는 윗부분에 칼집을 넣어 허브 양념하여 오븐에 굽는다.
5. 3의 팬을 이용하여 이탈리안 소스를 만든 후 갈색으로 낸 스테이크를 넣고 양면을 뒤집어가며 익혀 내부온도가 중간 정도로 맞추어 건져낸다.
6. 페스토소스 재료를 믹스기에 넣고 갈아서 페스토 소스를 만든다.
7. 접시에 페스토소스, Vegetable Garnish 놓고, 안심스테이크를 놓고 이탈리안 소스를 곁들여 낸다.

INGREDIENTS	W/MEASURES
쇠고기 안심(Tenderioin)	180g
새송이 버섯(King Oyster Mushroom)	1ea
체리토마토(Cherry Tomato)	1ea
다임(Thyme)	2g
브로콜리(Brocolry)	13g
다진양파(Onion)	15g
다진마늘(Garlic)	10g
소금(Salt), 후추(Pepper)	pinch
레드와인(Redwine)	50ml
월계수잎(Bay Leaf)	1leaf
이탈리안 소스(Italian Sauce)	30mL

★ 폴렌타는 가급적 금방 끓여 제공하는 것이 원칙이며 만약 쓰고 남은 것이 있다면 사각팬에 물을 바르고 폴렌타를 부어 평편하게 한 후 그 위에 유지를 덮어 냉장고에서 말린 후 사용할 때 알맞은 모양과 크기로 썰어 굽거나 튀겨 사용한다.

Braising 브레이징

육류 중에 운동량이 많아 질긴 부위의 덩어리를 장시간 조리하여 부드러움을 주는 조리 방법으로 브레이징팬에 식용유를 붓고 달아오르면 고기 덩어리 표면을 빠르게 갈색내어(Searing)육즙의 유출을 막고 채소와 스톡 소스를 첨가해 뚜껑을 덮고 오븐에서 조리하여 브레이징 액체가 충분히 고기에 스며들고 농축되어 촉촉한 감촉의 풍미를 느낄 수 있는 조리법이다.

Braised Beef Chuck with Polenta

폴렌타를 곁들인 삶은 쇠고기 어깨살

1. 깊은 팬에 오일을 붇는다.
2. 채소를 넣고 매우 낮은 불에서 볶아 주도록 한다.
3. 와인을 넣어 준다. 따뜻하게 보관해 둔다.
4. 키친 타올로 마리네이드(Marinade)한 고기를 꺼내 물기를 닦아 준 다음 소금과 후추로 양념한다.
5. 다음 구워준다(Searing).
6. 냄비에 와인과 채소를 넣어 준다.
7. 데미글라스 소스를 넣어 준다.
8. 뚜껑을 덮고 오븐에 넣어서 2~3시간 정도 조리하도록 한다.
9. 어깨살을 건져 낸다.
10. 냄비에 남은 육즙은 채에 걸러 준다. 소스의 농도가 되도록 졸이도록 한다.
11. 접시에 볼살을 담고, 소스를 뿌려 윤기를 내 준다(부드러운 폴렌타를 동반해 준다).

INGREDIENTS	W/MEASURES				
쇠고기어깨살(Beef Chuck)	500g	레드와인(Red Wine)	100mL	당근(Carrot)	30g
데미글라스소스(Demiglace Sauce)	250g	양파(Onion)	20g	올리브오일(Olive Oil)	20mL
샐러리(Celery)	1stalk	버터(Butter)	50g	월계수 잎(Bay Leaf)	1leaf
소금, 후추(Salt, Pepper)	pinch	계피 스틱(Cinemon Stick)	20g	통후추(Whole Black Pepper)	5ea
정향(Clove)	1ea				

폴렌타 용

1. 물을 끓이도록 한다.
2. 옥수수 가루를 넣어 준다.
3. 간을 조절한다.
4. 세이지와 버터를 넣어준다.
5. 45분 정도 조리하도록 한다.

물 500cc, 폴렌타 용 옥수수 가루 100g, 버터 30g, 세이지 1stalk, 소금, 후추 pinch

Tenderloin & Abalone in Polenta

폴렌타를 곁들인 안심과 전복스테이크

1. 깊은 냄비에 스톡을 붓고 폴렌타를 넣어 걸쭉하게 죽을 쑤어 사각 싯팬에 부어 식힌다.
2. 안심을 손질하여 소금 · 후추, 다임, 올리브오일로 마리네이드(Marinade) 한다.
3. 전복은 손질하여 채소스톡에 10분간 삶아준다.
4. 삶은 전복을 앞뒤로 칼집을 넣어서 후라이팬에 버터를 두르고 소금과 후추 양념하여 구워준다.
5. 안심을 그릴에 중간온도로 구워준다.
6. 더운 채소에 아스파라거스는 소금물에 삶아 버터로 소테하고 라따뚤리(가지, 애호박, 피망)는 작은 주사위모양으로 썰어 후라이팬에 볶다가 토마토패스트를 넣어 볶아준다.
7. 토마토는 브랜칭하여 껍질을 제거하고 속을 파내어 준비한다.
8. 식혀놓은 폴렌타를 직사각형으로 썰어 팬에 구워준다.
9. 후라이팬에 오일을 두르고 마늘 다진 것을 볶다가 레드와인을 넣고 절인 후 양겨자를 추가하여 데미글라스소스를 넣어 한번 끓여 완성한다.
10. 접시에 안심과 전복을 넣고 더운 채소를 곁들인 후 소스를 뿌려 완성한다.

bordelaise sauce 보르돌레즈 소스

이소스는 프랑스 보르도 지방의 대표적인 레드와인 소스이다. 보르도에서 가장 유명한 것은 포도주라고 할 수 있다. 보르도는 세계에서 가장 좋은 포도주를 생산하는 중요한 도시인데 대표적인 와인 인 샤토라고 불리는 포도원들에서 질좋은 포도주를 생산하고 있다.

1. 소스팬에 샬롯 다진 것과 마늘 다진 것 볶다가 레드와인을 넣고 약 1/3정도 조린다.
2. 1에 데미글라스와 향신료 다발을 넣고 끓여주며 위에 뜨는 거품을 걷어낸다.
3. 향신료 다발(Bouquet Garni)를 제거하고 소금과 후추로 양념한 후 걸러서 소스를 완성한다.

데미글라스 60g, 다임 2g, 샬롯 10g, 레드와인 20mL, 월계수잎 1leaf, 소금 · 후추 pinch, 마늘 3g, 버터 30g

INGREDIENTS	W/MEASURES				
안심(Tenderloin)	100g	전복(Abalone)	100g	폴렌타(Polenta)	50g
느타리 버섯(Peurotus Mushrom)	15g	라타투이(Ratatouille)	20g	토마토 작은 것(Tomato)	1ea
아스파라거스(Asparagus)	1stem	마늘소스(Garlic Sauce)	30mL	다임(Thyme)	1stalk
올리브오일(Olive Oil)	15mL	소금 · 후추(Salt, Pepper)	pinch		

생전복을 소금으로 씻는 이유는

1. 우선 미끄러움을 방지하여 안정적으로 점액질제거 등 손질작업이 용이하고 육질이 단단해져 식감과 감칠맛이 좋아진다.
2. 전복표면에 소금을 뿌려 골고루 문질러 표면의 검은 이물질과 점액질을 깨끗이 씻어준다

Stuffed Beef Meat in Lettuce 소를 채운 상추 스테이크

1. 다져 놓은 쇠고기에 파르메산 치즈, 달걀, 빵, 고기, 채소를 혼합한다.
2. 물에 데친 상추를 포기 채 펼쳐 물기를 제거하고 양념한 고기소를 둥글게 일정한 모양을 잡아주면서 빈틈없이 싸 준다.
3. 랩을 말아 준 다음 구멍을 찔러준다.
4. 송아지 맑은 스톡에 담가 조리해 준다.
5. 폰도 브루노를 졸이도록 한다. 오일을 넣고 휘핑한다.
6. 각 개인 접시에 소스를 뿌려 준다.
7. 스테이크를 보기좋게 담고, 레몬 제스트를 살짝 갈아 올려준다.

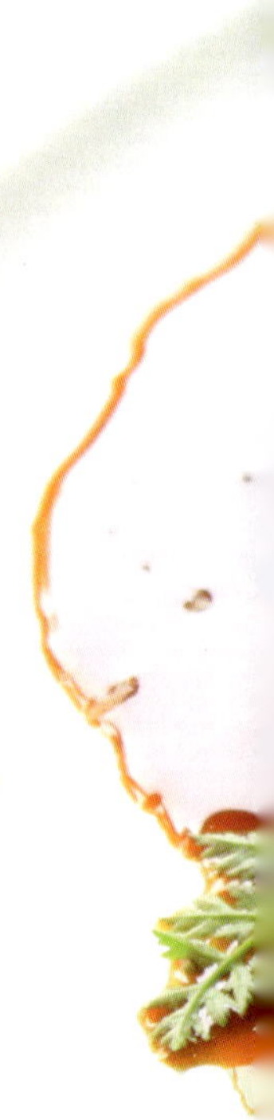

INGREDIENTS	W/MEASURES				
상추(Lettuce)	4leaves	달걀(Egg)	2ea	쇠고기 엉덩이살(Beef Round)	300g
파르메산 치즈(Parmesan Cheese)	30g	소금, 후추(Salt, Pepper)	pinch	비프스톡(Beef Stock)	2L
샐러리(Celery)	100g	올리브오일(Olive Oil)	30mL	당근(Carrot)	50g
레몬(Lemon)	1ea	양파(Onion)	100g	데미그라스소스(Demiglace Sauce)	150g
빵 부드러운 부위(Bread Crumb)	40g				

INGREDIENTS W/MEASURES

재료	분량	재료	분량
쇠고기 어깨살(Beef Shoulder)	200g	토마토(Tomato)	200g
베이컨(Bacon)	30g	당근(Carrot)	30g
샐러리(Celery)	20g	감자(Potato)	1ea
마늘(Garlic)	10g	빵가루(Bread Crumb)	20g
레몬(Lemon)	1ea	올리브오일(Olive Oil)	30mL
화이트와인(White Wine)	30mL	크림머스타드(Cream Mustard)	10g
소금(Salt) · 후추(Pepper)	pinch		
양파(Onion)	30g		
달걀(Egg)	1ea		
배추(Cabbage)	50g		

Poached Napa Cabbage in Beef Chuck Ground with Tomato Sauce 한국배추에 싸서 익힌 쇠고기와 토마토 소스

1. 쇠고기 어깨살을 손질하여 갈아준다.
2. 손질 후 남은 고기와 미르포아 놓고 쇠고기스톡을 만든다.
3. 양파, 당근, 샐러리, 감자를 브뤼누아즈(Brunoise : 2mm × 2mm × 2mm)로 썰어 볶아 놓는다.
4. 1.의 고기와 2.의 채소를 합치고 여기에 빵가루, 달걀, 토마토케찹, 크림머스타드, 소금 · 후추 하여 끈기 있게 해 놓는다.
5. 펜에 올리브오일 넣고 베이컨을 바싹하게 볶아 건져놓고 그 기름에 마늘, 양파 다진 것 볶다가 화이트와인 돌려주고 토마토를 넣어 은근한 불로 15분 정도 조리 소스가 완성되면 소금 · 후추 하여 간을 맞춘 다음 갈아 고운 채에 걸러준다.
6. 배추를 뜨거운 물에 데쳐 물기를 제거해 놓는다.
7. 오목한 종지에 얇은 배추 잎을 깔고 그 위에 양념 고기를 놓고 완전히 덮어 약간 깊은 오븐용기에 가지런히 놓고 2. 쇠고기스톡을 밑이 잠길 정도로 부어 주고 140℃ 오븐에 30분 조리한다.
8. 접시에 토마토 소스를 깔고 고기 올리고 고기 주위에 소스 위에 브로노와 채소와 베이컨을 장식하고 파슬리를 뿌려 장식한다.

★ 배추가 없을 때 양배추나 잎이 넓은 채소를 사용해도 되며 고기패티를 만들 때 너무 농도가 묽지 않게 주의한다.

Char-Grilled Striploin with Dijon Mustard Sauce

채끝등심 숯불구이와 디종 머스타드 소스

1. 쇠고기 채끝 등심을 손질해 소금과 후추로 양념하여 마리네이드(Marinade) 해 놓는다.
2. 더운 채소를 준비한다. 계절에 따라 달리 제공 할 수 있다.
3. 브로일러에 채끝등심을 브로일하여 170℃오븐에서 고객이 원하는 온도로 조리한다.
4. 여러가지 샐러드 채소를 뜯어 싱싱하게 준비해 놓는다.
5. 구운고기를 꺼내 고기즙을 따로 고운 채에 걸러 놓고 이 고기즙에 레몬주스, 소금과 후추로 양념하여 소스를 만든다.
6. 접시에 더운 채소와 채끝 등심을 놓고 샐러드를 올려주고 소스를 뿌려 제공한다.

디종 머스타드소스

소스펜에 오일을 두르고 마늘, 양파, 당근, 샐러리 다진것을 볶다가 레드와인을 넣고 조려주다가 생크림 약간 넣어 다시 조려준 뒤, 데미글라스를 첨가하여 농도가 걸쭉해지면 거른 다음, 디종머스타드를 첨가하고 소금과 후추로 양념하여 완성한다.

INGREDIENTS	W/MEASURES		
채끝등심(Striploin)	200g	디종머스타드 소스(Dijon Mustard Sauce)	100g
어린잎 모둠(Mesclun)	50g	더운 채소(Cut Vegetable)	100g
통후추(Whole Black Pepper)	15g	화이트 와인 식초(White Wine Vinegar)	20mL
올리브오일(Olive Oil)	30mL	소금(Salt), 후추(Pepper)	pinch

Char-Grilled Ribeye Roll with Mushroom Sauce

꽃등심 숯불구이에 버섯소스

1. 쇠고기 꽃등심을 손질해 소금 · 후추 하여 마리네이드(Marinade) 해 놓는다.
2. 더운 채소를 준비한다. 계절에 따라 달리 제공 할 수 있다.
3. 브로일러에 꽃등심을 브로일하여 170℃오븐에서 고객이 원하는 온도로 조리한다.
4. 버섯을 썰어 준비해 놓는다.
5. 버섯 소스를 만든다.
6. 접시에 더운 채소와 꽃 등심을 놓고 버섯 볶은 것을 올려주고 소스를 뿌려 제공한다.

INGREDIENTS	W/MEASURES		
꽃등심(Rib Eye)	200g	버섯 소스(Mushroom Sauce)	100mL
더운 채소(Hot Vegetables)	100g	통후추(Whole Black Pepper)	15g
화이트 와인 식초(White Wine Vinegar)	20mL	올리브오일(Olive Oil)	30mL
소금(Salt) · 후추(Pepper)	pinch		

버섯소스

소스펜에 오일을 두르고 마늘, 양파, 당근, 샐러리 다진 것을 볶다가 레드와인을 넣고 조려주다가 생크림 약간 넣고 다시 조려 준 뒤 데미글라스를 첨가하여 농도가 걸쭉해지면 거른 다음, 버섯을 볶아 첨가하고 소금과 후추로 양념하여 완성한다.

Pork Cheuk & Sauted Brocoli with Masala Wine Sauce

마살라와인 소스와 브로콜리를 곁들인 돼지목살 스테이크

1. 돼지목살에 소금과 후추로 양념하고 2분 뒤 후라이팬에 미디움 웰(Midium Well)로 굽는다.
2. 브로콜리를 다듬어 소금물에 데치고 줄기는 얇게 슬라이스하여 푹 삶는다.
3. 마늘과 홍고추를 같은 비율로 다져 볶다가 데쳐 놓은 브로콜리 꽃 부분을 넣어 같이 볶아놓는다.
4. 핸드블랜더에 푹 삶은 브로콜리 줄기와 홍고추 약간, 마늘을 넣고 곱게 갈아준다(퓌레).
5. 돼지를 구운 후라이팬에 마살라와인을 부어 디글레이징하고 물전분으로 농도를 맞추고 양념을 한다.
6. 접시에 브로콜리 퓌레를 깔고 그 위에 꽃 볶은 것을 놓고, 알맞은 크기로 썰은 돼지목살을 예쁘게 올리고 소스를 뿌려준다.

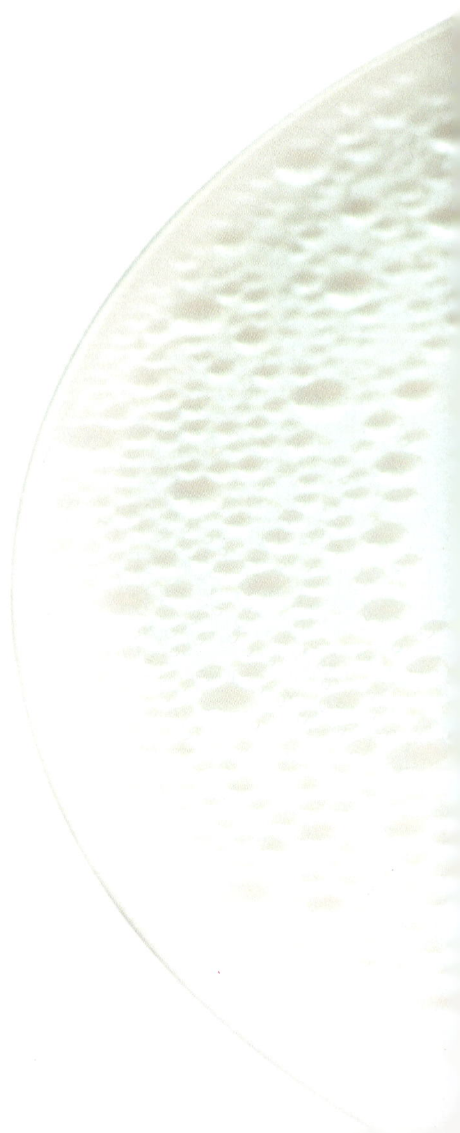

INGREDIENTS	W/MEASURES
돼지목살(Pork Chuck)	200g
브로콜리(Brocoli)	100g
마늘(Garlic Clove)	3cloves
마살라와인(Masala Wine)	1/2C
홍고추(Red Chili Pepper)	1ea
소금(Salt)	pinch
후추(Black Pepper)	pinch
올리브오일(Extra Virgin Olive Oil)	20mL
전분(Starch)	20g

★ 퓌레가 묽으면 불에 올려 걸쭉하게 농도를 조절한다.

Roullade Pork Printanie 여러 가지 채소를 넣어 말아 구운 돼지안심

1. 돼지 안심을 2cm 정도의 두께로 포를 뜬 후 펼쳐 소금, 후추, 생강즙으로 양념해 놓는다.
2. 당근, 표고버섯, 샐러리, 양파는 줄리엔(Julienne : 2mm×2mm×4cm)으로 썰어 중불에서 볶아 소금과 후추로 양념하여 식힌다.
3. 감자는 채 썰어서 데쳐 튀겨서 삼각형으로 자르고 토마토는 둥글게 자르고 새송이는 길이로 잘라 올리브오일, 소금 · 후추를 뿌려 그릴에서 구워낸다.
4. 작은 양파는 버터에 볶아 색을 낸 후 데미글라스에 글라쎄한다.
5. 준비된 돼지 안심을 편 후 밀가루를 채에 내려 안쪽에 얇게 뿌린다.
6. 5에 볶은 4가지 채소를 고루 펴서 놓고 둥근형으로 말아 조리용 끈으로 묶는다.
7. 센불에서 6의 표면을 갈색으로 구워 낸 후 200℃ 정도 온도의 오븐에서 약 15분간 구워낸다.
8. 7의 팬에 분량의 버터를 녹인 후 마늘 다진 것을 볶다가 레드와인을 넣고 반으로 조린다.
9. 8에 토마토 다진 것과 다임, 데미글라스를 붓고 은근히 조려준 후 걸쭉해지면 소금과 후추로 양념하고 걸러서 소스를 완성한다.
10. 접시 중앙에 익은 안심을 적당한 크기로 등분하여 놓고 더운 채소을 보기 좋게 곁들인 후 소스를 쳐서 완성한다.

INGREDIENTS	W/MEASURES				
돼지안심(Pork Tenderloin)	150g	당근(Carrot)	30g	표고버섯(Shiitake Mushroom)	30g
샐러리(Celery)	30g	양파(Onion)	30g	마늘(Garlic)	5g
생강(Ginger)	5g	신선한 다임(Fresh Thyme)	2g	레드와인(Red Wine)	50mL
토마토(Tomato)	50g	로즈마리(Rosemary)	2g	버터(Butter)	40g
올리브오일(Olive Oil)	30mL	밀가루(Soft Flour)	10g	새송이버섯(New Mushroom)	20g
감자(Potato)	50g	작은 양파(Small Onion)	30g	데미글라스(Demi Glace)	50g
소금(Salt), 후추(Pepper)	pinch				

돼지고기와 마늘

마늘의 알리신(Allicin)은 돼지고기의 비타민 B_1과 결합하여 알리 티아민(Allithiamin)을 형성하여 비타민 B_1의 흡수를 증가시키므로 돼지고기를 먹을 때 마늘과 함께 먹으면 좋다.

Stuffed Porkloin with Plums & Apple, Served with Vegetables 서양오얏과 사과를 채워 넣은 돼지등심 찜

1. 등심은 다듬어 소금, 후추로 간하여 편편하게 얇게 두두려 소금과 후추로 양념한다.
2. 사과 껍질을 벗기고 씨를 제거하여 작은 주사위로 썬다.
3. 후라이 팬에 버터를 녹이고 썰은 사과를 넣어 물기가 완전히 졸아 끈적거릴 때까지 볶는다.
4. 3에 건 자두와 계피가루, 건포도를 첨가하여 골고루 섞어 조린 후 식힌다.
5. 준비된 돼지등심에 내용물을 채우고 조리용 끈으로 묶은 후 표면에 검은 통후추를 으깨서 뿌린다.
6. 후라이 팬에 기름을 두르고 고온에서 등심을 짙은 갈색이 나도록 굽는다.
7. 6에 마늘, 양파 다진 것을 넣어 볶다가 토마토 다진 것, 데미 글라스, 설탕, 식초를 넣어 조리해가며 표면을 코팅하면서 익힌다.
8. 애호박, 가지, 피망, 토마토는 올리브오일, 소금을 발라 오븐에 굽고 당근은 길게 다듬어 데친 후 버터, 설탕을 넣고 글라세 한다.
9. 여분의 마늘을 얇게 썰어서 후라이팬에 튀겨서 가니쉬를 사용한다.
10. 등심이 다 익으면 꺼내서 따뜻한 곳에 보관하고 팬에 남아있는 소스는 걸러 생크림을 넣어 조려서 소스를 완성한다.
11. 접시에 등심을 썰어서 담고 주위에 더운 채소와 마늘 썰어서 튀긴 것을 놓고 소스를 치고 가니쉬를 곁들여 낸다.

INGREDIENTS W/MEASURES

INGREDIENTS	W/MEASURES	INGREDIENTS	W/MEASURES	INGREDIENTS	W/MEASURES
돼지등심(Ork Loin)	160g	건포도(Raisins)	30g	사과(Apple)	60g
계피가루(Cinnamon)	pinch	통후추(Whole Black Pepper)	2g	식초(Vinegar)	5mL
양파(Onion)	30g	느타리버섯(Oyster Mushroom)	30g	통마늘(Garlic Clove)	5g
핫소스(Hot Sauce)	3mL	황설탕(Brown Sugar)	4g	레몬주스(Leman Juice)	5mL
생크림(Fresh Cream)	15mL	데미 글라스(Demi Glace)	80g	세이지(Sage)	2g
애호박(Green Squash)	30g	체리토마토(Cherry Tomato)	1/2ea	당근(Carrot)	30g
플럼(Plum)	30g	아스파라거스(Asparagus)	1stem	가지(Eggplant)	10g
레드 피망(Red Pimiento)	10g	소금(Salt), 후추(Pepper)	pinch		

Braised Pork Belly 삶은 통 삼겹살

1. 통삼겹살을 팬에 모든면에 갈색이 나도록 구워준다.
2. 브레이징 팬에 미르포아를 넣고 볶다가 레드와인을 넣어 조려준다.
3. 2에 1을 넣고 치킨스톡을 넣어 은근히 조려준다.
4. 쿠스쿠스를 치킨스톡을 부어 익혀준다.
5. 감자칩을 물기를 제거한 후 튀겨준다.
6. 더운 채소를 준비한다.
7. 체리토마토를 오븐에 올리브오일을 발라 구워준다.
8. 엔다이브는 팬에 와인 브레이징을 한다.
9. 삼겹살이 다 익으면 건져내어 놓고 브레이징 팬에 남은 소스를 걸러 생크림을 넣고 다시한번 농도가 걸쭉해질 때까지 조려준 후 소금과 후추로 양념한다.
10. 삼겹살을 한입 크기로 보기 좋게 썬다.
11. 접시에 아스파라거스를 깔고 그 위에 쿠스쿠스를 깐 뒤 삼겹살을 올려주고 소스를 뿌려준 다음 더운 채소를 곁들인 뒤 감자칩과 로즈마리로 장식한다.

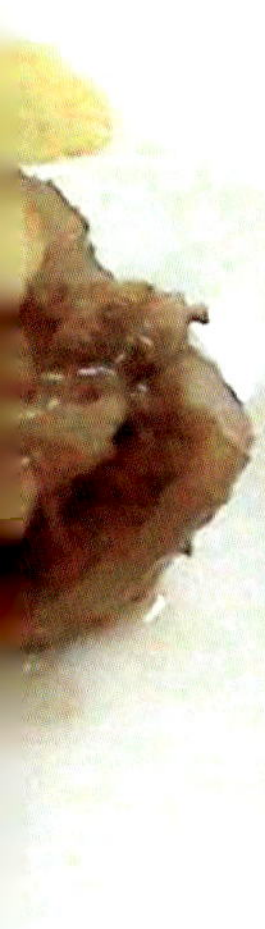

INGREDIENTS	W/MEASURES				
통삼겹살(Bacon)	300g	샐러리악(Celeriac)	1ea	양파(Onion)	1ea
감자(Potato)	1ea	쿠스쿠스(Couscous)	50g	아스파라거스(Asparagus)	2stem
로즈마리(Rosemary)	1leaf	체리토마토(Cherry Tomato)	1ea	데미그라스소스(Demiglace Sauce)	30mL
설탕(Sugar)	15g	생크림(Fresh Cream)	30mL	월계수 잎(Bay Leaf)	1leaf
마늘(Garlic)	2cloves	당근(Carrot)	1ea	샐러리(Celery)	1stalk
치킨스톡(Chicken Stock)	150mL	레드와인(Red Wine)	50mL		

Baked Chicken Legs with Fennel Seeds and Potato

휀넬향을 가미한 감자를 곁들인 닭다리 구이

1. 닭다리를 뼈를 제거하고 소금과 후추로 양념하고 휀넬 씨는 절구에 갈아 닭 위에 뿌려준다.
2. 올리브오일에 마늘 슬라이스, 세이지, 로즈마리를 넣고 약한불에 올려 끓어오르면 열에서 분리해 식혀 핸드블랜더에 넣고 갈아 놓는다.
3. 감자를 원추형으로 껍질 제거 후 12쪽으로 웨이지로 자른 다음 반 정도 익힌다.
4. 감자에 갈아 놓은 오일을 묻혀 오븐에 옅은 갈색이 나게 구워준다.
5. 양념한 닭다리를 껍질 부위 부터 저열로 서서히 갈색이 되게 구워주며 뒤집어준다.
6. 오븐에 넣은 감자가 갈색이 되면 닭을 구운 후라이팬에서 분리하여 감자 위에 얹어 10분 정도 더 조리한다.
7. 그 사이에 닭을 구운 후라이팬에 화이트와인을 부어 디글레이징한다.
8. 오븐에서 꺼내어 접시에 담고 소스를 뿌린다.

INGREDIENTS	W/MEASURES
닭다리(Chicken Legs)	1ea
휀넬 씨(Fennel Seeds)	5g
마늘(Garlic Clove)	2ea
화이트와인(White Wine)	1glass
감자(Potato)	1ea
로즈마리(Rosemary)	1stalk
세이지(Sage)	1stalk
소금(Salt)	pinch
후추(Black Pepper)	pinch
올리브오일(Olive Oil)	15mL

TIP 1. 닭을 구울 때 저열에서 서서히 굽는 것은 껍질 안쪽의 닭기름이 60℃ 정도에서 녹기 때문에 그렇다.

2. 양념을 할 때 2~3분정도 마리네이드(Marinade)를 해야 소금과 양념이 충분히 스며든다.

Supreme Herb Sauce 슈프림 향초소스

1. 바닥이 두꺼운 냄비에 분량의 버터를 두르고 양파 다진 것을 볶다가 소량의 밀가루를 넣어 타지 않게 고루 볶다가 치킨스톡을 넣고 끓인다.
2. 생크림을 첨가하고 조려 농도를 맞추어 고운 채에 거른 후 버터몽테(Butter Monte) 한다.
3. 허브를 잘게 다진 후 준비된 소스에 섞어 준다.
4. 3에 소금 · 후추로 간하여 슈프림향초소스(Supreme Herb Sauce)를 만든다.

화이트와인 15mL, 버터 20g, 세이지 1stalk, 밀가루 5g, 치킨스톡 50mL, 다임 1stalk, 생크림 30mL, 양파 20g, 소금 · 후추 5g

Pen Fried Chicken Breast with Supreme Herb Sauce 구운 닭 가슴살과 향초소스

1. 닭가슴살을 다듬어 생긴 뼈를 물에 담아 핏물을 제거하고 냄비에 담아 찬물과 양파, 샐러리, 월계수 잎, 통후추와 함께 넣고 끓여 진한 치킨스톡을 만든다.
2. 가슴살은 날개봉과 껍질이 붙은 상태로 모양을 다듬어 소금 · 후추로 간하여 준비한다.
3. 적 양배추는 가늘게 채 썰어 버터에 볶다가 설탕, 소금, 식초를 적당히 넣고 조려 새콤달콤한 맛을 내어 준비한다.
4. 애호박은 길이로 4등분하여 슬라이스 한 후 버터에 볶아내고 토마토는 웨이지로 썰어 토마토 콘피를 만든다.
5. 감자는 채 설어 팬에 버터를 넣고 노릇노릇하게 구워낸다. 사과는 가늘게 채 썰어 버터에 살짝 볶아 낸다.
6. 준비된 닭 가슴살에 밀가루를 얇게 묻힌 후 껍질 쪽 부터 노릇노릇하게 굽는다.
7. 접시중앙에 애호박을 깔고 그 위에 적당한 두께로 가슴살을 썰어서 놓는다.
8. 7 옆에 둥근링을 이용하여 붉은 양배추 조린 것을 놓고 그 위에 사과 볶은 것을 올린다.
9. 8 주위에 감자를 돌려서 담고 향초 소스를 보기 좋게 쳐서 완성한다.

INGREDIENTS	W/MEASURES				
닭가슴살(Chicken Breast)	150g	양파(Onion)	30g	버터(Butter)	30g
소금(Salt), 후추(Pepper)	pinch	설탕(Sugar)	5g	통후추(Whole Black Pepper)	3g
월계수 잎(Bay Leaf)	1leaf	감자(Potato)	50g	세이지(Fresh Sage)	1stalk
파슬리(Parsley)	3g	붉은 양배추(Red Cabbage)	40g	레드와인 식초(Red Wine Vinegar)	5mL
샐러리(Celery)	10g	애호박(Green Squash)	30g	사과(Apple)	30g
차이브(Chive)	1stalk	토마토 콘피(Tomato Confit)	15g		

Pen Fried Chicken Breast on Herb Crusted with Rosemary Sauce 허브 크러스트를 곁들인 닭가슴살 구이와 로즈마리 소스

1. 닭가슴살을 소금, 후추, 올리브오일에 재워놓는다.
2. 애호박, 가지, 당근, 버섯을 다져서 볶은 다음 밥을 넣어 볶아준다.
3. 허브크러스트를 만든다.
4. 닭가슴살을 팬에 구워 놓는다.
5. 구워 놓은 닭가슴살에 달걀 노른자를 바른 후 허브크러스트를 얹어 오븐에 넣고 색을 낸다.
6. 더운 채소를 준비한다.
7. 팬에 양파를 볶은 후 레드와인을 넣어 조려준 다음 로즈마리, 설탕, 데미그라스를 넣어 반으로 조린 후 걸러준다.
8. 비트는 삶아 채에 내려 퓌레를 만든다.
9. 접시에 볶은밥을 놓은 후 닭가슴살을 얹어 주위에 더운 채소와 소스로 장식한다.

INGREDIENTS	W/MEASURES				
닭가슴살(Chicken Breast)	120g	쌀밥(Rice)	50g	올리브오일(Olive Oil)	30mL
레드와인(Red Wine)	20mL	레몬(Lemon)	1/2ea	양파(Onion)	10g
월계수 잎(Bay Leave)	1leaf	가지(Eggplant)	10g	애호박(Squash)	10g
꼬마당근(Baby Carrot)	1ea	느타리버섯(Oyster Mushroom)	3g	버터(Butter)	20g
비트(Beet)	30g	로즈마리(Rosemary)	2g	데미그라스소스(Demiglace Sauce)	30mL
설탕(Sugar)	10g	소금(Salt), 후추(Pepper)	pinch		

Herb Crust 허브 크러스트

1. 빵가루, 파슬리, 박하 잎, 마늘, 레몬제스트 각각 다진 것에 올리브오일, 소금 · 후추로 가미한다.
2. 1에 소량의 달걀 노른자를 넣고 고루 섞어 허브크러스트(Herb Crust)를 만든다.

빵가루 30g, 파슬리 2g, 마늘 5g, 레몬 1/2ea, 달걀 1ea, 박하 잎 2g, 소금 · 후추 pinch

Stuffed Giblet in Oven Chicken 소를 채운 오븐 닭요리

1. 닭을 껍질이 손상 되지 않게 통째로 뼈와 살을 분리한다.
2. 달걀을 12분 완숙으로 삶아 굵은 채에 내려놓고 모래주머니는 손질하여 스몰다이스로 썰어 놓는다.
3. 드라이 토마토와 마늘은 다져놓고 엔초비는 곱게 다져 놓는다. 모둠 샐러드 채소도 싱싱하게 준비한다.
4. 얇은 소스팬에 올리브오일 두르고 마늘 다진 것, 모래주머니, 토마토 다진 것 볶다가 엔초비를 넣고 화이트와인을 뿌려주고 달걀하고 생크림 부어 걸쭉한 농도로 조리한다.
5. 빵가루를 후라이팬에 볶아 4.의 소스팬에 합쳐준다.
6. 벼를 제거한 닭을 펼쳐놓고 소금과 후추로 양념한 다음 밀가루를 뿌려 주고 5.의 재료를 중앙에 놓고 말아 실로 묶어 준비한다.
7. 후라이팬에 색깔을 낸 뒤 150℃오븐에 익혀준다. 색을 낸 후라이팬은 씻지 않고 그냥 두어 오븐에서 나온 닭과 닭즙을 합쳐 화이트와인으로 디글레이징하여 소스로 사용한다.
8. 접시에 닭을 스테이크 두께로 썰어 중앙에 놓고 주위에 모둠 샐러드를 예쁘게 담아 7의 소스를 뿌려 완성한다.

INGREDIENTS	W/MEASURES		
생 닭(Chicken)	1whole	모래주머니	50g
드라이 토마토(Dry Tomato)	50g	마늘	30g
모둠 샐러드(Salad)	30g	달걀	1ea
빵가루(Bread Crumb)	30g	생크림(Fresh Cream)	30mL
올리브오일	30g	화이트와인	30mL
화이트와인식초	20mL	소금 · 후추	pinch

Char-Grilled Young Chicken with Oven Baked Garlic 오븐에 구운 통마늘과 숯불 영계구이(국내산)

1. 영계를 날개와 다리살 만 뼈를 남겨 놓고 가슴 쪽은 뼈를 제거하여 손질해 소금과 후추로 양념하여 마리네이드(Marinade) 해 놓는다.
2. 더운 채소를 준비한다. 계절에 따라 달리 제공 할 수 있다.
3. 통마늘은 뜨거운 물에 삶아낸 후 오븐에 소금과 후추로 양념하고 구워준다.
4. 숯불에 영계를 구워 170℃오븐에서 완전히 익힌다.
5. 여러가지 샐러드 채소를 뜯어 싱싱하게 준비해 놓는다.
6. 접시에 더운 채소와 닭을 놓고 그 위에 샐러드를 올려주어 제공한다.
7. 고객에게 제공 할 때 발사믹 엣센스를 제공한다.

INGREDIENTS	W/MEASURES		
영계	1whole	루꼴라	50g
더운 채소	100g	통후추 Whole Black Pepper	15g
발사믹 엣센스	20ml	올리브오일	30mL
		소금 , 후추	pinch

Roast Duck Breast with Bigarade Sauce

비가라아드 소스를 곁들인 오리 가슴살구이

1. 오리는 깨끗이 손질하여 다듬은 후 소금,후추로 간해서 준비하고, 나머지 뼈를 이용하여 오리스톡을 만든다.
2. 감자는 웨이지모양으로 두 개 깍아서 소금물에서 절반을 익힌 후 팬에 구워 익힌다.
3. 표고버섯은 버터에 볶아 내고, 마늘은 튀기고 밤은 껍질을 까서 삶은 후 끓인 크림, 버터, 소금을 넣어 무스(Mousse)를 만든다.
4. 가지는 올리브오일과 소금을 발라 그릴에서 굽고 체리토마토는 오븐에서 굽는다.
5. 배추는 끓는 물에 살짝 데쳐서 버터에 볶는다.
6. 준비된 오리가슴살을 후라이팬에 색을 내어 오븐에서 익힌다.
7. 접시에 더운 채소와 구운 오리를 보기 좋게 담는다.
8. 그 위에 오렌지 알맹이를 올린 후 준비된 소스를 뿌려 완성한다.

INGREDIENTS	W/MEASURES				
오리고기(Duck Breast-With Bone)	180g	버터(Butter)	20g	감자(Potato)	50g
표고버섯(Shiitake Mushroom)	20g	배추잎(Napa Cabbage)	10g	로즈마리(Rosemary)	2g
통 후추(Pepper Corn)	2g	소금(Salt), 후추(Pepper)	pinch	체리토마토(Cherry Tomato)	2ea
마늘(Garlic)	2cloves	밤(Chest Nut)	30g		

Bigarade Sauce 비가라아드 소스

1. 설탕을 팬에 넣고 연한 갈색으로 만든 다음 레드와인 식초를 넣고 끓여준다.
2. 오렌지 알맹이를 하고 남은 것을 주스로 짜서 넣고 1/3정도 조려준다.
3. 그 후 브랜디로 플람베(Flambee)하고 글러스드 비안드를 넣고 끓이면서 소금과 후추로 양념하여 마무리한다.

글라스 드 비안드 소스 60g, 레드와인 식초 5mL, 오렌지 1ea, 설탕 10g, 브랜디 5mL, 소금 · 후추 pinch

Rack of Lamb with a Herb Crust 향신료 반죽으로 덮어 구운 양갈비

1. 준비된 양고기는 예리한 칼을 이용하여 뼈 쪽의 기름과 힘줄을 제거한다.
2. 1을 소금 · 후추로 간한 후 중불에서 표면을 고루 색깔 내어 중간온도로 익혀 식힌다.
3. 달걀 노른자를 손질한 양갈비 표면에 얇게 바른다.
4. 허브 크러스트 (Herb Crust) 를 만들어 양갈비 표면에 3mm 두께로 고루 눌러 입힌다.
5. 4의 양념한 양갈비를 오븐에 넣어 갈색으로 구운 다음 따뜻한 곳에서 10분간 휴지시킨다.
6. 구우면서 나온 기름과 육즙을 냄비에 옮기고 레드와인을 넣은 후 1/3 정도 조려 준다.
7. 6에 그라스비앙 소스를 넣고 끓여 농도를 조절하고 소금 · 후추로 간하여 소스를 만든다.
8. 감자는 쪄서 껍질을 제거한 후 버터, 소금과 섞어 채에 내리고, 당근은 모양을 내 깍아 삶아서 버터, 설탕을 넣고 글라세한다.
9. 새송이와 토마토는 올리브오일과 소금과 후추로 양념하여 그릴에 구워 준비한다.
10. 가지는 얇고 길게 썰어 기름에 튀겨서 가니쉬로 사용한다.
11. 휴지시킨 양고기를 뼈마디로 등분하여 접시에 담고 준비된 더운 채소를 곁들인 후 소스를 쳐서 완성한다.

INGREDIENTS	W/MEASURES		
양갈비(Rack Of Lamb)	200g	새송이버섯(New Mushroom)	20g
체리토마토(Cherry Tomato)	30g	올리브오일(Olive Oil)	30mL
당근(Carrot)	30g	아스파라거스(Asparagus)	1stem
가지(Egg Plant)	10g	로즈마리(Rosemary)	1stalk
소금(Salt), 후추(Pepper)	pinch	레드와인(Red Wine)	50mL
감자(Potato)	50g	글라스 드 비안드 소스(Glace Biande)	50g
다임(Thyme)	2g		

Herb Crust 허브 크러스트

1. 빵가루, 파슬리, 박하 잎, 마늘, 레몬제스트 각각 다진 것에 올리브오일, 소금 · 후추로 가미한다.
2. 1에 소량의 달걀 노른자를 넣고 고루 섞어 허브크러스트(Herb Crust)를 만든다.

빵가루 30g, 파슬리 2g, 마늘 5g, 레몬 1/2ea, 달걀 1ea, 박하 잎 2g, 소금 · 후추 pinch

Stuffed Lambchop in Truffle 검은 송로 버섯으로 속을 채운 양갈비

1. 검은 송로 버섯은 소와 감자에 사용한다. 소에 들어갈 버섯은 곱게 다지고 감자에 사용될 양은 매우 얇게 슬라이스 해준다.
2. 팬을 준비하여 양 갈비를 1분 정도 15g의 버터를 넣고 양면을 잘 구워준다.
3. 불에서 떼어 내고 식히도록 한다.
4. 돼지고기와 비계는 고기 다지기에 곱게 갈아 내린다.
5. 송로 버섯을 넣어 준다. 간을 조절해 준다.
6. 준비된 소를 양갈비에 얇게 펴서 싸준다.
7. 돼지 그물망으로 감싸준다.
8. 은근한 불에서 5분 정도 정제 버터에 갈비를 구워준다. 갈비를 꺼내고 지나치게 흘러나온 기름을 제거한다.
9. 팬을 화이트 와인으로 데글라이스한다. 졸이도록 한다.
10. 폰도 브루노를 넣어 준다. 적어도 1/3로 조려준다.
11. 감자의 껍질을 벗기고 자른다. 둥글게 슬라이스 하되 두 장사이의 끝을 완전히 자르지 않고 붙어 있을 수 있도록 해 준다.
12. 감자를 부채 모양으로 펴고 거기에 송로버섯을 교차하여 놓도록 한다.
13. 간간히 정제 버터를 뿌려주면서 오븐에서 굽도록 한다. 간을 조절하도록 한다.
14. 접시에 두 대의 갈비를 올려 준다. 버터를 넣어 소스를 에멀젼한다.
15. 부채 모양의 감자를 가니쉬로 함께 서브한다.

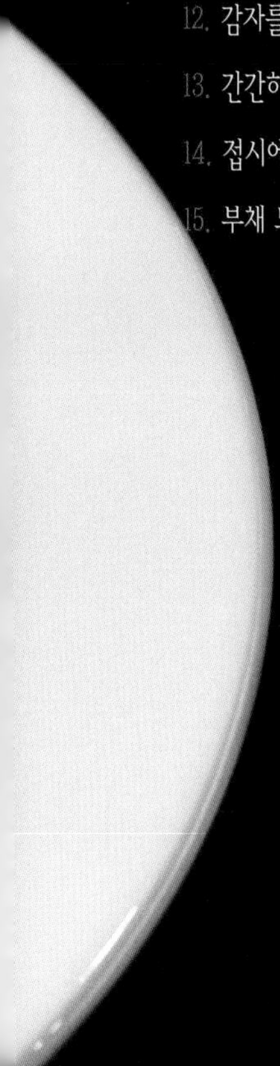

INGREDIENTS	W/MEASURES
양갈비(Lambchop)	400g
돼지고기와 비계(Pork Meat and Fat)	100g
돼지 그물망(Pig Net)	100g
감자 큰 것(Potato)	1ea
버터(Butter)	30g
정제 버터(Clear Butter)	50g
검은 송로버섯(Black Truffle)	30g
데미글라스(Demiglace)	100g
화이트 와인(White Wine)	30mL

Char-Grilled Lamb Chop with Rosemary Sauce

양갈비숯불구이와 로즈마리 소스

1. 양갈비를 손질해 소금 · 후추 하여 마리네이드(Marinade) 해 놓는다.
2. 더운 채소를 준비한다. 계절에 따라 달리 제공 할 수 있다.
3. 브로일러에 양갈비를 브로일하여 170℃오븐에서 고객이 원하는 온도로 조리한다.
4. 통마늘은 뜨거운 물에 삶아낸 후 오븐에 소금과 후추로 양념 후 구워주고, 토마토는 블랜칭(Branching)하여 반으로 자른 후 소금과 후추로 양념하여 올리브오일을 발라 오븐에 구워준다.
5. 로즈마리 소스를 만든다.
6. 접시에 더운 채소와 양갈비를 올려주고 소스를 뿌려 제공한다.
7. 고객에게 제공 할 때 포메리머스타드와 민트젤리를 곁들여 제공한다.

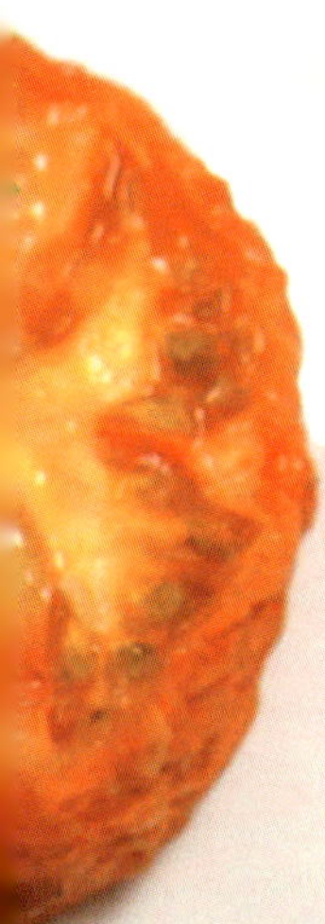

INGREDIENTS	W/MEASURES		
양갈비(Costolette D'agnello)	150g	로즈마리(Rosemary)	30g
포메리머스타드 소스(Pommery Mustard)	30g	더운 채소(Hot Vegetable)	100g
통후추(Whole Black Pepper)	15g	민트젤리(Mint jelly)	20mL
올리브오일(Olive Oil)	30mL	소금(Salt) · 후추(Pepper)	pinch

로즈마리 소스

소스펜에 오일을 두르고 마늘, 양파, 당근, 샐러리 다진 것을 볶다가 레드와인을 넣고 조려주다가 생크림 약간 넣어 다시 조려준 뒤 데미글라스, 로즈마리를 첨가하여 농도가 걸쭉해지면 거른 다음, 소금과 후추로 양념하여 완성한다.

메쉬 감자 Mashed Potato

감자를 껍질채 푹 삶아 껍질을 제거하여 곱게 으깬 후 달걀 노른자, 소금, 후추, 넛맥을 넣고 양념한 후 마지막으로 버터를 넣어 섞어주어 마무리 한다.

감자 120g, 달걀노른자 1ea, 소금, 후추 pinch, 넛맥 5g, 버터 20g

Veal Chop with Rosemary 로즈마리를 넣은 송아지 갈비구이

1. 송아지고기를 손질하여 양념한다.
2. 로즈마리 다진 것을 한쪽 면에 뿌리고 밀가루에 파프리카를 섞어 다시 양쪽 면에 뿌려준다.
3. 피망과 표고버섯은 길이로 썰어 양념 후 올리브오일에 절여둔다.
4. 정제버터에 송아지등심을 구운 다음 오븐에서 더 익힌다.
5. 구운 팬에 와인을 넣고 디글레이징하고, 스톡을 넣어 조려준다.
6. 소스를 채에 내린 다음 걸러서 버터 몬테한다.
7. 나머지 채소를 구운 다음 접시에 깔고 그 위에 고기를 놓고 소스를 뿌린 다음 차이브, 오레가노, 다임을 장식한다.

INGREDIENTS	W/MEASURES
송아지갈비(Veal Chop)	150g
로즈마리(Fresh Rosemary)	3leaves
밀가루(Flour)	10g
파프리카(Paprika)	10g
정제버터(Clarified Butter)	100g
갈색송아지스톡(Brown Veal Stock)	300mL
화이트와인(White Wine)	100mL
올리브오일(Olive Oil)	30mL
소금 · 후추(Salt, Pepper)	pinch
노란파프리카(Yellow Pimiento)	30g
검은양송이(Black Mushroom)	70g
샬롯(Shllot)	30g
다임(Thyme)	3stalks
오레가노(Oregano)	3stalks
차이브(Chive)	6stalks
아스파라거스(Asparagus)	30g
메쉬감자(Mashed Potato)	50g
흑마늘(Black garlic)	2cloves

8. 더운 채소(Hot Vegetable)

8-1. 채소란?

채소란 인체에 해로운 성분을 함유하지 않는 식품의 잎, 줄기, 뿌리, 과실 등을 식용으로 사용하는 것으로 크게 생채소(Fresh vegetable)과 더운 채소(Hot vegetable)로 나뉘어진다. 생채소는 샐러드 분야에서 다루었기 때문에 이 단원에서는 더운 채소 위주로 다루어 보기로 하자. 우리가 섭취하는 대부분의 요리가 산성인데 반하여 감자를 비롯한 모든 채소가 알칼리 식품으로 두 가지를 섭취함으로써 중화시키는 역할을 하고 주 요리(육류,생선)에 곁들여 색상과 형태, 영양학적으로 조화를 이뤄 훌륭한 작품을 연출할 수 있다. 영양학적으로는 열량원이라기 보다 비타민이나 무기질의 공급원이며 부드러운 섬유가 풍부하여 소화기의 기능을 정돈, 음식의 소화를 돕고 천연의 빛깔과 방향성분은 식욕을 증진시킨다.

채소를 육류 또는 생선요리의 가니쳐로 사용할 때는 보통 한입크기로 준비하고 포크 사용이 쉽게 조리하며, 각기 다른 색의 채소를 사용하고 채소마다 다른 조리법을 사용하여 주요리와 전체적인 균형을 유지하며 예술적 감각을 살려 화려하게 연출한다. 보통 가니쳐의 경우 전분 요리, 버섯류를 포함하여 5가지 정도의 채소를 제공한다. 특히 주의 할 점은 가니쳐의 량이 주요리 보다 많아서는 안된다.

채소를 조리할 때는 조리 직전에 세척하고 다듬고 준비하여 끓는 소금물에 익혀 가능한 한 빨리 조리하여 제공되어야한다. 그래야만 채소의 영양손실을 줄이고 색을 보존하고 그들의 특징과 맛, 신선함을 느낄 수 있다.

8-2. 채소의 분류

① 엽경채류 : 줄기나 잎을 사용한다. [예] 배추, 양배추, 시금치, 상추, 아스파라거스, 샐러리

② 근채류 : 뿌리를 이용한다. [예] 당근, 무, 비트, 양파, 감자

③ 과채류 : 초본식품의 열매를 식용으로 이용한다. [예] 오이, 호박, 토마토, 가지, 고추, 칠리류

8-3. 채소의 취급

① 채소에 묻혀있는 오물이나 벌레, 해충 등 이물질이 씻겨나갈 수 있게 흐르는 물에 세척한다.

② 푸른 채소는 끓는 물에 소금을 넣고 빨리 데쳐서 찬물에 식힌다(색의 변색 방지).

③ 모든 채소는 적당히 익히는 것이 중요하며 너무 익힐 경우, 영양, 맛, 색, 형태의 손실을 초래한다.

④ 시머링할 때 버터와 스톡을 함께 소금을 넣어 조리한다.

⑤ 더운 채소 조리할 때 소스나 양념을 지나치게 하면 원래의 맛을 잃는다.

⑥ 냉동채소는 가급적 사용하지 말고 부득이 사용 시 찬물에 서서히 녹여 사용한다.

8-4. 채소의 색

[표 8-1]

색상	채소의 종류	특징
녹색 (Chlorophylls)	Spinich, Brocoli, Greenbeans	Mg 함유, 열, 산에 안정
황색, 주황색 (Carotenoide)	Carrot, Tomato, Pumpkin, Sweetpotato	산, 알칼리의 변화가 없고, 산소와 광선에 민감함
황색, 무색 (Flavonoids)	Onion, Turnip, Leek, Celeryleaf	산에 안정, 알칼리에 불안정
빨강, 보라 (Anthoxanthin)	Red Cabbage, Beet, Eggplant	알칼리, 산화에 불안정하고, 산에 대해서는 안정

8-5. 채소의 특징

1) 아보카도(Avocados)

아보카도는 모양이 달걀 또는 배 형태의 모양을 나타내고 녹색에서 검정색의 가죽 같은 껍질이 있는데, 껍질은 매끈하기도 하고 울퉁불퉁하기도 하다. 아보카도의 과육은 기름지고 미끈하며 부드러운 향과 맛이 있는데, 껍질 쪽은 녹색이고 가운데를 향한 쪽은 노란색이다. 아보카도를 자를 경우 그 단면이 금방 검정색으로 산화되므로 반드시 레몬이나 라임 주스를 발라서 갈변을 방지한다.

하스(Has) 아보카도는 어두운 색의, 울퉁불퉁한 껍질이 있고 다른 종류보다 뚜렷한 배 모양을 하고 있다. 플로리다 종류는 더 매끈하고 더 밝은 녹색이다. 아직 다 익지 않은 아보카도를 구입했다면 약 21℃정도의 실온에 물러질 때까지 두면 된다. 다 익은 아보카도는 가능한 한 빨리 사용하는 것이 좋다. 냉장보관 해야만 한다면 손님에게 제공하기 전에 실온에 충분히 두어서 맛과 향이 충분히 살아나게 한다.

2) 양배추과(Cabbage Family)

양배추(Brassica)과에는 브로콜리, 브뤼셀 수프라우트, 콜리플라워, 케일, 꼴라비, 콜라드 그린 등 여러 가지 종류의 양배추가 포함된다. 모두 비슷한 맛과 향을 가지고 있다. 콜리플라워와 녹색 양배추 같은, 이 과에 속하는 어떤 채소들을 결구를 형성하는 양배추로 간주된다. 청경채(Bok Choy)같은 다른 것들은 느슨한 결구를 형성한다. 남아 있는 다른 채소들은 결구를 만들지는 않지만 뿌리를 사용한다.

3) 오이, 호박, 가지류(Cucumbers, Squashes, Eggplant)

오이, 가지, 여러 가지 종류의 호박은 모두 호리병박과의 채소다. 상당히 질긴 껍질이 있고, 과육이 두툼하여 더운 채소로 조리하기가 편한 채소이다. 납작한 달걀 모양의 씨가 가지고 있다. 여름 호박은 연한 과육, 부드러운 씨, 얇은 껍질을 갖도록 하기 위해서 다 익지 않았을 때 수확한다. 겨울 호박은 질긴 껍질과 단단한 씨가 특징이며 삶아서 퓌레로 가공하여 곁들임 하거나 수프로 조리하여 사용한다.

4) 잎 채소류(Leafy Vegetable)

여기에는 샐러드에 사용되는 채소들과 익혀서 먹는 채소들이 포함된다. 익혀서 먹는 채소로 는 양배추를 비롯하여 청경채, 시금치, 벨지움 엔다이브, 배추 등을 데쳐서 볶거나 구워서 제공한다. 샐러드에 사용되는 채소에는 모든 종류의 상추와 벨지움 엔다이브와 물냉이 같은 다른 잎이 많은 채소들이 포함되며 전형적으로 생으로 먹거나 샐러드의 재료로 사용된다. 현대의 요리사들은 이전에 비해 더 많은 채소를 샐러드에 사용할 수 있는 기회를 갖는다. 머스쿨렌이나 소형 상추 같은 특별한 재료도 구할 수 있다. 어떤 샐러드 재료에는 허브와 금련화, 국화 또는 팬지 같은 식용 꽃들도 들어 있다. 샐러드용 채소는 매우 쉽게 상하기 때문에 조심해서 다루어야 한다.

5) 양파류(Onions Family)

백합과에 속한 채소로서 채소의 왕으로 불리어지며 얼얼한 매운 맛과 향을 공통적으로 갖는다. 이 매운 향은 이황화프로필, 황화알릴 같은 황 화합물이 휘발하여 매운 향을 발산하여 눈물짓게 한다. 양파는 음식의 향을 내기 위한 혼합물인 미르포아에 들어가는 재료 중 하나로 기본적인 식재료로 가장 보편적으로 많이 사용되는 채소이다. 너무나 많은 음식에 다양한 모양으로 사용되기 때문에 없어서는 안 되는 재료로 매우 당연하게 인식되고 있다.

마늘은 거의 당연하게 너무도 많은 음식에 로스트하거나, 다지거나, 저며서 들어간다. 납작한 빵의 토핑, 소스의 맛과 향을 내는 재료, 수프나 소스의 주재료로 사용되기도 한다.

양파는 사용되는 상태에 따라 두 가지 주된 범주로 나누어지는데, 보존처리한 것(dried)과 신선한 것(fresh)이 그것이다. 보존처리한 양파는 구입할 때 들어 있던 봉지나 상자에 담아서 비교적 서늘하고 건조한 장소에 보관해야 한다. 신선한 양파는 반드시 냉장 보관해야 한다.

6) 고추류(Peppers)

고추에는 두 가지 기본적인 종류가 있다. 모양 때문에 때때로 벨 페퍼라고도 불리는 파프리카와 관련은 있지만 대개 더 작고 매운, 방향성 오일을 함유하고 있는 칠리가 있다.

칠리는 열대 아메리카, 서부인도가 원산지이며, 파프리카는 헝가리에서 많이 재배되어 헝가리 고추라고도 불리운다. 파프리카에는 녹색, 붉은색, 노란색, 심지어 크림 같은 흰색과 자주색 등 여러 가지 색깔이 있다. 모든 고추는 어릴 때는 녹색이지만 특별한 몇 가지 품종은 익어가면서 진하고 화려한 색깔을 가지게 된다. 파프리카는 비슷비슷한 맛과 향을 가지지만 붉은색과 노란색 종류가 녹색보다 좀 더 달콤한 경향이 있다. 어떤 색깔의 고추를 사용하든 커다란 차이는 없다. 대부분의 음식에서 볼 수 있는 유일한 커다란 차이점은 외양이다.

파프리카는 하얀빛을 띠는 엽맥과 중심 부분에 있는 작은 씨가 모인 덩어리를 제외하면 속이 비어 있다. 일반적으로, 엽맥과 중앙의 씨 부분은 사용하지 않고 버린다. 파프리카를 요리하는 가장 널리 쓰이는 방법 중 하나는 로스트해서 좋은 품질의 오일, 신선한 허브, 검은 후추 가루와 함께 버무리는 것이다. 이 방법은 보통 이탈리아를 비롯한 지중해 연안에서 더운 채소조리에 많이 사용 된다. 쿨리 같은 소스, 안티파스토, 그릴에 굽는 빵이나 피자의 토핑, 샐러드에 사용된다. 고추류에는 오렌지의 4배에 가까운 비타민 C를 함유하고 있어 위의 곁들임 채소 뿐만 아니라 양념, 쿨리 같은 소스, 안티파스토, 그릴에 굽는 빵이나 피자의 토핑, 샐러드에 사용된다.

고추를 구입할 때나 지역 식료품점에 주문할 때는 단단한 고추를 찾아라. 고추 껍질은 오므라들거나 주름진 부분 없이 단단하고 윤기가 나야하고 살은 두껍고 아삭거려야 좋은 품질이다. 품종에 따라서는, 껍질에 반점이 있거나 줄무늬가 있는 것도 있으며, 정도의 차이는 고랑이 져 있기도 한다. 고추는 며칠 동안은 품질을 잘 유지하지만, 상자에 담겨 있는 고추들 중 몇 개가 물러지거나 갈색 반점이 생기기 시작하면 즉시 상자 전체를 검사해서 쓸 수 있는 고추는 가능한 한 신속하게 사용한다. 일단 품질이 저하되기 시작하면 급속히 상태가 나빠진다.

신선한 고추와 말린 고추 모두 구할 수 있다. 고추는 더 매운 것 일수록 조심해서 다루는 것이 중요하다. 하바네로 또는 바나나 칠리 같은 아주 매운 고추를 다룰 때 민감하게 사용하는 사전조치가 있다. 장갑을 끼고, 도마와 칼을 닦고, 눈과 같은 민감한 조직에 닿는 것을 피한다.

고추는 신선한 것, 피클 저림한 것, 말린 것(통째로, 얇은 조각으로 만든 것, 빻은 것), 훈제한 것이 판매되고 있다. 종종 말린 고추와 훈제한 고추는 신선한 고추와는 다른 이름으로 판매되기도 한다.

7) 꼬투리(Pod)와 씨앗을 이용하는 채소(Seed Vegetables)

꼬투리와 씨를 먹는 채소에는 그린빈스와 옥수수는 물론 완두, 콩 종류 들이 포함된다. 모든 종류를 다 가장 달콤하고 부드러운 어릴 때 익히지 않고 먹는다. 일단 수확하고 나면 자연적으로 포함되어 있는 당분이 전분으로 전환되기 시작한다. 가든피와 스위트콘은 특히 맛과 향의 손실이 심하다. 수확한 바로 다음 날부터 단맛을 잃을 수 있으며 며칠이 지나면 푸석푸석해진다.

가능하다면, 완두와 옥수수 같은 채소는 매우 마르기 쉬운 특성 때문에 수확에서 공급까지의 시간을 최소화하기 위해서 그 지역의 농장에서 구입하는 것도 매우 좋은 식자재를 구입하는 방법이다. 완두, 콩, 옥수수는 건조된 것도 구할 수 있다. 몇몇 신선한 완두와 콩은 꼬투리가 아직 살이 있고 부드러울 때는 꼬투리까지 먹는다. 마른 경우에는 완전히 건조하여 완두나 콩을 먹을 수 없는 꼬투리에서 분리해낸다.

8) 구근(Roots)과 괴경류(Tubers)

보통 근채류라 불리우며 뿌리와 괴경은 식물의 윗부분을 위한 영양소 저장소의 역할을 한다. 결과적으로, 뿌리와 괴경은 당, 전분, 비타민, 무기질 등이 풍부하다. 흔히 볼 수 있는 뿌리채소에는 비트, 당근, 샐러리악, 파스닙(설탕당근), 무, 순무 등이 있다.

괴경은 커다랗게 변한 둥근 모양의 뿌리로 새로운 식물을 키워낼 수 있는 힘을 가지고 있다. 위에서 언급한 감자 외에도 예루살렘이 원산지가 아니고 학술적으로 아티초크도 아닌 예루살렘 아티초크가 괴경에 속한다.

뿌리와 괴경은 건조한 곳에 껍질을 벗기지 않고 보관해야 한다. 잎 부분이 붙어 있는 경우에는 구입할 당시 잎들이 싱싱해야 하고 구입한 후에는 가능한 한 빨리 잎들을 떼어버린다. 적절하게 보관할 경우 몇 주일 동안은 품질을 그대로 유지한다.

9) 순(Shoots)과 줄기류(Stalks)

채소로 사용되는 줄기를 가진 식물들이다. 순(Shoots)은 어리고 연약해서 조심히 다루어야 상처를 입지 않는다. 영양성분이 높으며 보통 생으로 먹거나 살짝 데쳐 사용한다. 죽순, 야자순,아스파라거스가 대표적이다. 특히 아스파라거스는 원산지가 유럽이지만 중동에 전파되어 다시 유럽으로 전해져 기원전부터 그리스 로마시대에 먹기시작한 고급 채소이다.

흰색, 보라색, 녹색 세가지 종류가 있으며 아스파라긴은 이 식물에서 처음 발견하여였기에 붙혀 진 이름이다. 줄기는 단단해야하고 속이 꽉 차 있으며 갈색으로 변하거나 시든 기미가 없어야 한다. 샐러리, 휀넬 등이 여기에 속한다. 특히 휀넬은 고대 로마시대부터 사용되어지고 있으며 지중해 연안이 원산지이며 씨, 줄기, 꽃 등을 조리 할 때 사용 한다.

얇게 썰어서 생으로 샐러드에 사용하거나 통째 삶아서 치즈소스에 첨가하거나 생선요리, 소스, 빵, 피클, 스튜 등에 널리 사용된다.

10) 토마토류(Tomatoes)

토마토는 남 아메리카서부 고원지대가 원산지이다. 빨갛고 즙이 많은 이 채소는 가지과에 속하며 장과류(Berry)이다. 현재 지구상에는 수백여 종의 토마토가 있으며, 색깔은 녹색에서부터 노란색, 밝은 빨간색까지 있다. 기본적인 종류에는 작고 동그란 체리 토마토, 타원형의 자두 토마토, 커다란 비프스테이크 토마토 등이 있다. 모든 토마토는 매끄럽고 윤이 나는 껍질과 즙이 많은 과육, 작고 먹을 수 있는 씨가 있다. 상업적으로 재배되는 대부분의 토마토는 다 익기 전에 수확되어 유통 중에 익게 된다. 대부분의 요리사들은 가능한 한 언제나 그 지역에서 밭에서 재배한 잘 익은 토마토를 선호한다. 토마토는 특히 맛과 향이 풍부하고 전형적으로 매우 즙이 많기 때문에 그 지역 특산품을 선호한다.

최근에는 농작물 재배기술의 발달로 슬라이싱 토마토와 체리 토마토의 신맛을 감소시킨 특별한 골든 품종을 포함하는 몇 가지 특별한 토마토 품종을 생산할 수 있게 되었다.

어떤 음식에는 어떤 종류의 토마토를 사용하면 가장 훌륭하다는 뚜렷하게 확립되어 있는 간단한 규칙은 없지만, 몇 가지 기본은 있다. 깊은 골이 져 있는 비프스테이크 토마토와 다른 품종을 포함하는 슬라이싱 토마토는 샐러드 같은 익히지 않은 음식에 사용하는 것이 좋다. 자두 또는 로마 토마토를 비롯한 비교적 수분이 적은 토마토는 보통 소스와 퓌레에 많이 사용된다.

그밖에 품종은 샐러드, 주스, 구워서도 사용하며 특히 햇볕에 말리거나 구워서 사용하면 더욱더 영양학적 가치를 느낄 수 있다. 비타민A 와 비타민C를 다량 함유하고 있으며 리코펜 같은 항암물질을 함유하고 있다.

8-6. 더운 요리에 잘 쓰이는 채소

Asparagus(Aspage)

백합과 다년초로 남유럽, 미국 등지에서 생산된다. White와 Green으로 구분되며 화이트는 독일, 네덜란드, 프랑스 등 남유럽이고 그린은 미국, 호주, 멕시코가 주산지이다. 조리방법은 그린은 밝은 녹색과 바삭바삭한 맛을 살리기 위해 짧게 조리하고 화이트는 껍질을 완전히 벗긴 후 부드러워 질 때까지 익혀 사용한다. 연한 가지는 전채, 샐러드, 더운 채소로 사용하고 단단한 밑 등은 갈아서 수프로 사용한다.

Artichoke(Artichaut)

엉겅퀴과 식물로써 Heart와 Bottom으로 부분 샐러드, 더운 채소로 사용한다. Heart는 개화직전 꽃봉오리를 소금물에 45분 삶아서 사용하고 Bottom은 식초와 밀가루를 넣어 삶으면 변색을 방지한다.

Broccoli(Broccoli)

십자화과에 속하며 꽃 봉우리 부위만 잘라 섭취하며 비타민C를 많이 함유하고 있어 수프, 샐러드, 더운 채소로 이용한다.

Brussels sprout(Chou de bruxelles)

양배추와 유사하며 크기가 탁구공만하다. 육질이 단단하며 온대지방에서 월동한다. 더운 채소로 사용

Cauliflower(Chou-fleur)

꽃양배추라 부르고 흰색이며 브로콜리와 흡사하다. 수프, 샐러드, 더운 채소로 사용한다.

Cucumber(Concombre)

수분함량이 특히 많아 피클, 샐러드, 채소 스틱 등에 사용한다.

Endive(Endive)

빛을 차단하여 특별히 재배한 치커리의 일종이며 벨기에의 대표적 채소이다. 배추처럼 결구채소이며 더운 채소, 샐러드에 많이 사용한다.

Beet(Betterave)

붉은 색을 띄고 있으며 매우 단단하다. 붉은 즙이 많아 음식에 색을 들이는데 사용하기도 하고 물에 식초를 넣어 장시간 삶아 샐러드, 더운 채소, 피클 등으로 이용한다.

Celery(Cleri)

독특한 향과 맛으로 인기 있는 채소이며, 렐리쉬, 샐러드에 사용.

Carrot(Carotte)

날것, 익힌 것 어느 형태로든 제공할 수 있고, 특히 기름과 어울리면 영양학적 가치가 커진다. 채소스틱, 수프, 더운 채소, 샐러드 등 가장 많이 쓰이는 채소이다.

Corn(Mais)

옥수수로 수프, 샐러드에 많이 사용한다.

Eggplant(Aubergin)

가지라고 하며 길고 뾰족한 것과 둥근 모양이 있다. 더운 채소로 그릴에서 구워서 사용하기도 하고 튀겨서 제공하기도 한다.

Green peas(Petits pois)

둥글고 작은 초록색의 콩으로 수프, 더운 채소로 사용한다.

Lima bean(Feve)

엷은 녹색의 콩으로 신장모양을 하고 있다. 생선요리와 더운 채소로 사용한다.

Potato(Pomme de terre)

뿌리 열매이며 탄수화물, 무기질이 풍부하여 요리에 널리 쓰이는 채소이다.

Fennel(Fenouil)

형태는 샐러리와 비슷하나 잎은 당근 잎을 닮았고 향신료 역할과 더운 채소로 쓰며, 특히, 생선요리, 육류, 소스에 많이 사용된다.

Green beans(Haricot-vert)

줄 콩으로 녹색이며 콩이 여물지 않았을 때 사용. 더운 채소, 샐러드에 사용한다.

Onion(Oignon)

양식요리에 가장 많이 쓰이는 채소이며 맛과 향도 좋고 단맛을 내는 채소이다. 수프, 소스, 샐러드, 향신료, 미르포아 등 쓰임새가 다양하다.

Pumpkin(Potiron)

둥근형태의 호박, 수프나 더운 채소로 사용. 구워서 사용하면 좋다.

Spinach(Epinard)

시금치라 하며 푸른색이며, 비타민C가 많이 함유. 샐러드에 많이 사용하며, 더운 채소로 사용한다.

Shallot(Shallote)

서양파의 일종으로 닭, 생선, 채소 등의 요리에 독특한 향과 풍미를 준다. 양파와 마늘의 맛을 가졌으며 순한 맛을 내며, 특히 생선요리 소스에 많이 사용한다.

Zucchino(Courgette)

애호박이라 부르며 이탈리아요리에서 더운 채소로 많이 사용한다.애호박이라 부르며 이탈리아요리에서 더운 채소로 많이 사용한다.

White cabbage(Chou blanc)

양배추라 하며 샐러드, 독일김치, 양배추 롤 등에 사용된다.

Tomato(Tomate)

이탈리아요리에 많이 사용하며, 샐러드, 소스, 더운 채소에 많이 사용된다.

8-7. 버섯이란?

고대 그리스와 로마인들이 "신의 식품"이라고 극찬하며 즐겨먹었고 중국인들은 "불로장수의 영약"식품으로 귀하게 여겼던 담자균 무리의 식물로서 균사가 모여서 된 영양체(자실체)가 크게 자란 것이다. 생김새는 뿌리, 잎, 줄기의 구별이 없고, 보통은 긴 자루 위에 둥근 삿갓이 달려 있는 우산 모양이고, 나무가 많은 숲 속이나 죽은 나무, 낙엽이나 풀이 썩은 곳 등 응달지고 습기가 있는 곳에서 잘 자란다. 버섯의 주성분은 70~95%가 수분이지만, 그밖에 단백질, 지방, 회분 등이 들어있다. 독특한 향기와 맛 영양가 때문에 식품으로서 널리 이용되고 있으며, 약재로도 쓰이고 있다. 가급적 채취 후 빨리 조리하여 섭취하는 것이 좋으나 건조한 버섯을 사용 할 경우 조리 하기 전 따듯한 물에 15분정도 담구어 부드럽게 하여 사용하는 것이 좋다. 먹을 수 있는 버섯들의 대부분은 완전하게 다 먹을 수 있지만, 만약 버섯대가 너무 질기거나 끈끈한 껍질을 가지고 있다면 손질해버리고 먹지 않는다. 많은 버섯들은 신선한 것과 말린 것을 모두 구할 수 있다. 모렐, 목이, 표고는 어떤 음식에서는 말린 것을 쓰는 것이 더 좋은데, 신선한 것보다 말린 것이 더 강한 맛과 향을 내기 때문이다. 샐러드, 더운 채소로 건강식으로 많이 애용되고 있다.

대체적으로 향이 강하고 색상이 화려한 버섯은 강독성을 가진 버섯이므로 사용에 주의한다.

8-8. 버섯의 종류

1) 양송이(Button mushroom)

서양송이, 머셔룸이라 하며 갓은 5~12cm이고 처음에는 거의 구형이나 점차 퍼져서 편평해진다. 또한 표면은 백색이며 나중에 담황 갈색을 띠게 된다. 살은 두껍고 백색이며 상처를 내면 담홍색으로 변한다. 주름은 자루 끝에 붙어 있고, 밀생하며 어린 것은 백색이나 점차 담홍색으로 되고 발육됨에 따라 흑갈색으로 된다. 비타민D와 B2, 타이로시나제, 엽산 등을 많이 함유하고 있어 고혈압 예방과 빈혈치료에 효과가 있다.

2) 표고버섯(Shiitake mushroom)

민주름버섯목 송이과에 속하는 식용버섯으로 한국, 중국, 일본 등의 동양에서 봄, 여름, 가을에 걸쳐 참나무류, 밤나무, 서어나무 등 활엽수에 발생한다. 주성분은 항암성분 등 각종 유리아미노산 등을 함유하고 있는데 항바이러스 작용과 혈압강하작용에 효과가 있다. 혈액의 콜레스테롤을 적게 하며, 고혈압, 심장병에 좋고 항암작용, 항균작용, 혈당감소 등에 효과가 있다.

3) 송이버섯(Pine mushroom)

인공재배를 거부하는 무공해 임산물로 성인병 예방에 특효가 있는 대표적인 신토불이 무공해 버섯이다. 저칼로리, 고단백질의 맛과 향이 뛰어난 최고의 선호 식품이며 저지방, 콜레스테롤을 감소시키는 물질 함량으로 성인병 예방에도 효과가 있다. 비타민 B1, B2는 물론 비타민D도 많아 햇빛에 말린 송이는 비타민D 덩어리라 할 정도로 영양이 뛰어나다. 또한 송이는 위암 직장암의 발생을 억제하는 크리스틴 이라는 항암성분이 들어 있어 항암작용을 한다. 뇌에서 체내 밸런스 작용을 해서 장에 있는 나쁜 균을 죽이고 증식시키며 섬유질이 많아 변비에도 좋다.

4) 느타리버섯(Peurotus ostreatus)

옛날부터 야생된 것을 식용하여 왔으나 1917년 독일에서 인공재배가 시작된 이후부터 전세계적으로 알려지게 되었다. 우리나라를 비롯한 중국, 일본 등에서 더욱 발전되어 현재는 세계 생산량의 80%를 차지하고 있다. 수분이 90% 이상이고, 나머지 10%는 단백질(2~3%), 지방질, 당질, 미네랄 등이다. 고단백이며 칼로리가 거의 없어서 다이어트와 성인병 예방에 무척 좋은 식품으로 평가되고 있다. 더구나 버섯은 저칼로리이면서도 비타민, 미네랄등을 포함하고 있고 비타민으로는 비타민B2, 나이아신, 프로비타민D가 많이 포함되어 있다. 고혈압과 동맥경화 예방 및 치료에 효과가 뛰어나다.

5) 목이(버섯)(Tree ear)

가을철에 뽕나무나 말오줌나무들의 죽은 나무에 많이 나는 버섯의 하나이며 사람의 귀 비슷하고 갓이 직경은 2~9cm 정도. 안쪽은 적갈색으로 평활하며 거죽은 연한 갈색인데 회색의 짧은 털이 밀생하고 있다. 말려서 저장해 두고 식용으로 사용하는데 잡채 등 중국 요리에 많이 쓰인다.한방에선 적리, 치질 등의 약재로 쓰여 왔다. 골다공증을 예방해주는 비타민D가 함유되어 있다.

6) 석이(버섯)(Manna lichen)

대개 버섯은 썩은 나무나 섬유질이 많은 땅에서 나는데 석이버섯은 바위에서 나는 특이한 버섯이다. 석이버섯의 영양성분을 보면 단백질을 구성하는 아미노산으로는 알라닌, 페닐아리닌, 로이신, 글루타민산 등이 많고 특수성분으로는 레시틴이 많다. 한방에서는 강정의 특효 식품으로서 노인이 상식하면 얼굴이 좋아지고 눈을 밝게 한다고 한다. 또한 설사를 그치고 복통의 묘약으로 알려져 있다.

7) 곰보버섯(Morel mushroom)

원추형의 갓 모양으로 건조하였을 때 강한 향을 낸다. 맛이 풍부하고 나무향이 나기도 하며 땅콩 맛이 나기도 한다. 샐러드, 수프, 소스에 사용하며 크기가 큰 것은 속채우기(Stuffing)하여 사용하기도 한다.

8-9 채소조리(Cooked Vegetable)

1) 당근 글레이징(Carrot gracing)

알맞은 크기로 썬 당근을 소테 팬에 넣고 물이나 스톡을 잠길 정도로 붓는다. 설탕과 약간의 소금을 첨가한 후 아삭거릴 정도로 삶은 다음 건져놓는다. 국물을 반 정도 조린 후 삶은 당근을 부어 계속 조려 윤기가 나면 버터를 넣어 광택을 낸 후 완성한다.

2) 크림으로 조린 시금치(Creamed spinach)

시금치를 깨끗이 씻은 다음 살짝 데친 후 물기를 짜서 2~3cm길이로 자른다. 마늘, 양파 다진 것을 볶은 후 시금치를 넣어 같이 소테하여 크림과 소금 · 후추로 양념한 후에 조려 준다.

3) 구운 채소 모음(Grilled vegetable)

애호박, 가지, 엔다이브, 버섯 등을 적당한 두께로 썰어 약간 말린다. 그릴에 올려 모양을 내어 구운 다음 올리브오일에 각종 허브 다진 것과 소금 · 후추로 섞인 양념에 구운 채소를 넣는다. 마르네이드(Marinade)한 후 완성한다.

4) 채소 브레이징(Braising vegetable)

엔다이브, 무, 배추 속 같은 채소를 허브오일, 소금 · 후추로 밑간을 하고 프라이팬에올려 살짝 구운 뒤 스톡을 부어주어 익을 때 까지 조려 완성한다.

5) 채소 포칭(Poaching vegetable)

보통 녹색채소의 조리법으로 스톡에 와인, 버터, 소금 · 후추로 밑간을 한 다음 끓을 때 준비된 채소를 넣어 익히는 조리법.

6) 크림으로 조린 버섯(Creamed Mushroom)

버섯류를 물에 삶은 다음 물기를 꼭 짠 후 프라이팬에 마늘, 양파 다진 것을 볶은 후 소테하여 크림과 소금 · 후추로 양념하고 조려 준다.

7) 오븐에 구운 채소(Oven baking vegetable)

마늘, 토마토 같은 채소를 허브오일, 소금 · 후추로 밑간을 하고 오븐에 구워 조리하는 방법

8) 라타투이(Ratatouille)

스튜잉과 브레이징 조리법을 사용한 채소조리법으로 가지, 애호박, 피망, 버섯, 양파, 토마토 등을 주사위모양으로 썰어 팬에 볶는다. 마늘 향을 첨가하고 토마토 페스트를 넣어 같이 볶은 다음 토마토를 제외한 채소를 넣어 볶다가 토마토를 넣고 소량의 스톡을 첨가하여 완성한다.

Creamed spinach

Onion wine glace

Tomato confit

Asparagus hollandaise gratinating

Assorted grilled vegetable

Braised endive

Broccoli butter saute

Glaced carrot

Creamed mushroom

Grilled eggplant

Grilled paprika

Mushroom fluting white wine poache

Oven baked tomato

Pumpkin glace

Shiitake demiglace

Braising radish

8-10. 감자의 개요

감자는 가지과의 1년생 재배식물로써 지하에서 덩이줄기를 이루고 그 내부에는 전분이 많다. 전분질식품 또는 부식으로 즐겨 사용된다.

곡물의 성분이 대부분 산성인데 비해 감자는 유일한 염기성성분이므로 육류식품이나 두류식품과 같이 섭취함으로써 중화시켜주는 역할을 하기 때문에 서양조리에서는 감자요리를 많이 곁들여 사용하고 있고 다른 채소에 비해 비타민 등 조리에 의한 영양 손실이 적다. 또한 감자에는 솔라닌이라는 유독성분이 씨눈과 껍질에 많이 분포하고 있어 이 부분을 제거 후 조리하는 것이 좋다. 솔라닌의함유량이 100g 당20~40mg이 되면 중독을 일으키고 열에 의해 분해되지 않기 때문이다.

감자는 품종, 성숙도, 저장기간에 따라 전분함량, 팩틴의양, 조리방법에 따라 조리성에 영향을 많이 끼친다. 보통 수분함유량이 적고 파삭파삭한 분질감자와 물기가 많고 말랑말랑한 점질감자로 구분하는데 분질감자는 삶아 가루를 내거나 메쉬포테이토에 적합하고 점질감자는 삶기, 튀김, 볶음 요리에 많이 사용된다.

고구마와 얌은 감자와 조리학적 특성이 같다. 감자처럼 전분이 많고, 오븐에 굽거나, 찌거나, 삶아서 먹는 구근채류다. 일반적으로, 고구마는 얌보다 좀 더 수분이 많고 색이 더 진하다. 얌이 고구마보다 조금 더 연한 맛과 향이 있다고는 하지만, 두 가지 모두 흰 감자보다 훨씬 더 단맛이 있다.

품질을 유지하기 위해서 감자는 반드시 건조한 곳에 보관해야 하는데, 과도한 열과 빛으로부터도 떨어진 곳이어야 하고, 환기가 잘 되는 곳이어야 한다.

8-11. 감자요리 조리 중 성분의 변화

감자의 껍질을 제거하면 가식율이 15%가 손실되는데 이중 전분이 13%, 조단백질이19%정도이다. 감자를 삶을 때 영양성분이 용출되는데 껍질 채 삶으면 용출량이 훨씬 감소한다.

① 팩틴(Pectin)의 용해 - 감자의 조직은 팩틴으로 세포가 연결되어있다. 물에는 불용성이지만 가열하면 가용성이 되는데 세포사이의 연결을 연하게 하여 조직이 연화된다. 감자가 연하게 느껴지는 것은 이 현상 때문이다.

② 전분의 호화 - 감자의 종류에 따라 전분은 평균적으로 40배가 팽창된다.

③ 단백질의 변성 - 투베린은 80℃ 이상이 되면 열변성을 일으켜 완전히 응고한다.

④ 셀루로오스의 연화 – 가열에 의해 연화되고 조직이 연해진다.

⑤ 비타민의 파괴 – 30분 정도 조리하게 되면 비타민C는 30~50% 감소한다.

⑥ 색의변화

· 흑변현상-조리중 또는 조리 후 검게 변하는 현상으로 감자속의 플라본(Flavon)계 색소가 조리기구의 철 이온과 작용해 일어나는 현상.

· 멜라닌(Melanine)반응-티로신(Tyrosin) 등의 화합물이 효소작용에 의해 멜라닌을 형성.

8-12. 감자요리 조리법

서양요리에서 사용되는 감자는 보통 메인디시에 사이드디시의 전분음식으로 제공되고 있으며, 일반적으로 분질감자와 점질감자로 구분하는데 분질 감자는 보통 수분함유량이 적고 퍽퍽한 질감을 나타내어 삶아 가루를 내거나 메쉬포테이토에 적합하고 점질감자는 물기가 많고 말랑말랑하여 삶기, 튀김, 볶음 요리에 많이 사용된다. 표 [8–2]는 감자요리의 대표적인 조리법을 나타낸 것이다.

[표 8–2]

조리법 명칭	영어표기	특징
공작형 감자	Anna potato(영) Pommes anna(불)	원통모양으로 다듬어 일정한 크기의 둥근 모양으로 얇게(2mm) 잘라 버터 바른 원형틀에 돌려하며 층층이 쌓아 오븐에서 익힌 후 버터 제거 후 제공한다.
성냥개비 감자	Allumette potato(영) Pommes allumette(불)	성냥개비 모양으로 잘라 튀긴 다음 소금 뿌려 간을 한다.
알몬드 튀김 감자	Berny potato(영) Pommes berny(불)	감자를 통째로 익혀 껍질 제거 후 으깨어 달걀노른자, 소금 · 후추를 넣고 반죽한 뒤 작은 공 모양으로 빚은 밀가루 묻혀 달걀 물에 적신 다음 아몬드를 묻혀 튀긴 요리
통으로 구운 감자	Baked potato(영) Pommes aufour(불)	적당한 크기의 감자를 깨끗이 씻어 표면에 소금을 뿌리고 알루미늄호일에 싸서 오븐에서 익힌다. 섭취할 때 신선한 버터와 베이컨 다진 것과 차이브를 넣은 샤워 크림을 함께 제공한다.

삶은 감자	Potato chip(영) Pommes chip(불)	타원형으로 각지게 깎아 소금을 넣어 삶은 감자이다. 생선요리에 곁들인다.
감자 칩	Potato chip(영) Pommes chip(불)	감자를 얇게 잘라(1mm) 찬물에 담갔다가 건져내 물기 제거 후 튀긴다.
크로켓 감자	Potato croqutes(영) Pommes croqutes(불)	감자를 으깨서 달걀노른자, 소금 · 후추, 넛맥을 넣어 반죽한 뒤 장방형(4×1.5cm)으로 다듬어 밀가루 묻힌 다음 달걀물에 적시고 빵가루 입혀 튀긴다.
더취스 감자	Duchess potato(영) Pommes duchesse(불)	크로켓 감자 반죽을 짤 주머니에 담아 모양낸 뒤 달걀 노른자를 바른 후 올리브 등으로 장식 후 오븐에서 색깔을 낸다
도피노아즈 그라탱 감자	Pomme gratin à la Dauphinoise(불)	감자를 2mm 두께로 잘라 크림, 우유, 버터, 마늘, 넛맥을 넣고 익힌 다음 위에 Gruyere cheese를 뿌려 색을 낸 후 제공한다.
해시 브라운 포테이토	Hash brown potato(영)	아침조식에 제공되는 감자요리로서 삶은 감자를 거칠게 으깨어 베이컨, 양파 다져 볶은 것을 넣어 직경4~5cm 원형으로 찍어 갈색으로 구워 제공하는 요리
리오네이즈 포테이토	Lyonaise potato(영)	둥근 막대모양으로 돌려 깍은 후 0.3~0.4cm 두께로 썰어 중간 정도 삶은 후 베이컨, 양파 슬라이스를 볶다가 감자를 함께 넣어 갈색이 나도록 볶아주는 요리로서 프랑스 리옹 지방의 요리이다.
베르니 포테이토	Berny potato(영)	크로켓 감자 반죽을 직경3cm정도 원형으로 모양을 빚어 달걀 물을 입혀 아몬드를 묻혀 튀겨서 제공한다. 육류 및 가금류 요리에 제공한다.

8-13. 감자요리

Allumette potato

Anna potato

Baked potato

Berny potato

Boiled potato

Croquette potato

Duchess potato

Fondante potato

Hash brown potato

Lorette potato

Lyonnaise potato

Mashed potato

Olivette potato

Parisienne potato

Parmentier potato

Pont-neuf potato

Potato gratin

Potato pan cake

Skin stuffed potato

Williams potato

9. 샌드위치(Sandwich)

9-1. 샌드위치 개요

샌드위치는 얇게 썬 빵 사이에 속 재료를 넣은 요리로, 영국의 샌드위치 백작 4세인 존 몬테규(John Montague)는 도박을 멈추지 않고 허기를 충분히 만족시킬 수 있는 음식을 만들기 위해 빵 사이에 여러 가지 식재료를 속을 채워 넣어 먹기 시작한 것이 유래가 되었다. 이처럼 처음에는 가벼운 한끼 식사로 시작하여 최근에는 고급 식재료를 사용하여 간편하고 영양이 풍부한 샌드위치로 발전하여 고객의 사랑을 받고 있다.

9-2. 샌드위치 분류

온도에 따른 분류로 더운 샌드위치(Hot sandwich), 차가운 샌드위치(Cold sandwich)가 있으며, 형태에 따른 분류에는 오픈 샌드위치(Open sandwich), 클로즈드 샌드위치(Closed sandwich), 핑거 샌드위치(Finger sandwich), 롤 샌드위치(Roll sandwich)가 있다.

1) 온도에 따른 분류

(1) 더운 샌드위치(Hot sandwich)

따뜻하게 토스트한 빵 사이에 더운 속 재료(고기 패티, 어패류 패티, 그릴 채소)가 주재료가 되게 만든 샌드위치이다. 햄버거 샌드위치, 치즈 샌드위치가 대표적이다.

(2) 콜드 샌드위치

빵 사이에 차가운 속 재료(마요네즈에 버무린 채소, 조미된 참치, 파스트라미, 살라미, 프로슈트 햄, 콜 컷, 치즈)가 주재료가 되게 만든 샌드위치이다. 참치샌드위치가 대표적이다.

2) 형태에 따른 분류

(1) 오픈 샌드위치(Open sandwich)

스프레드를 바른 얇게 썬 빵 위에 속 재료를 놓고 위에 덮는 빵을 올리지 않고 오픈해 놓는 종류의 샌드위치이다. 오픈 샌드위치, 브루스케타(Brustchetta), 카나페(Canape) 등이 있다.

(2) 클로즈드 샌드위치(Closed sandwich)

스프레드를 바른 얇게 썬 빵 위에 속 재료를 놓고 나머지 빵을 덮는 형태의 샌드위치이다.

(3) 핑거 샌드위치(Finger sandwich)

클로즈드 샌드위치(Closed sandwich)로 만들어 손가락 모양으로 길게 3~6등분으로 썰어 제공하는 형태의 샌드위치이다.

(4) 롤 샌드위치(Roll sandwich)

빵을 넓고 길게 잘라 스프레드를 바르고 소스에 무친 속 재료(크림치즈, 게살, 훈제연어, 참치)를 넣고 둥근 모양으로 말아서 썰어 제공하는 형태의 샌드위치이다. 연어 롤 샌드위치, 치즈 롤 샌드위치, 게살 롤 샌드위치가 대표적이다.

9-3. 샌드위치의 구성

샌드위치의 5가지 구성요소는 빵, 스프레드, 주재료로서의 속재료, 부재료로서의 가니쉬, 양념이다.

1) 빵(Bread)

샌드위치에 사용되는 빵은 단맛이 덜하고 보기 좋게 썰 수 있는 조직을 갖고 있어야 한다. 샌드위치 제조에 사용되는 빵은 다양한 곡류 가루로 만들어지며 최근에는 다양한 질감의 빵이 사용된다. 부드러운 빵의 경우 수분이 많은 속 재료를 넣었을 때에 오히려 쉽게 눅눅해지지 않고, 거친 빵보다 상하는 속도가 느리다. 그 반면 거친 빵으로 만든 샌드위치는 채소를 넣지 않고 단순히 빵과 스프레드를 바르고 햄만을 넣어 만들기도 한다. 샌드위치에 사용되는 빵의 적당한 두께는 식빵은 1.2~1.3㎝, 오픈 샌드위치일 경우 바게트 빵은 1.5㎝정도가 적당하다.빵의 종류에는 다양한 곡류 식빵을 비롯하여 포카치아(Focaccia), 바게트(Barquette), 햄버거번(Hamburger buns), 피타(Pita), 치아바타(Ciabatta) , 피자도우(Pizza dough), 난(Nan bread), 크루아상(Croissant), 베이글(Bagel) 등 다양한 종류의 빵을 사용한다.

2) 스프레드(Spread)

스프레드는 빵이 눅눅해지는 것을 방지하는 코팅제 역할이고, 접착제 역할을 하며, 개성 있는 맛을 내고, 빵과 속 재료, 가니쉬의 맛이 잘 어울리게 한다.

3) 주재료(Main Ingredients)로서의 속 재료(Filling)

샌드위치의 가장 중요한 핵심이 되는 주재료는 샌드위치의 속 재료이다. 더운 속 재료, 차가운 속 재료로 구분할 수 있다. 더운 샌드위치에는 더운 빵과 더운 속 재료를 이용해 만들고, 차가운 샌드위치는 상온의 빵과 차가운 속 재료를 이용해 만든다.

4) 부재료(Vegetables & herb)로서의 가니쉬(Garnish)

가니쉬는 채소류, 싹류, 과일 등으로 만들며 보기 좋게 하는 요소로 상품성 있게 만드는 필수적인 구성요소이다.

5) 양념(Condiment)

샌드위치에 사용하는 양념은 조미료나 음식의 소스 혹은 드레싱을 뜻한다. 음식에 짠맛, 단맛, 신맛, 쓴맛, 매운맛을 제공해서 재료의 맛이 개성 있게 표현될 수 있게 하는 역할을 한다.

9-4. 샌드위치 스프레드

샌드위치를 만들 때 속 재료에서 나오는 수분이 빵을 눅눅하게 하는 것을 방지하기 위해 빵에 발라주는 방수 코팅제 역할을 하는 소스를 스프레드라고 한다. 사용 재료로는 첫째, 유지가 들어간 마요네즈, 버터, 땅콩버터 둘째, 단맛인 잼, 꿀, 발사믹크림, 셋째, 유제품인 크림치즈, 리코타 치즈, 넷째, 매운맛의 머스터드 다섯째, 블랙올리브 등을 다져 올리브오일에 절인 타페나드(Tapanade) 등이 있다.

1) 샌드위치에 스프레드를 사용하는 이유

(1) 코팅제

스프레드는 속재료의 수분이 빵을 눅눅하게 하는 것을 방지하는 코팅제 역할을 한다.

(2) 접착성

빵과 속재료, 가니쉬의 접착성을 높여준다.

(3) 맛의 향상

샌드위치의 더욱 좋은 맛을 내기 위해 사용한다. 샌드위치에는 과일 잼을 바르면 단맛이 보충되어 더욱 맛을 좋게 하거나, 타페나드를 발라 짠맛과 고소한 맛을 내기도하고, 마요네즈와 버터를 사용해 샌드위치에 더욱 깊은 고소한 맛을 더한다.

(4) 감촉

샌드위치의 촉촉한 감촉을 위해서 사용한다.

2) 샌드위치 스프레드의 종류

(1) 단순 스프레드(Simple spread)

마요네즈, 잼, 버터, 머스터드, 크림치즈, 리코타 치즈, 발사믹 크림, 땅콩버터 자체로 이용되며 스프레드 재료 본래의 맛과 질감을 가진 샌드위치를 만든다.

(2) 복합 스프레드(Compound spread)

두 가지 이상의 재료를 혼합하여 샌드위치에 특별한 맛을 제공한다.

① 버터 또는 마요네즈를 기본으로 한 복합 스프레드

머스터드 스프레드(머스터드 + 버터 또는 마요네즈), 안초비 스프레드(안초비 + 버터 또는 마요네즈), 견과류 버터 스프레드(견과류 촙 + 버터 또는 마요네즈), 사우어크림 스프레드(딜 촙 + 사워크림 + 마요네즈), 그린 페퍼 스프레드(그린페퍼 촙 +파슬리 촙 + 마요네즈), 레몬 버터 스프레드(레몬즙 + 버터)

② 유제품을 기본으로 한 복합 스프레드

허브 크림치즈 스프레드(허브 촙+ 크림치즈), 사워크림 스프레드(딜 촙 + 사워크림)

③ 올리브오일을 기본으로 한 복합 스프레드

바질 페이스트 스프레드(바질 퓌레 + 올리브오일), 타페나드(Tapanade):(올리브, 안초비, 케이퍼, 올리브오일로 만든 페이스트)

④ 기타

스프레드를 샌드위치 속에 함께 넣어 버무리는 경우로 마요네즈 드레싱을 곁들인 참치, 오렌지 망고 퓌레 스프레드, 아보카도 퓌레 스프레드 등

9-5. 샌드위치의 속 재료 준비

샌드위치의 가장 중요한 핵심이 되는 주재료(Main ingredients)는 샌드위치의 속 재료(Filling)이며 더운(Hot) 속 재료, 차가운(Cold) 속 재료로 구분할 수 있다. 더운 샌드위치는 더운 빵과 더운 속 재료를 이용하여 만들고, 차가운 샌드위치는 상온의 빵과 차가운 속 재료를 이용하여 만든다.

1) 더운(Hot) 속재료

[표 9-1]

구분	내용
육류	육류 패티(Patty), 콘 비프, 소시지류
어패류	생선 패티(Patty), 새우, 관자살
채소	구운 채소, 더운 사워크라우트, 구운토마토
기타	치즈 그라탕

2) 콜드(Cold) 속재료

[표 9-2

구분	내용
육류	파스트라미 (Pastrami : 지방이 없는 Plat, Brisket, Round 부위의 쇠고기를 진하게 양념해 말리거나 훈제한것), 살라미, 프로슈토, 하몽, 본레스 햄, 소시지
생선	훈제 연어, 훈제 송어, 훈제 참치, 캔 참치, 게살
치즈	훈제 치즈, 에멘탈 치즈, 아메리칸 치즈, 브리 치즈, 모차렐라, 리코타치즈
기타	마요네즈에 버무린 재료, 유제품(사워크림, 플레인 요플레)에 버무린 견과류, 채소, 과일

9-6. 가니쉬 재료 준비

1) 부재료로서의 가니쉬

샌드위치에 주재료 다음으로 중요한 것이 다양한 부재료(Vegetables & herb)이다. 신선한 채소와 허브 같은 재료가 대표적이며 어린잎, 싹류, 과일 등이 좋은 재료이다. 샌드위치를 미적으로 보기 좋게 하는 요소로 상품 가치를 높게 하는 필수적인 구성요소이며 가니쉬(Garnish)역할을 한다. 다음은 샌드위치에 사용 가능한 부재료의 종류이다.

(1) 채소류

양상추, 로메인레튜스, 치커리, 라디치오, 루꼴라, 토마토, 오이, 당근 등

(2) 싹류

적채 싹, 알파파, 브로콜리 싹, 메밀 싹, 브로콜리 싹 등

(3) 과일류

파인애플, 사과, 바나나, 아보카도, 오렌지, 망고, 메론 등

2) 양념(Condiment)

샌드위치에 짠맛, 단맛, 신맛, 쓴맛, 매운맛을 나타내는 양념한 재료를 제공해서 개성있는 다양한 맛이 표현될 수 있도록 보충하는데 사용하는 양념(Condiment)을 말한다. 다음은 샌드위치에 사용 가능한 양념을 분류한 것이다.

(1) 습한 양념(Wet Season)

올리브류(그린, 칼라마타, 블랙), 피클류(오이, 양파, 할라피뇨), 렐리시류(과일, 허브, 채소)

(2) 건조한 양념(Dry Season)

소금, 후추, 스파이스 믹스, 케이안 페퍼, 케이준 스파이스, 허브 솔트, 갈릭 파우더, 올스파이스

3) 샌드위치 조리

(1) 조리단계

샌드위치의 조리는 5단계로 세분화하며, 더운, 차가운 샌드위치를 다양하게 만들 수 있다.

1단계 - 빵 종류를 선택하는 것.

2단계 - 스프레드를 선택하는 것

3단계 -어떠한 속 재료를 선택해서 넣는 것

4단계 - 앞의 빵과 스프레드 및 속 재료와 어울리는 가니쉬를 선택해서 넣는 과정

5단계 - 완성된 샌드위치를 접시에 담을 때 맛과 모양이 어울리는 곁들임을 세팅해 주는 것

(2) 샌드위치 작업원칙

샌드위치를 제조하기 위한 작업 할 때는 완벽하게 미쟝플러스를 준비하고 신속하고 정확하게 제품을 생산하는 것이 가장 중요하다.

- 모든 재료는 팔을 뻗으면 닿을 수 있는 위치에 셋팅(Setting)한다.
- 작업 동선이 일직선이 되게 셋팅(Setting)한다.
- 주재료, 부재료, 고명을 준비하여 적당한 온도에 보관한다.
- 잎채소 같은 재료는 잘 씻어 미리 물기를 제거해 놓는다.
- 빵은 언제든지 구울 수 있게 열원을 준비한다.
- 스프레드의 농도는 바르기 좋은 농도로 멜팅(Melting)하여 준비한다.
- 위생상태를 항상 청결하게 한다.(위생장갑, 마스크 착용)

4) 샌드위치 완성

샌드위치는 식사대용으로 누구나 간편하게 즐기는 음식이다. 손에 들고 다니면서 또는 고급 레스토랑에 앉아서 먹기도 한다. 그래서 샌드위치를 완성할 때는 장소에 따라 다르게 담아야 한다. 야외에서 식사로 먹을 때는 유선지로 포장해서 손에 묻지 않게 해야 한다. 또한

레스토랑에서는 품위 있는 식사를 위해 적당한 조각으로 잘라 서비스해야 한다.

(1) 플레이팅에 필요한 요소

① 접시 준비

샌드위치를 잘라서 모양을 내 접시에 담고자 할 때는 정확하고 일관된 모양으로 썰어져 눈에 보기 좋은 최적의 형태가 되도록 침착하게 작업을 해야 한다. 가능한 제공되기 바로 직전에 썰도록 하며 미리 준비해야 할 경우 눅눅해지고 상품성이 떨어지지 않게 전용용기에 담아 보관한다. 주재료와 곁들임 재료의 위치 선정, 식사하는 사람의 편리성, 음식의 외관과 원가를 고려하고, 재료 및 접시의 크기 등을 고려하여 플레이팅을 해야 한다.

가. 접시를 선택한다.

같은 음식도 담는 접시에 따라 모양 및 시각적인 효과를 다양하게 나타내어 전혀 다른 분위기를 연출할 수 있으므로 접시의 선택이 중요하다.

- 접시의 모양 : 원형, 정사각형, 직사각형, 타원형, 삼각형, 오각형 중 요리에 맞는 접시를 선택한다.
- 접시의 형태 : 테두리가 있는 것과 테두리가 없는 것, 깊이 파인 것과 파이지 않은 것 등으로 구분하여 선택한다.
- 접시의 크기 : 일반적으로 12인치를 사용하는 것이 원칙이나, 최근 그 기준이 없어지고 있다.

나. 양념류(Condiments)

요리에 잘 어울리도록 접시에 가니쉬를 올린다. 음식을 돋보이게 하며 시각적인 효과와 미각적인 조화가 이루어지도록 선택하여 올린다.

(2) 샌드위치 자르는 법

2 등분

3 등분

정사각형

정삼각형

직사각형

(3) 샌드위치 곁들임(Sandwich garish)

샌드위치의 곁들임은 빵의 거친 식감과 퍽퍽한 느낌을 채소의 신선함과 피클의 상큼함으로 조화롭게 어울리게 하는 역할을 하고 상품의 가치를 높이는 필수적인 요소이다. 아래의 [표 9-1]대표적인 샌드위치 곁들임이다.

[표 9-1]

재료	특징	
감자류	감자칩	차거운 샌드위치에 곁들여준다.
	감자튀김	더운 샌드위치에 곁들여준다.
피클류	설탕과 식초, 소금, 향신료 등 적당한 비율로 끓여 채소를 절인 음식으로 신맛과 짠맛, 적당히 단맛이 난다. 상큼함으로 침샘을 자극하여 샌드위치와 같은 퍽퍽한 음식에 궁합이 맞다.	
채소류	양상추	아삭한 맛으로 다른 수분 많은 채소의 수분이 빵에 흡수되는 것을 막아주는 역할을 한다. 다른 상추류로 대체 가능하다.
	양배추	얇게 슬라이스해서 샐러드로 제공한다.
	토마토	샌드위치에 부족할 수 있는 영양성분을 공급하고 색감을 예쁘게 하는 역할을 한다.

Hot Dog Sandwich 치즈와 피클, 치즈를 곁들인 마늘바케트 샌드위치

1. 마늘 바케트(Galic Baguette)을 반을 완전히 자르지말고 토스트하여 머스타드 수프레드를 바른다.
2. 양파, 피클을 다져 놓고 치즈를 준비한다.
3. 소시지를 구워 기름을 제거한다,
4. 양상추는 싱싱하게 살린 후 짤게 슬라이스하고, 토마토는 슬라이스한다.
5. 마늘 바케트에 양파, 피클 다진 것을 놓고 그 위에 치즈를 얹고, 양상추 놓고 구운소시지를 올리고 토마토케찹과 머스타드를 뿌려 완성한다.

★ 바케트(Baguette)는 프랑스어로 "막대기"란 뜻이다. 빵 형태도 막대처럼 길쭉한 모양이다. 바게뜨의 주재료는 밀가루, 물, 소금, 이스트로 가장 기본적인 재료만으로 만든 담백한 빵이며, 오븐에 구울 때 스팀을 주고 높은 온도에서 굽는데, 이는 겉은 바삭하고 고소한 맛을 내며, 속은 촉촉하며, 쫄깃한 식감을 가지게 한다.

★ 핫도그(프랑크푸르트, 도그, 위너)는 전통적으로 굽거나 삶아 조리한 다음 자른 번(빵) 사이에 넣어 제공되는 조리된 소시지이다.
콘도그는 옥수숫가루 튀김옷을 두껍게 입힌 뒤 튀긴, 막대기에 꽂은 소시지이다.
보통 길거리 음식으로 간식으로 애용한다.

INGREDIENTS	W/MEASURES
마늘 바케트(Galic Baguette)	1ea
소시지(Sausage)	1ea
양파(Onion)	30g
토마토(Tomato)	1/2ea
양상추(Head Lettuce)	1leaf
오이피클(Cucumber Pickle)	2ea
머스터드(Mustard)	15g
토마토케찹(Tomato Ketchup)	15g
소금, 후추(Salt, Pepper)	pinch

Rye Bread with chicken Breast, Bacon, Onion Sandwich 닭 가슴살, 베이컨, 양파를 곁들인 호밀빵샌드위치

1. 호밀빵을 토스트하여 머스타드 수프레드를 바른다.
2. 닭 가슴살을 얇게 저미어 소금과 후추로 양념하고 2분 뒤 후라이팬에 굽는다.
3. 베이컨 3쪽을 구워 기름을 제거한다,
4. 잎상추는 싱싱하게 하고, 토마토는 슬라이스한다.
5. 양파를 밝은 갈색으로 볶아 준 다음 설탕과 간장을 넣어 한번 더 볶아준다.
6. 토스트 호밀빵에 상추를 깔고 베이컨을 놓고 그 위에 양파 볶은 것을 놓고, 토마토 놓고 닭가슴살을 올리고 바질 페스토를 뿌려주고 나머지 빵을 덮어 완성한다.

Basil Pesto 바질페스토

신선한 바질 20g에 잣20g, 마늘 3cloves, 올리브오일 50mL, 식초 15g, 레몬주스, 소금, 후추 조금 넣어 블랜더에 곱게 갈아준다.

Rye Bread 호밀빵

흑빵이라고도 불리는 호밀빵은 독일 사람들이 가장 즐기는 빵. 거칠다 싶을 정도로 맛이 담백하며 독특한 풍미를 지니고 있다. 대체로 내장으로 만든 소시지처럼 독특한 훈연 육류, 진한 풍미의 치즈와 잘 어울린다. 보통 부피가 커서 슬라이스 하여 사용한다. 건강빵으로 많이 애용하고 있다.

INGREDIENTS	W/MEASURES
닭 가슴살(Chicken Breast)	80g
베이컨(Bacon)	3pieces
양파(Onion)	100g
토마토(Tomato)	1/2ea
잎상추(Leaf Lettuce)	3leaves
머스터드(Mustard)	20g
호밀빵(Rye Bread)	1slice
바질페스토(Basil Pesto)	20g
소금, 후추(Salt, Pepper)	pinch

Chiabatta with Chicken Breast, Sausage, Onion Sandwich 닭 가슴살, 소시지, 양파를 곁들인 치아바타 샌드위치

1. 치아바따을 반으로 잘라 타페나드 수프레드를 바른다.
2. 닭 가슴살을 얇게 저미어 소금과 후추로 양념하고 2분 뒤 후라이팬에 굽는다. 식힌 다음 얇게 찢어 마요네즈와 머스타드를 섞어 무쳐 놓는다.
3. 베이컨을 색깔이 나게 구워준다,
4. 잎상추는 싱싱하게 하고, 토마토는 슬라이스한다.
5. 양파를 밝은 갈색으로 볶아 준 다음 발사믹 엣센스를 첨가해 한번 더 볶아준다.
6. 오이피클를 얇게 슬라이스한다.
7. 치아바타에 상추를 깔고 그 위에 양파 볶은 것을 놓고, 오이피클 얹고, 토마토 놓고 닭가슴살, 치즈를 올리고, 소시지 넣어 완성 후 예쁘게 접시에 담는다.

INGREDIENTS	W/MEASURES
닭 가슴살(Chicken Breast)	80g
베이컨(Bacon)	3pieces
양파(Onion)	50g
오이피클(Cucumber Pickle)	2ea
토마토(Tomato)	1ea
잎상추(Leaf Lattuce)	3leaves
머스터드(Mustard)	15g
마요네즈(Mayonnaise)	15g
치아바타(Chiabatta)	1ea
타페나드(Tapenade)	30g
소금(Salt)	pinch
후추(Black Pepper)	pinch
발사믹 엣센스(Balsamic Essence)	some

Tapenade 타페나드

그린올리버 1컵, 케이퍼 1T, 굵은 마늘 1ea, 엔초비 5ea, 레몬주스 1t, 올리브오일 1/4cup, 파슬리 2T, 소금, 후추

1. 올리브, 케이퍼, 마늘을 푸드프로세서에 넣고 먼저 갈아 준다.
2. 레몬주스를 넣고 한번 더 갈아주고,오일과 파슬리를 넣고 골고루 잘 갈아 주고 맛을 보아 필요하면 소금과 후추로 양념하고 농도를 조절한다.

Chiabatta 치아바따

이스트를 넣고 반죽하여 올리브오일을 발라 발효시킨 후 얇고 넓게 성형해 구워내는 이탈리아의 빵. 프랑스의 빵처럼 쫀득쫀득한 맛이다. 주로 치즈, 채소, 햄 등을 사이에 넣고 파니니 기계에 눌러 핫 샌드위치로 즐긴다.

타페나드

프랑스 남부에서 유래한 소스의 일종으로 이것을 생선이나 육류 요리에 곁들이거나 빵에 발라 먹기도 한다.

Onion Bagels Sandwich 어니언 베이글 샌드위치

1. 크림치즈에 생크림, 레몬주스, 소금 · 후추를 넣은 후 부드럽게 섞어 반으로 자른 후 토스트 한 베이글에 발라준다.
2. 쇠고기를 소금 · 후추 양념을 하고 기름을 발라 구워 준비한다.
3. 속에 들어갈 채소를 준비한다.
4. 크림치즈를 바른 베이글 빵에 양상추, 양파, 토마토, 구운 쇠고기를 놓고 피클을 얹어 준 다음 케찹을 뿌려준다.
5. 접시에 완성된 어니언 베이글 샌드위치를 놓는다.

베이글 빵

도넛과 비슷한 모양의 황금색 빵으로 씹을수록 깊은 맛이 나며, 발효하여 물에 데친 후 구워 아주 담백하고 고소하다. 지방이나 달걀의 함량이 적어 저지방, 고 탄수화물의 건강빵으로 식사대용으로 애용되며, 다이어트에도 좋고, 크림치즈나 훈제 연어와도 잘 어울린다.

크림치즈

크림이나 크림을 첨가한 우유로 만드는데, 숙성되지 않은 치즈로 버터처럼 부드럽고, 진한 맛이 난다. 미국에서 가장 알려진 치즈로 빵에 발라 먹기도 하고, 빵을 만들 때 많이 사용하기도 하는데, 특히 베이글과 잘 어울린다.

INGREDIENTS	W/MEASURES
베이글(Bagels)	1ea
크림치즈(Cream Cheese)	50g
생크림(Fresh Cream)	10mL
레몬주스(Lemon Juice)	5mL
쇠고기(Beef)	80g
양상추(Head Lettuce)	1leaf
양파(Onion)	1/2ea
토마토(Tomato)	1/2ea
오이피클(Cucumber Pickle)	1ea
소금 · 후추(Salt, Pepper)	pinch

★ 쫄깃한 토틸라에 맛있게 양념한 닭 가슴살과 아삭한 각종 채소를 넣어 돌돌 말아 한손으로 들고 먹을 수 있고 젊은 여성들이 좋아하는 샌드위치

Chicken Handwrap Sandwich 치킨 핸디랩 샌드위치

1. 닭 가슴살을 손질하여 소금과 후추를 뿌린 후 생크림을 발라 재워 둔다.
2. 팬에 올리브오일을 두르고 재워둔 닭 가슴살을 구워 익어 갈 때 쯤 청주를 뿌려 준 후 완전히 익혀 식힌다.
3. 토틸라에 머스타드를 바른 후 깻잎, 파프리카, 샬롯, 닭가슴살을 넣어 동그랗게 말아준다.
4. 반으로 잘라 예쁘게 접시에 담는다.

INGREDIENTS	W/MEASURES
닭 가슴살(Chicken Breast)	80g
노란 파프리카(Paprika Yellow)	1ea
빨강 피망(Red Pimiento)	1ea
샬롯(Shallot)	1ea
깻잎(Sesame Leaf)	2leaves
토틸라(Tortilla)	2pieces
크림머스타드(Cream Mustard)	20g
토마토 케찹(Tomato Ketchup)	20g
청주(Rice Wine)	30mL
올리브오일(Olive Oil)	1T
소금 · 후추(Salt, Pepper)	pinch

Rusk Sandwich 러스크 샌드위치

1. 오븐을 150℃ 정도로 예열한다.
2. 버터와 설탕을 약한 불에서 끓인다.
3. 다른 그릇에 생크림과 달걀을 넣어 잘 섞는다.
4. 2가 약간 식었을 때 3을 조금씩 넣으면서 잘 섞는다(분리되지 않도록).
5. 식빵은 자르지 않은 것을 준비하여 전체(6면)의 껍질을 제거한 후 3등분하여 자르고 다시 1/2로 잘라 직각 삼각형이 되도록 한다.
6. 빵 전체에 붓으로 소스를 바른 후 노릇노릇하게 굽는다(소스를 너무 많이 바르지 않는다).
7. 완성 후 접시에 러스크를 놓아둔후 토마토 웨이지, 웨이지감자, 루꼴라잎으로 장식한다.

INGREDIENTS	W/MEASURES
식빵(Toast Bread) 2cm cut	1slice
버터(Butter)	200g
생크림(Fresh Cream)	60mL
설탕(Sugar)	60g
달걀(Egg)	1.5ea
토마토 케찹(Tomato Ketchup)	20g
토마토 웨이지(Tomato Wedge)	1ea
웨이지 감자(Wedge Potato)	1ea
루꼴라(Rukolra)	1leaf

Curry Powder in Cheese, Ham, Bacon Roll Sandwich

커리향 치즈,햄, 베이컨롤 샌드위치

1. 카레가루(10g)과 물(20g)에 풀어 마요네즈(40g)에 썩어 카레향 수프레드를 만든 후 식빵에 발라준다.
2. 3색 파프리카를 줄리엔(Julienne : 2mm×2mm×4cm)으로 썬다.
3. 김밥 발에 랩을 깔고 그위에 베이컨, 식빵, 햄, 깻잎, 치즈, 3색 파프리카를 넣어 김밥 말듯이 동그랗게 말아준다.
4. 말아놓은 샌드위치를 팬에 돌려가며 색이 나도록 구워준다.
5. 웨이지 감자와 체리토마토는 기름에 튀겨준다.
6. 접시에 샌드위치를 올리고 소스를 바른 후 장식을 한다.

베이컨

돼지고기의 삼겹살을 훈연처리하여 만든 것으로 훈연에 의한 독특한 풍미와 지방질의 산화 방지작용으로 요리에 널리 이용된다. 프라이팬에 기름을 두르지 않고 약한 불에서 구워 종이 타올에 기름을 빼고 요리에 이용하여야 한다.

INGREDIENTS	W/MEASURES
식빵(Toast Bread)	2slices
깻잎(Sesame Leaf)	2leaves
파프리카(녹색, 빨강, 노랑)	each 1ea
햄(Ham Slice)	2pieces
아메리칸 치즈(Cheddar Slice)	2pieces
베이컨(Bacon)	4pieces
체리토마토(Cherry Tomato)	1ea
웨이지 감자(Wedge Potato)	1ea
루꼴라(Rukolra)	1leaf
토마토 케찹(Tomato Ketchup)	10g
커리향 수프레드(Curry Spread)	40g

Basil Croissant Sandwich 바질 크로와상 샌드위치

1. 바질 1줄기를 잘게 다져 마요네즈(50g)에 골고루 섞어 반으로 자른 크로와상에 발라 준비한다.
2. 모차렐라 치즈를 0.5cm 두께로 슬라이스 한다.
3. 오이피클와 토마토를 슬라이스 하여 준비하고 양상추는 물에 담궈 놓는다.
4. 크로와상에 양상추, 모차렐라 치즈, 바질, 토마토, 오이피클 순으로 놓고 나머지 크로와상을 덮어준 다음 바질로 장식한다.
5. 접시에 완성된 크로와상 샌드위치를 놓고 체리토마토와 바질 잎으로 장식한다.

크로와상

겹겹이 층이 있는 초승달 모양의 페스트리로 프랑스인들이 아침 식사용으로 가장 즐기는 빵이며 맛이 부드러워 여러 가지 재료를 넣고 샌드위치를 만들면 잘 어울린다.

모차렐라 치즈

물소젖을 발효시켜 만들었으나 최근에는 거의 우유로 만들며, 스파게티나 피자 위에 토핑으로 사용되어 피자치즈로 불리고 있다. 흰색 또는 상아색으로 부드럽고 말랑거리지만, 열에 잘 녹고 쫄깃하다. 매우 순하고 부드러우며, 치즈 특유의 냄새가 없고 담백하다.

INGREDIENTS	W/MEASURES
크로와상(Croissant)	1ea
모차렐라 치즈(생)(Mozzarella)	100g
바질(Basil)	2leaves
토마토(Tomato)	1ea
양상추(Head Lettuce)	2leaves
오이피클(Cucumber Pickle)	1ea
체리토마토(Cherry Tomato)	1ea
바질 수프레드(Basil Spread)	20g

Waterloo Sandwich 훈제연어와크림치즈 샌드위치

1. 식빵을 2쪽 준비한다.
2. 마요네즈에 레몬을 넣어 수프레드를 만든다.
3. 오이와 레디쉬를 얇게 길이로 썰어 놓는다.
4. 훈제연어를 얇게 저며 놓는다.
5. 크림치즈에 딜 다진 것과 레몬주스를 넣고 부드럽게 하여 사각으로 모양을 성형해 놓는다.
6. 빵에 수프레드를 바르고 연어를 놓고 치즈를 가운데 놓고 연어를 덮고 오이를 얹어 나머지 빵을 덮는다.
7. 샌드위치를 원하는 모양으로 자른 후 접시에 담고 그 위에 오이, 레디쉬, 딜,루꼴라를 이용하여 장식해준다.

INGREDIENTS	W/MEASURES
식빵(White Bread)	2slices
레디쉬(Radish)	50g
훈제연어(Smoked Salmon)	30g
오이(Cucumber)	30g
허브딜(Dill)	4stalks
레몬(Lemon)	10g
마요네즈(Mayonnaise)	20g
양상추(Lettue)	1leaf
크림치즈(Cream Cheese)	40g
루꼴라(Rucola)	1leaf

Hamburger Sandwich 햄버거 샌드위치

1. 햄버거고기를 팬에 구어 양면에 색깔을 낸 뒤 오븐에서 5분간 익힌다.
2. 햄버거 번을 토스트하여 버터와 머스터드 섞은 것을 빵에 발라준다.
3. 햄버거 번 반쪽에 상추를 깔고 양파, 토마토, 오이피클 슬라이스를 얹고 햄버거를 올린 후 나머지 빵을 덮는다.
4. 먹기 좋게 자른 후 감자와 채소를 곁들여 제공한다.

햄버거 고기 만들기

1. 쇠고기를 손질하여 미트 찹퍼에 갈아 놓는다.
2. 양파와 샐러리를 다져 팬에 볶아 식힌다.
3. 큰 믹싱볼에 1과2를 넣고 달걀, 케찹, 머스타드를 넣고 치대어 빵가루를 넣어 농도를 조절한 후 소금과 후추로 양념한다.
4. 햄버거 몰드에 동그랗게 찍어 냉장 보관한다.

쇠고기 80g, 양파 30g, 샐러리 20g, 빵가루 50g, 달걀 1개, 크림머스타드 20g, 토마토케찹 30g, 소금 · 후추 pinch

INGREDIENTS	W/MEASURES
햄버거 고기(Hamburger Meat)	150g
햄버거 번(Hamburger Bun)	1ea
양상추(Head Lettuce)	1leaf
양파(Onion)	15g
토마토(Tomato)	15g
오이피클(Cucumber Pickle)	15g
버터(Butter)	10g
크림머스타드(Cream Mustard)	5g
프렌치 프리이드 감자(F.Fried Patato)	30g

10. 양식 조식조리(Breakfast)

10-1. 조식조리

조식(Breakfast)은 서양요리에서 아침 식사를 의미하며, 깨다(Break) 와 (Fast)빠르게의 합성어로 "가장 먼저 깨뜨리다"라는 뜻이다. 즉 하루에 가장 먼저 먹는 식사를 뜻한다. 저녁식사를 한 후 긴 시간이 지났기 때문에 위에 부담을 주지 않는 음식을 먹는 것이 좋다. 영양이 풍부한 식재료로 달걀(Egg)을 많이 사용하며, 시리얼(Cereal) 류 또는 빵(Bread)류 등이 많이 사용된다. 조식의 종류는 크게 미국식(American breakfast)와 유럽식(Continental breakfast)로 나누어진다. 미국식은 달걀요리가 유럽식은 곡물(Cereal)요리가 중심이 되며 주스와 과일, 유제품 등이 곁들여진다. 조식뷔페는 유럽식과 미국식 전부를 제공한다.

1) 조식의 종류

- 유럽식 아침 식사(Continental breakfast) : 유럽식 아침 식사는 대륙식 아침 식사라고도 하며, 각종 주스류와 조식용 빵과 커피나 홍차로 구성된 간단한 아침 식사이다
- 미국식 아침 식사(American breakfast) : 유럽식 아침 식사에 달걀요리가 제공되며, 감자요리와 햄, 베이컨, 소시지가 고객의 취향에 따라 제공된다.

2) 그 밖의 조식 메뉴

- 주스(Juice) : 계절과일을 이용한 신선한 주스를 제공하는 것이 제일 좋으며 일반적으로 가공하여 포장된 주스를 사용한다. 1인분에 보통 6~8oz를 제공한다. 종류에는 사과, 토마토, 오렌지, 자몽, 채소주스 등이 있다.
- 유제품 : 치즈류, 요구르트, 저지방 우유, 우유, 버터 등이 있다.
- 과일 : 과일의 생명은 신선함과 당도이다. 알맞게 잘 익은 제철 과일을 제공하는 것이 좋다. 보통 아침 과일로는 오렌지, 자몽, 딸기, 사과, 파인애플, 멜론 등 다양한 과일을 제공한다.
- 샐러드 : 지역에서 생산되는 제철 채소로 조리하는 것이 가장 맛있고 싱싱하다.

10-2. 달걀 요리 조리

1) 달걀 요리의 종류

1인분에 달걀 두 알이 기준이며 오믈렛의 경우 세 알을 주기도 한다. 달걀은 흰자는 58℃, 노른자는 60℃ 정도에서 응고되므로 열 조절을 잘하는 숙련된 셰프가 조리를 해야 하는 고난도의 요리이다. 가니쳐로 감자요리, 얇게 자른 햄(Slice ham), 바싹 구운 베이컨(Crispy bacon), 조찬 소시지(Breakfast sausage)가 곁들여진다.

(1) 프라이드 에그(Fried eggs)

보통 Over easy라 하며 프라이팬에 오일을 바른 후 달걀 두 알을 넣고 흰자가 어느 정도 익었을 때 뒤집는다. 흰자는 익고 노른자가 익은 정도에 따라 Over light, Over medium, Over hard로 구분한다. Over hard는 흰자 노른자가 다 익은 것으로 보통 노른자를 터트려 조리한다.

(2) 써니 사이드 업(Sunny side up)

달걀을 프라이할 때 뒤집지 않고 한쪽만 익히는 방법으로 흰자만 익고 노른자는 약간 익어 마치 태양이 떠오르는 형상을 나타낸다.

(3) 스크램블(Scrambled egg)

적당한 그릇에 달걀 두 알을 깨뜨려 휘저어 거른 다음 약간의 크림을 첨가하여 프라이팬에 부은 후 빨리 휘저어 익힌다. 부드러운 농도가 되면 토스트한 빵 위에 얹어 먹는다. 들어가는 재료에 따라 명칭이 달라진다.

(4) 보일드 에그(Boiled egg)

삶은 달걀이라고 하며, 섭씨 100℃ 이상의 끓는 물에 달걀을 넣고 고객이 원하는 정도로 익히는 것을 말한다.

- 코들드 에그(Coddled egg) : 100℃ 끓는 물에 넣고 30초 정도 살짝 삶아진 달걀이다.
- 반숙 달걀(Soft boiled egg) : 100℃ 끓는 물에 넣고 3~4분간 삶아 노른자가 1/3 정도 익은 것이다.
- 중반숙 달걀(Medium boiled egg) : 100℃ 끓는 물에 넣고 5~7분간 삶아 노른자가 반 정도 익은 것이다.
- 완숙 달걀(Hard boiled egg) : 100℃ 끓는 물에 넣고 10~12분간 삶아 노른자가 완전히 익은 것이다.

(5) 포치드 에그(Poached egg)

90℃ 정도의 비등점 아래 뜨거운 물에 식초를 넣고 껍질을 제거한 달걀을 넣어 익히는 방법이다. 3분, 5분, 7분, 10분 고객이 원하는 시간으로 조리해준다.

(6) 오믈렛(Omelet)

달걀3개가 기본이다. 프라이팬을 이용하여 스크램블 에그로 조리하다가 재료를 넣고 럭비공 모양으로 만든 달걀요리이다. 속 재료에 따라 치즈 오믈렛, 스패니시 오믈렛 등이 있다.

(7) 에그 베네딕틴(Egg benedictine)

에그 베넥딕틴은 구운 잉글리시 머핀에 햄, 포치드에그(Poached egg)를 얹고 홀랜다이즈 소스(Hollandaise sauce)를 올린 미국의 대표적 요리이다.

2) 달걀요리의 부재료 조리

달걀요리와 곁들여 제공되는 부재료는 돼지고기를 가공한 햄, 베이컨, 소시지 중 한 가지를 선택해서 조리하여 곁들이고 감자 요리가 제공된다. 보통 달걀요리는 두개의 달걀이 제공되며, 가니쉬(Garnish)는 토마토와 파슬리로 장식한다.

(1) 해시 브라운 감자(Hash brown potato)를 준비한다.

해시(Hash)는 '잘게 으깬다.'는 의미이고, 브라운(Brown)은 '갈색으로 굽는다.'라는 뜻이다. 감자를 삶아 잘게 으깨어 버터와 기름을 두른 팬에 갈색으로 구운 요리다. 감자를 푹 삶아 잘게 으깨어 놓고, 팬에 베이컨 슬라이스를 볶다가 버터를 한번 더 둘러주고 으깨어 놓은 감자를 합쳐 볶아서 원형이나 사각 틀에 찍어 놓고 나갈 때 갈색으로 구워 제공한다.

(2) 돼지고기 가공품

- 햄은 얇게 썰어 준비해서 팬에 버터를 넣고 구워 제공한다. 파인애플 주스에 데워 제공하기도 한다.
- 베이컨은 팬에 길게 펴서 약한 불에서 천천히 굽는다. 바삭바삭하게(Crispy) 구워서 기름을 제거해서 준비한다.
- 소시지는 80℃의 물에 담갔다가 팬에 구워서 제공한다.

(3) 멜바 토스트(Melba toast)를 준비한다.

멜바 토스트는 식빵을 얇게 썰어 오븐에서 바삭바삭하게 구운 빵으로 두께 2㎝, 가로 3㎝, 세로 5㎝ 크기로 만든다. 포치드 에그, 스크램블 달걀요리 위에 얹어 제공한다.

2) 조찬용 빵류 조리

아침 식사용 빵은 제과 · 제빵 부서에서 만들어져 직접 고객에게 제공되는 빵의 종류와 조리 과정을 통해 만들어지는 빵으로 구분할 수 있다.

(1) 조찬용 빵

조찬용 빵이 제공될 때에는 각종 잼류(딸기, 오렌지, 블루베리 등)와 버터, 꿀 등이 함께 제공된다. 토스트 브레드, 호밀 빵, 프렌치 브레드, 크로와상, 데니쉬 페스츠리, 도넛, 잉글리쉬 머핀, 머핀, 브리오쉬, 각종 롤빵(소프트, 하드, 블랙퍼스트) 이 있다.

크로와상

소프트 롤

데니쉬

식빵류

초코머핀

머핀

시나몬 패스츄리

도넛

찰깨빵

메이플피칸

바닐라 소프트 브레드

표고버섯 브리오슈

(2) 즉석 조리 빵

항상 따뜻하게 제공되며 마플시럽(Maple syrup), 꿀, 레몬시럽 및 설탕시럽이 제공되며 버터를 선택하기도 한다. 기호에 따라 햄, 베이컨, 소시지 등을 곁들인다.

다음 [표 10-1]은 즉석 조리 빵의 종류와 특징을 나타낸 것이다.

[표 10-1]

종류	특징	곁들임
프렌치토스트 (French toast)	달걀에 계핏가루, 설탕, 우유에 넣고 풀어 빵을 푹 담가 적셔지면 팬에 버터를 두르고 구운 다음 오븐에서 익힌다.	과일 잼, 시럽, 계핏가루
팬케이크 (Pancake)	팬케이크는 뜨거울 때 먹으면 맛있어서 핫케이크라고 한다. 달걀물에 설탕, 우유, 바닐라시럽을 넣고 푼 다음 정제버터를 넣고 반죽을 만들어 프라이팬에 동그랗게 양쪽을 굽는다.	버터와 메이플 시럽
와플(Waffle)	벌집 모양이며, 바삭한 맛을 가지고 있어 아 침 식사와 브런치, 디저트로 인기가 높다. 두 가지 종류로 미국식 와플은 베이킹파우더를 넣어 반죽하고 설탕을 많이 넣어 달게 먹고, 벨지움식 와플은 이스트를 넣어 발효시킨 반죽에 머랭을 섞어 바싹하다. 단맛이 적다.	과일, 휘핑크림, 시럽, 과일 잼

3) 시리얼류 조리

시리얼(Cereals)은 아침 식사 대용으로 먹는 가공식품으로 로마 신화에 등장하는 농업의 여신 케레스(Ceres)에서 유래되었다. 일반적으로 시리얼은 곡물을 물이나 우유, 음료에 적셔 죽처럼 부드럽게 해서 먹는다. 시리얼류는 쌀, 밀, 귀리, 옥수수, 기장 등으로 탄수화물, 무기질, 단백질 등 영양소를 풍부하게 함유하고 있고, 소화가 잘되는 장점을 가지고 있다. 시리얼은 차갑게 먹는 시리얼과 뜨겁게 먹는 시리얼로 나눌 수 있다.

(1) 곡물(Cereal)

① 더운 시리얼(Hot cereal)

오트밀(Oatmeal), 크림 휘트(Cream wheat), 휘트 밀(wheat meal) 등을 물이나, 스톡, 우유 에 죽처럼 묽게 끓여서 제공한다. 기호에 따라 따뜻하게 데운 우유와 설탕을 곁들여 제공한다.

② 차가운 시리얼(Cold cereal)

대부분이 가공식품으로 가열하지 않고 바로 개봉해서 먹을 수 있으며, 건조 시리얼(Dry cereal)인 콘 후레이크(Corn flakes), 라이스 크리스피(Rice crispies), 알몬드 후레이크(Almond flakes), 현미 후레이크 등 많은 종류가 있으며 장기보관이 용이하고, 찬 우유나 주스와 함께 제공되며, 얇게 썬 생과일이나 견과류 등을 곁들여 먹기도 한다. 버처 무슬리(Bircher muesli)라는 음식은 오트밀(Oatmeal)에 찬 우유, 요거트(Yoghurt), 과일, 채소, 당류를 넣어 섞어 조리 한 후 냉장고에서 하루 재워 차게 먹는다.

Fried Egg 프라이드 에그

1. 달걀 두 알을 노른자가 깨지지 않게 조심스레 준비한다.
2. 가니쉬 채소를 준비한다.
3. 감자는 튀겨놓고 베이컨은 구워 놓는다.
4. 프라이팬에 기름을 두르고 달걀을 앞뒤가 고루 익게 조리한다.
5. 접시에 가니쉬와 달걀을 담는다.

INGREDIENTS	W/MEASURES		
토마토(Tomato)	1ea	오이(Cucumber)	10g
양상추(Head Lettuce)	1leaf	라운드감자(Round Potato)	10g
베이컨(Bacon)	1piece	식용유(Salad Oil)	5mL
달걀(Egg)	2ea		

★ Fried Egg 는 노른자의 익은 정도에 따라 over easy,over Medicm,oven Hard로 나뉘어진다.

Sunny Side Up 써니 사이드 업

1. 달걀 두 알을 노른자가 깨지지 않게 조심스레 준비한다.
2. 가니쉬 채소를 준비한다.
3. 감자는 튀겨놓고 베이컨은 구워 놓는다.
4. 프라이팬에 기름을 두르고 달걀을 조리한다.
5. 접시에 가니쉬와 달걀을 담는다.

INGREDIENTS	W/MEASURES		
토마토(Tomato)	1ea	오이(Cucumber)	10g
감자(Round Potato)	10g	베이컨(Bacon)	1piece
식용유(Salad Oil)	5g	양상추(Head Lettuce)	1leaf
달걀(Egg)	2ea		

★ Sunny Side Up은 조리되어 나온 달걀모양이 마치 일출, 일몰 같이 보인다 하여 붙여진 이름이다.

Scramble Egg 스크램블 에그

1. 달걀 2개를 크림을 첨가하여 휘저어서 채에 거른다.
2. 채소를 준비한다.
3. 식빵을 0.5×5×8cm로 자른 후 정제버터를 발라 오븐에 구워 멜바토스트를 만든다.
4. 팬에 오일을 두르고 스크램블에그를 만든다.
5. 접시에 가니쉬를 담고 멜바토스트 위에 스크램블에그를 담아 서브한다.

INGREDIENTS	W/MEASURES
토마토(Tomato)	1ea
오이(Cucumber)	10g
양상추(Head Lettuce)	1leaf
감자(Round Potato)	10g
베이컨(Bacon)	1piece
식용유(Salad Oil)	5g
멜바 토스트(Melba Toast)	2pieces
생크림(Fresh Cream)	5mL
달걀(Egg)	2ea

Poached Egg 포치드 에그

1. 냄비에 물과 식초를 넣어 끓여준다.
2. 식초물이 끓으면 불을 낮춰 기포가 조금씩 올라올때 달걀을 노른자가 터지지 않게 물 가까이 넣어준다.
3. 고객이 주문한 시간대로 조리하여 식초물에서 꺼내어 물기를 제거한다.
4. 3의 달걀을 맬바토스트 위에 얹어 준다.
5. 접시에 중앙에 포치드 에그를 놓고 소시지와 햄 베이컨을 곁들여 준다.

INGREDIENTS	W/MEASURES
달걀(Egg)	2ea
물(Water)	1000mL
식초(Vinegar)	45mL
조찬 소시지(Breakfast Sausage)	1ea
베이컨(Bacon)	1piece
햄슬라이스(Ham Slice)	1piece
멜바토스트(Melba Toast)	2pieces

포치드 에그 조리시간

1. 소프트 포치드 에그 (Soft Poached Egg) : 1분 ~ 2분
2. 미디움 포치드 에그 (Medium Poached Egg) : 3분 ~ 4분
3. 하드 포치드 에그 (Hard Poached Egg) : 5분 ~ 6분

포치드 에그 요리시 주의사항

액체에 너무 많은 식초를 첨가하면 달걀은 딱딱하게 되어 맛에 영향을 미치게 된다.

그리고 너무 낮은 온도에서 달걀을 익히면 너무 부드러워 쉽게 형태를 잃을 수 있다.

★ 포치드 에그는 식초물에 달걀을 넣어 익힌 것으로 아침식단으로 상당히 인기가 있고 푸로렌틴 달걀, 소금에 절인 해시 에그배네딕트 등과 같은 요리에 사용된다.

Boiled Egg 보일드 애그

1. 냄비에 물과 식초, 소금을 넣어 끓여준다.
2. 식초물이 끓으면 불을 낮춰 기포가 조금씩 올라올때 달걀을 터지지 않게 물 가까이 넣어준다.
3. 고객이 주문한 시간대로 조리하여 식초물에서 꺼내어 물기를 제거한다.
4. 3의 달걀을 에그컵 위에 얹어 준다.
5. 접시에 중앙에 보일드 에그를 놓고 소시지와 햄 베이컨을 곁들여 준다.

INGREDIENTS	W/MEASURES
달걀(Egg)	2ea
물(Water)	1000mL
식초(Vinegar)	15mL
조찬 소시지(Breakfast Sausage)	1ea
베이컨(Bacon)	1piece
햄 슬라이스(Ham Slice)	1piece
소금(Salt)	30g

보일드 에그 조리시간

1. 소프트 보일드 에그 (Soft Boiled Egg) : 3분 ~ 4분
2. 미디움 보일드 에그 (Medium Boiled Egg) : 5분 ~ 6분
3. 하드 보일드 에그 (Hard Boiled Egg) : 7분 ~ 10분

보일드 에그 요리시 주의사항

너무 높은 온도에서 요리할 경우에는 달걀은 딱딱하고 질기게 된다. 노란자 주위에 녹색 고리 모양이 형성되기도 한다. 그러나 너무 낮은 온도에서 요리하면 달걀은 설익게 된다. 매우 신선한 달걀은 껍질 벗기기가 어렵다. 삶기용으로 적당한 달걀은 약 1주일 정도된 것이다.

Plain Omelet 플레인 오믈렛

1. 달걀 3개를 크림을 넣고 휘저어서 채에 걸러 낸다.
2. 새싹모둠채소를 다듬어 놓는다.
3. 햄을 구워놓는다.
4. 팬에 버터를 두르고 1을 넣어 오믈렛을 말아준다.
5. 접시에 가니쉬를 놓고 오믈렛을 담는다.

INGREDIENTS	W/MEASURES
달걀(Egg)	3ea
생크림(Fresh Cream)	5mL
소금(Salt)	pinch
버터(Butter)	some
햄(Ham)	2pieces
어린잎(Baby Sprouts)	some

★ 오믈렛은 충진하는 내용물에 따라 오믈렛 이름이 달라진다.

Pancake 팬케이크

1. 위 재료들을 잘 혼합한다.
2. 팬이나 그릴을 가열한 후 약한 온도에서 서서히 굽는다.
3. 메이플 시럽 또는 버터를 곁들여 낸다.
4. 가니쉬는 계절 과일로 선택하여 몇 조각 곁들여 낸다.

INGREDIENTS	W/MEASURES
설탕(sugar)	70g
달걀(Egg)	3ea
달걀노른자(Egg york)	1ea
버터(Butter)	10g
우유(Milk)	10mL
이스트(Yeast)	5g
소금(salt)	pinch

Waffle 와플

1. 달걀을 흰자, 노른자 분리하여 흰자와 흰설탕을 섞어 쳐올려 머랭을 만든다.
2. 밀가루, 우유, 노른자, 소금, 바닐라 에센스를 모두 합쳐 골고루 섞는다.
3. 혼합한 위 재료들에 버터 녹인 것을 넣어 다시 한번 잘 혼합한다.
4. 와플 기계를 코팅한 다음 혼합한 재료를 넣고 서서히 굽는다.
5. 메이플 시럽 또는 버터를 곁들여 낸다.
6. 가니쉬는 계절 과일로 선택하여 몇 조각 곁들여 낸다.

INGREDIENTS	W/MEASURES
설탕(Sugar)	18g
달걀(Egg)	1ea
달걀노른자(Egg York)	1ea
버터(Butter)	80g
우유(Milk)	70mL
바닐라 에센스(Vanilla Essence)	5g
소금(Salt)	pinch

Bircher Muesli 비르쉐 무슬리

1. 오트밀을 용기에 넣은 다음 우유에 섞어서 10분 정도 불린다.
2. 과일은 파리지앤이나 마세두안의 크기로 자른다.
3. 헤즐넛과 호두는 건포도 크기로 자른다.
4. 전 재료를 모두 넣고 섞은 다음 휘핑크림은 나중에 넣어 살짝 저어준다.
5. 그릇에 담은 다음 차게 해서 제공한다.

INGREDIENTS	W/MEASURES
오트밀(Oat)	30g
설탕(Sugar)	40g
건파인애플(Dry Pineapple)	20g
건포도(Raisins)	20g
호두(Walnut)	10g
휘핑크림(Whipping Cream)	10mL
사과(Apple)	25g
우유(Milk)	20mL
건살구(Dry Apricot)	20g
해즐넛(Hazel Nut)	50g
꿀(Honey)	100g
호박씨(Pumpkin Seeds)	10g
해바라기씨(Sunflower Seeds)	10g

★ 비르쉐 무슬리는 스위스의 아침 식사로 곡물과 신선한 과일, 견과류, 요구르트 등을 넣어서 만든 차가운 시리얼 요리이다.

★ 더운씨리얼로 반드시 찬물로 끓인 후 더운 우류를 함께 제공한다.

Oatmeal 오트밀

1. 우유와 물을 냄비에 끓인 다음 오트밀을 넣고 저으면서 5분 정도 끓인다.
2. 끓으면 우유로 농도를 조절한 다음 소금으로 간을 맞춘다.
3. 그릇에 담아 따뜻하게 제공한다.

INGREDIENTS	W/MEASURES
건 오트밀(Dry Oatmeal)	50g
물(Water)	100mL
우유(Milk)	50mL
소금(Salt)	2g

11. 디저트(Dessert)

디저트의 역사는 선사시대에부터 시작되었다. 야생꿀, 자연 과일 같은 천연 재료를 이용한 단맛 나는 음식이었을 것으로 추정된다. 그 후, 19세기를 넘기면서 러시아식 서비스기법이 도입되면서 전 유럽으로 확산되었고, 과학적인 연구 끝에 오늘날의 식사의 마지막 코스로 자리 잡게 되었다. 디저트는 식사의 끝 순서로 시각적으로 화려하여야 하며 뒷맛이 깔끔하여야 한다. 너무 기름지거나 달지 않아야 하며 접시와 소스, 주재료 등, 색의 조화가 아름다운 것이 좋고, 보통 디저트는 단맛(Sweet), 풍미(Savour), 과일(Fruit)의 세 가지 요소가 모두 포함되어야 한다. 또한 디저트는 식사가 끝나고 식욕도 충족된 상태에서 마지막으로 식사의 끝맺음을 우아하고 향기롭고 눈으로 즐거움을 안겨주는 의미도 포함하고 있다. Hot, Cold, Frozen dessert로 나누어지며 과일, 커피나 차를 제공하기로 한다.

11-1. 종 류

① 더운 디저트(Hot dessert) : 수플레(Souffle), 푸딩(Pudding), 사바린(Savarin), 크레페(Crepes), 후로터(Frotters)

② 차거운 디저트(Cold dessert) : 푸딩(Pudding), 무스(Mousse), 젤리(Jelley), 바바로와(Bavaroise), 타르트(Tart), 파르페(Parfait)

③ 냉동 디저트(Frozen dessert) : 아이스크림(Ice cream), 샤벳(Sherbets), 슈플레(Souffle), 파르페(Parfait)

11-2. 소스

1) Hard sauce

버터크림에 슈가 파우더를 섞어 만든 것으로 반드시 더운 케이크 위에 올려서 녹아내리게 한다.

2) Cream sauce

우유, 달걀, 설탕, 물, 달걀 노른자 그리고 양주와 향신료들을 섞어서 만든 부드러운 크림이다.

3) Fruit sauce

액즙에 많은 과일을 사용하며 과일이 없을 경우 과일 주스를 사용하기도 하며 양주와 녹말가루를 사용하여 농도를 맞춰 준다. 과일즙의 단맛, 신맛, 색감을 살려 시각적이고 미각적인 효과를 추구하여 새로운 맛을 창조해야 한다.

Cream Brulee 크림 브륄레

1. 바닥이 두꺼운 냄비에 생크림과 바닐라 빈스를 넣고 거의 끓을 정도까지 열을 가한다.
2. 불에서 내려 약 30분 정도 둔 다음에 바닐라 빈스를 꺼낸다.
3. 볼에 달걀 노른자와 설탕을 담고 크림 상태까지 젓는다. 여기에 크림을 넣어가며 계속해서 거품기로 저어 완전히 섞이면 다시 깨끗한 냄비에 옮긴 다음, 불에 올려 은근한 불에서 농도가 발생할 때까지 조리한다(절대 끓지 않도록 불조절을 한다.).
4. 용량이 170mL 정도되는 사기로 된 푸딩 몰드 6개에 나누어 담고, 랩으로 덮은 후, 냉장고에서 약 3시간 이상 둔다.
5. 서빙하기 위해 미리 살라만더(Salamander, 철판)에 예열시켜 놓고 몰드를 팬에 일정하게 놓는다.
6. 몰드 위로 설탕을 약 3mm두께로 일정하게 뿌리고 살라만더에서 표면이 짙은 갈색이 나도록 구워서 서빙한다.
7. 살라만더가 없다면 가스 토치를 이용하여 곧바로 불을 가하여 캐러멜화 시키면 된다(설탕을 너무 많이 넣지 않도록 한다. 너무 두꺼우면 스푼으로 캐러멜을 깨기 힘들고 입을 다칠 우려가 있다.).
8. 이렇게 만들어 두었다가 서빙 할 수도 있지만, 너무 장시간 두면 캐러멜이 녹고 질감도 떨어진다.
9. 가니쉬로는 딸기나 각종 베리 등 모두 사용이 가능하다.

INGREDIENTS	W/MEASURES
6인 기준	
생크림(Fresh Cream)	750mL
바닐라 빈스(Banila Beans)	2ea
달걀노른자(Egg Yolk)	8ea
설탕(Sugar)	125g
가니쉬용 설탕(Sugar)	20g

Frut Covered with Meringue 과일 머랭 구이

1. 오븐을 200℃로 예열시켜 둔다.
2. 복숭아를 절반으로 잘라 씨를 뺀다. 씨를 뺀 복숭아를 씨방 부분이 바닥으로 가도록 접시에 놓고 그 위로 물을 붓고 바로 차가운 물을 부어 식힌 다음, 즉시 물기를 빼고 껍질을 벗긴다.
3. 복숭아를 부채모양으로 썰어 5개 준비한다.
4. 타르트 반죽을 만들어 굽는다.
5. 깨끗한 볼에 달걀 흰자와 설탕을 사용하여 머랭을 만든다.
6. 구운 타르트에 부채모양으로 썬 복숭아를 얹어준다.
7. 머랭을 복숭아 주위로 공백이 없도록 씌우고 그 위에 황설탕을 뿌린다.
8. 오븐에서 머랭의 색이 황금색이 날 때까지 약 15~20분 정도 굽는다.
9. 크림 또는 아이스크림과 함께 서빙한다.

INGREDIENTS	W/MEASURES
4인기준	
복숭아(잘 익은 것)(Peach)	4ea
마지팬(Marzipan)	40g
달걀흰자	3ea
설탕(Sugar)	160g
황설탕(입자 굵은 것)(Yellow Sugar)	10g

★ 마지팬(Marzipan)은 아몬드와 설탕을 분쇄하여 혼합 후 끈적한 반죽으로 만들어 얇게 밀어 케이크 위에 장식으로 많이 사용한다.

Baked Alaska Vanilla Ice Cream 알라스카 바닐라 아이스크림

1. 2L용량의 푸딩 몰드에 천의 적셔서 바닥에 깔아 둔다. 아이스크림을 녹지 않았지만 섞을 수 있을 정도의 부드러운 상태로 만든 다음, 과일 제리와 그랑마니어 및 오렌지 제스트를 섞어서 몰드에 2/3 정도 채운 다음, 냉동고에 넣는다.
2. 나머지 아이스크림에 아몬드와 초콜릿을 섞어서 냉동고에 보관하고 있는 몰드에 나머지 1/3을 채운 다음, 표면에 매끄럽게 처리하고 그 위에 스펀지 케이크를 올린 후에 쿠킹 호일로 덮고 냉동고에서 최소 4시간 정도 냉동시킨다.
3. 오븐을 250℃로 예열시켜 놓고, 볼에 달걀 흰자를 휘핑하여 2단계 정도가 되면 설탕을 첨가하여 머랭을 만든다.
4. 냉동고에서 아이스크림을 꺼내 몰드에서 빼내 천을 제거하고, 오븐용 접시에 담은 후 재빨리 머랭을 아이스크림 위에 씌운다. 곧바로 오븐에 넣어 30초~1분 가량 머랭이 황금색이 나도록 구워낸다.
5. 여덟 조각으로 썰어서 곧바로 한꺼번에 서빙한다.

※ 작은 크기로 8개를 만들어 냉동시킨 다음, 머랭을 올려서 토치 램프로 색을 낼 수도 있다.

INGREDIENTS	W/MEASURES
8인기준	
바닐라 아이스크림(Vanilla Ice-Cream)	2L
과일 제리(다진 것)(Fruit Jelly)	250g
그랑마니어(Grand Marnier)	125mL
오렌지 제스트(다진 것)(Orange Zest)	10g
구운 아몬드(다진 것)(Amond)	60g
갈색 초콜릿(다진 것)(Brown Chocolate)	60g
스펀지 케이크(두께 3Cm)(Sponge Cake)	1ea
달걀흰자(Egg White)	3ea
설탕(Sugar)	185g

Ricotto Crepes with Orange Sauce 리코타 크레페와 오렌지 소스

1. 밀가루는 채에 내려 소금과 함께 볼에 담아 두고, 달걀은 노른자와 흰자가 섞이도록 잘 저어 둔다.
2. 거품기로 잘 저어 가며 달걀과 우유를 넣어 덩어리가 없도록 반죽을 만든 다음 랩을 씌어 따뜻한 곳에서 약 30분 정도 숙성시킨다.
3. 크레페 팬에 버터를 살짝 발라서 닦아 낸 다음 열을 가한다. 반죽을 붓고 프라이팬을 돌려서 반죽이 바닥에 일정한 두께로 묻으면 나머지 반죽은 반죽통에 다시 붓는다. 크레페의 처음 구운 면이 갈색이 나도록 1~2분 정도 굽고 뒤집어서 30초 정도 구워서 팬에 담는다. 이러한 과정을 반복하여 여러 개의 크레페를 만든다. 크레페가 서로 달라붙지 않도록 사이사이에 유산지를 놓고 올린다.
4. 오븐을 160℃로 예열시켜 둔다.
5. 볼에 오렌제 주스와 건포도를 넣고 뚜껑을 닫아 약 15분 정도 건포도가 오렌지주스 속에서 충분히 불어나도록 한다. 시간이 지나면 건포도를 걸러내고 오렌지 주스를 따로 보관한다.
6. 리코타 치즈와 제스트, 바닐라 에센스, 불린 건포도를 서로 섞은 다음, 준비한 크레페에 속을 채우고 4겹으로 접는다. 속을 채운 크레페를 오븐용 접시에 담고 오븐에서 10분 정도 굽는다.
7. 오렌지 소스를 만들기 위해 팬에 버터, 설탕과 5의 오렌지 주스를 넣고 낮은 불에서 은근하게 설탕을 녹인 다음, 설탕이 녹은 후 10분 정도 더 끓여서 농도가 나도록 한다.
8. 오렌지 섹션을 넣고 불에서 내려 5분 정도 식힌 다음, 크레페에 뿌려 곧 바로 서빙한다.

INGREDIENTS	W/MEASURES
4인 기준	
밀가루(중력분)(Flour)	85g
소금(Salt)	1g
달걀(Egg)	1ea
우유(Milk)	350g
노란건포도(Dry Grape)	30g
오렌지 주스(Orange Juice)	250mL
리코타 치즈(Ricotta Cheese)	200g
오렌지 제스트(다진 것)(Orange Zest)	5g
바닐라에센스(Vanilla Essence)	2mL

Coffee Bavarois 커피 바바로아

1. 믹싱볼에 설탕과 난황을 넣고 거품기를 이용하여 중탕으로 크림화시킨다.
2. 휘핑크림을 거품기로 70% 거품을 낸후, 1에 섞는다.
3. 2에 커피원액을 넣는다.
4. 전처리한 젤라틴을 중탕으로 녹인 후 3에 넣는다.
5. 그랑마니엘을 첨가한다.
6. 성형틀에 채운후 냉동실에서 한시간 이상 굳힌 후 접시에 담아 코코아 파우더를 뿌린다.
7. 과일을 가니쉬 하고 소스를 뿌린다.

INGREDIENTS	W/MEASURES
4인 기준	
버터(Butter)	25g
밀가루(Flour)	25g
우유(Milk)	125g
달걀 노른자(Egg Yolk)	2ea
그랑마니에(Grandmanire)	dash
달걀 흰자(Egg White)	2ea
설탕(Sugar)	25g
커피원액(Coffee)	30mL
젤라틴(Gelatine)	15g
생크림(Fresh Cream)	80mL
코코아파우더(Cocoa Powder)	5g
다크초콜릿(Dark Chocolate)	30g

Fruits Tart 과일 타르트

1. 밀가루를 채에 내려 볼에 담고 설탕과 섞는다. 버터를 넣고 손가락으로 비벼서 빵가루처럼 만든다. 가운데에 웅덩이를 만들고 달걀 노른자와 물을 넣어 반죽을 만든다.
2. 작업대에 반죽을 길이 10cm 넓이 5cm크기로 밀어서 세로로 홈이 있는 타트 몰드에 얹고 공간이 없도록 눌러서 타트 몰드에 알맞게 맞춘다. 이 반죽 덩어리를 조금 떼어서 사용하면 좋다. 완전히 맞추고 나서, 몰드 밖으로 남은 반죽은 잘 잘라낸다. 냉장고에 넣고 약 20분 정도 휴지시간을 갖는다. 이 오븐은 190℃로 예열한다.
3. 냉장고에 보관했던 타트 반죽을 꺼내서 그 위에 유산지를 깔고 쌀이나 베이킹 콩을 가득 올려 오븐에서 약 15분 정도 굽고 난 뒤, 쌀과 유산지를 제거하고 크러스트가 엷은 갈색이 되도록 다시 20분 정도 더 구워 낸 다음, 상온에서 식힌다.
4. 내용물을 만들기 위해서 냄비에 우유를 담고 열을 가해 끓기 시작하면 곧바로 불에서 내려놓는다. 불에 달걀노른자와 설탕을 섞고 거품기로 크림 상태가 되도록 젓다가 밀가루를 넣고 묽은 반죽이 되도록 한다. 여기에 뜨거운 우유를 거품기로 저어가며 천천히 혼합한다.
5. 깨끗한 냄비에 우유혼합물을 넣고 중불에 올리고 거품기로 천천히 저어가며 끓기 시작하면 2분 정도 더 끓인 다음 볼에 옮긴다.
6. 우유 혼합물에 바닐라 에센스를 넣고 상온에서 가끔씩 저어가며 식힌다. 완전히 식으면 랩을 씌우고 냉장고에서 차가워 질 때까지 둔다.
7. 딸기와 포도, 키위를 작고 예쁜 크기로 다듬어 둔다. 준비된 크러스트에, 냉장고에 보관한 우유 혼합물을 스푼으로 떠서 일정한 두께로 담고 그 위에 과일을 예쁜 모양으로 가지런히 놓는다.
8. 살구잼을 작은 냄비에 담고 끓기 시작하면 거품을 떠내고 붓으로 과일타르트 표면에 얇게 바른다.
9. 일정한 크기로 잘라서 서빙한다.

내용물

우유 250mL, 달걀노른자 3ea, 백설탕 60g, 밀가루(중력분) 30g

바닐라에센스 5mL, 딸기, 사과, 라즈베리 각 30g, 살구잼 100g

INGREDIENTS	W/MEASURES
크러스트 반죽 (6인 기준)	
밀가루(중력분)(Flour)	155g
설탕(Sugar)	30g
무염버터(냉장시켜 잘게 썬 것)(Butter)	90g
달걀노른자(Egg Yolk)	1ea
냉수(Cold Water)	15mL

Caramel Pudding with Orange Sauce 캐러멜 푸딩과 오렌지 소스

1. 달걀 1개를 깨서 흰자의 알끈을 포함한 20%는 걷어내고 정량의 설탕과 혼합하며 거품기로 섞는다.
2. 정량의 우유를 60℃로 데워 달걀에 서서히 부으며 고루 섞는다.
3. 혼합액이 만들어지면 고운 채에 걸러서 반죽의 입자를 균일하게 만든다.
4. 냄비에 분량의 물과 설탕을 넣고 가열하여 갈색이 나기 시작하면 고루저어 캐러멜을 만든 후 굳기 전에 떠서 푸딩컵 바닥에 2mm정도의 두께로 덮히도록 부어 준다.
5. 준비된 푸딩컵에 커스타드 반죽을 80%정도 부어준 후 이중탕 냄비에 컵높이의 2/3정도 찬물을 붓고 350℉로 예열된 오븐에서 35분정도 구워낸다.
6. 오렌지를 깨끗이 씻어 물기를 닦은 후 껍질은 얇게 떠 가늘게 채로 썰어 놓고 나머지는 주스를 짜서 분량의 설탕과 섞어 끓인 후 고운 채에 거른다.
7. 거른 주스에 술, 레몬주스, 오렌지 채를 넣고 걸쭉하게 끓여 준다.
8. 익은 푸딩을 찬물에서 중탕으로 식혀 분리한 후 엎어서 내용물을 꺼낸다.
9. 푸딩을 접시 중앙에 놓고 주위를 오렌지 소스로 장식하고 장식하여 완성한다.

INGREDIENTS	W/MEASURES
달걀(Egg)	1ea
설탕(Sugar)	80g
우유(Milk)	100mL
오렌지(Orange)	1ea
럼(Rum)	10mL
레몬(Lemon)	1/4ea
녹말가루(Starch)	5g

Banana Croguette with Caramel Sauce

바나나 크로켓과 캐러멜 소스

1. 바나나는 껍질을 벗겨 으깬 후 분량의 버터 소금을 넣고 볶아서 되직하게 만든 후 굵은 채에 내려서 식힌다.
2. 소스팬에 설탕을 조금씩 넣으며 캐러멜화 시킨 후 분량의 우유와 생크림을 넣고 조려서 캐러멜 소스를 만든다.
3. 준비된 내용물을 2장의 필로우 도우(Fillou Dough)에 길이 5cm 지름 1cm 두께로 놓고 정제버터를 바르며 동그랗게 말아 준비한다.
4. 팬을 중불로 데워서 준비된 크로켓(Croquette)를 굴려가며 표면을 고루 익힌다.
5. 4를 종이 타올 위에 올려 기름기를 제거한 후 접시에 담는다.
6. 캐러멜소스를 보기 좋게 치고 애플 민트로 장식하여 완성한다.

INGREDIENTS	W/MEASURES
얇은 밀반죽	2pieces
바나나(Banana)	2ea
브랜디(Brandy)	20mL
민트(Mint)	2g
설탕(Sugar)	20g
버터(Butter)	20g
소금(Salt)	5g
우유(Milk)	30mL
생크림(Fresh Cream)	20mL

Vanilla Souffle 바닐라 수플레

1. 팬에 분량의 버터를 녹인 후 동중량의 밀가루를 채에 내려 넣고 약불에서 충분히 볶아 준 후 우유를 넣고 바닥에 눌지않게 긁어주며 호화시킨다.
2. 1을 불에서 내려 차갑게 반죽을 식힌 후 분량의 바닐라와 노른자를 넣고 잘 섞어준다.
3. 설탕과 달걀 흰자를 머랭하여 2에 부드럽게 섞어준다.
4. 수플레컵 안쪽에 얇게 버터를 바르고 설탕을 묻힌 후 털어 낸다.
5. 준비된 반죽을 컵에 80%정도 넣은 후 꼬지로 찔러 거품을 제거한다.
6. 채워진 컵을 중탕할 수 있는 용기에 담고 찬물을 컵의 1/2정도 채운 후 350°F Oven에서 약 25분 정도 굽는다.
7. 적당히 구운 수플레를 오븐에서 꺼내사 표면에 슈가파우더를 채를 이용하여 뿌린 후 접시에 담고 소스와 장식을 예쁘게 처리하여 완성한다.

INGREDIENTS	W/MEASURES
달걀(Egg)	1ea
설탕(Suger)	40g
체리(Cherry)	1ea
초코릿(Chocolate)	40g
밀가루(Flour)	10g
바닐라 에센스(Vanilla Essence)	5g
버터(Butter)	20g
우유(Milk)	100mL
슈거파우더(Sugar Powder)	10g

Sweet Potato Mousse 캐러멜 소스로 맛을 낸 고구마무스와 바나나 베그넷

Sweet Potato Mousse

1. 삶은 고구마를 으깨어 채에 내린 후 설탕과 술을 넣고 부드럽게 저어준다.
2. 살균한 생크림을 휘핑하여 1에 넣고 가볍게 믹싱한다.
3. 2를 두께 3mm로 얇게 밀어 준비한다.
4. 휘핑크림을 차게 Whipping 한 후 Sugar Powder를 넣어 생크림을 만든다.
5. 3을 사각 틀로 자른 후 생크림을 이용하여 요구하는 형태로 만든다.

INGREDIENTS	W/MEASURES				
고구마(Sweet Potato)	150g	생크림(Fresh Cream)	30mL	설탕(Sugar)	40g
그랑마니에(Grand Manier)	5mL	휘핑크림(Whipping Cream)	40mL		

Banana Beignet

1. 분량의 노른자와 우유를 고루 섞는다.
2. 1에 채에 친 밀가루를 넣고 최소한으로 섞으며 저어준다.
3. 2에 흰자거품을 조심스럽게 섞어 튀김 옷을 만든다.
4. 바나나를 요구하는 크기로 썰어 반죽을 묻혀 중불에서 튀겨 낸다.

INGREDIENTS	W/MEASURES				
밀가루(Flour)	50g	우유(Milk)	30mL	달걀노른자(Egg Yolk)	1ea
바나나(Banana)	1ea	달걀흰자(Egg White)	1ea	식용유(Salad Oil)	50mL

Caramel Sauce

1. 분량의 우유와 생크림을 넣고 1/2로 조린다.
2. 소스팬에 분량의 설탕과 물을 3:1의 비율로 넣고 약한불에 천천히 끓여 캐러멜색이 나면 내린다.
3. 1을 2에 조금씩 넣으면서 잘 저어준다.

우유 20mL, 생크림 30mL, 설탕 60g

Crepes Suzette 크렙 슈제트

1. 분량의 달걀과 설탕, 소금을 넣고 잘 섞은 후 우유를 조금씩 넣으면서 잘 풀어준다.
2. 1을 채에 걸러서 채에 내린 분량의 밀가루를 고루 섞고 약간의 정제 버터를 섞어 반죽을 만들어 휴지시킨다.
3. 팬에 정제버터를 약간 바른 후 연한 갈색으로 요구하는 크기로 크랩을 부친다.
4. 오렌지는 껍질을 벗겨 흰 부분은 제거하고 줄리엔(Julienne : 2mm×2mm×4cm)으로 썰어 끓는 물에 데쳐서 시럽를 넣고 조려 놓는다. 나머지 껍질은 다져 놓는다.
5. 여분의 오렌지는 즙을 짜서 조려 놓는다.
6. 팬에 버터를 녹이고 분량의 설탕을 넣고 연갈색으로 조려준 후, 조린 오렌지 주스, 래몬즙과 오렌지제스트를 넣고 소스를 만든다.
7. 소스에 만들어진 크렙을 넣고 그랑마니에로 플람베한 후 접시에 담는다.

INGREDIENTS	W/MEASURES
밀가루(Flour)	45g
우유(Milk)	150mL
설탕(Sugar)	15g
슈가파우더(Sugar Powder)	40g
오렌지(Orange)	1ea
레몬(Lemon)	1/2ea
그랑마니에(Grand Manier)	30mL
달걀(Egg)	1ea
버터(Butter)	70g
소금(Salt)	5g

Orange Mousse with Anglaise Sauce 앙글레이즈 소스와 오렌지 무스

Orange Mousse 오렌지 무스

1. 오렌지는 즙을 짜고 건더기는 곱게 다져 채에 내려 퓌레를 만든다.
2. 1에 레몬 주스와 녹인 젤라틴을 투입하여 잘 섞는다.
3. 달걀 흰자와 설탕을 이용하여 젤라틴을 투입하여 잘 섞는다.
4. 휘핑된 생크림을 3에 섞어준다.
5. 요구하는 틀에 부어 냉장고에 넣어 두거나, 찬물에 중탕해서 굳힌다.
6. 모울드를 충분히 굳혀준 후 체온으로 모울드 주위를 살짝 녹여 빼낸다.
7. 완성된 무스를 접시에 담고 장식을 정갈하게 담고 소스를 예술성 있게 쳐서 완성한다.

INGREDIENTS	W/MEASURES				
우유(Milk)	60mL	백설탕(Sugar)	20g	달걀노른자(Egg Yolk)	1ea
바닐라시럽(Vanilla Syrup)	3mL	럼(Rum)	10mL	생크림(Fresh Cream)	40mL

Anglaise Sauce 앙글레즈 소스

1. 분량의 설탕과 노른자를 섞고 여기에 바닐라시럽을 섞는다.
2. 1에 90℃로 데운 우유를 서서히 충분히 섞는다.
3. 2를 80℃까지 가열하여 식힌 후 충분히 섞는다.
4. 3에 생크림을 휘핑하여 혼합해서 소스를 마무리한다.

INGREDIENTS	W/MEASURES				
레몬(Lemon)	1/2ea	젤라틴(Gelatin)	10g	오렌지(Orange)	1ea
달걀(Egg)	1ea	백설탕(Sugar)	20g	생크림(Fresh Cream)	40mL

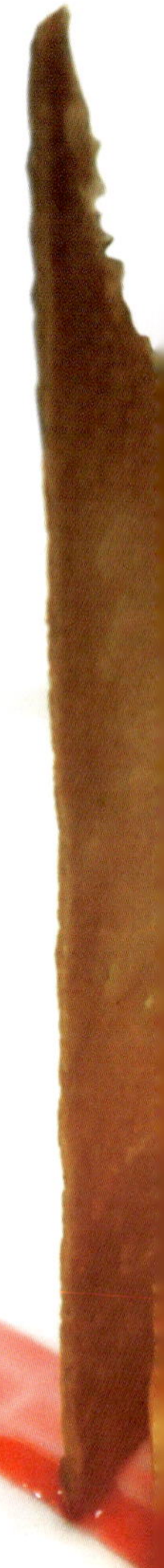

Blueberry Mousse with Green Tea Touille

녹차 튤일렛 곁들인 블루베리무스

Orange Mousse

1. 젤라틴은 찬물에 불려 놓고, 물, 블루베리즙, 설탕을 섞어 블루베리시럽을 만든다.
2. 레몬 껍질을 얇게 벗겨 칼로 다져 놓는다.
3. 달걀을 둥근볼에 담아 설탕을 넣고 휘퍼로 잘저어 알글레이즈 소스상태로 만든다.
4. 3에 레몬 다진 것과 와인을 붓고 잘 저어준 후 끓인 블루베리시럽을 조금씩 부어가며 잘 저어준다.
5. 4를 채에 한번 거른 후 불에 올려 걸쭉하게 될 때까지 저어주면서 끓여주고 얼음물에 중탕으로 완전히 식힌다.
6. 5에 녹인 젤라틴을 넣어 빨리 섞고 1/3정도의 휘핑한 크림을 넣고 고루 섞은 다음 2/3의 휘핑 크림을 넣고 완전히 섞이도록 잘 저어준다.
7. 질 섞은 블루베리무스를 형틀에 넣고 얼음물이나 냉장고에서 식힌다.
8. 블루베리즙과 설탕을 넣고 끓인 후 채에 걸러서 그랑마니에와 레몬주스를 끓이다가 전분을 이용해서 농도를 맞춘다.
9. 블루베리무스를 몰드에서 빼내서 접시에 담고 주위를 생블루베리로 장식하고 소스를 곁들여서 완성한다.

INGREDIENTS	W/MEASURES
블루베리(Blue Berry)	30g
달걀(Egg)	1ea
젤라틴(Gelatin)	5g
설탕(Sugar)	45g
화이트와인(White Wine)	30mL
레몬(Lemon)	1/2ea
생블루베리(Fresh Blueberry)	3ea
전분(Starch)	7g
레몬주스(Lemon Juice)	1/2ea
휘핑크림(Whipping Cream)	80mL
그랑마니에(Grand Manier)	5mL
각 얼음(Ice)	1kg

Fresh fruits & Apple Sauce with Apple Sturedel

신선한 계절과일과 사과소스를 곁들인 애플 스트러들

1. 사과를 줄리엔(Julienne : 2mm×2mm×4cm)으로 얇게 썰어 준비한다.
2. 설탕, 레몬주스, 건포도, 계피가루를 1에 넣어 가볍게 골고루 버무린다.
3. 2를 센불에 팬에 볶아주어 여분의 수분을 제거한다.
4. 두께 0.5mm의 필로반죽에 사과충전을 넣어 말고 양쪽 끝을 단단히 여며 준다.
5. 표면에 노른자액을 칠하고 예열된 오븐 170℃에서 10~15분간 굽는다.
6. 요구사항대로 5를 등분하여 접시에 놓고 장식한 후 소스를 쳐서 완성한다.

INGREDIENTS	W/MEASURES
휠로 패스추리	1ea
사과(Apple)	1/2ea
계피(Cinnamon)	5g
설탕(Sugar)	20g
레몬주스(Lemon Juice)	10g
건포도(Dry Grapes)	10g
딸기(Strawberry)	1ea
오렌지(Orange)	1ea
키위(Kiwi)	1ea

Tiramisu 티라미수

사보이아르디

1. 믹싱볼에 달걀노른자와 설탕을 혼합한다. 이것을 거품기로 저어 거품을 낸다.
2. 다른 볼에 달걀흰자를 넣고 미지근한 상태에서 거품기로 거품을 충분히 낸다.
3. 엎어도 떨어지지 않을 정도의 기포가 생기면 점차적으로 설탕을 첨가하면서 부드러운 거품을 낸다.
4. 노른자 거품낸 곳에 전분과 박력분을 채에 쳐서 섞는다.
5. 이곳에 흰자 거품 낸 것을 모두 섞어 짤주머니에 넣고 오븐 팬에 손가락 모양으로 짜서 표면에 약간의 설탕을 뿌리고 200℃ 오븐에서 10~15분간 굽는다.

INGREDIENTS	W/MEASURES				
달걀노른자(Egg Yolk)	200g	설탕(Sugar)	150g	달걀흰자(Egg White)	300g
옥수수전분(Corn Starch)	50g	박력분(Soft Flour)	200g	설탕(뿌리는 용도)(Sugar)	some
코코아분(Cocoa Powder)	some	에스프레소 커피(Expresso Coffee)	200g		

기본 세미프레도

1. 냄비에 설탕을 붓고 물을 섞는다. 이것을 121℃까지 끓여 시럽을 완성한다.
2. 다른 믹싱볼에 달걀노른자를 넣고 거품기로 힘껏 거품을 낸다.
3. 거품낸 노른자 속에 끓여 놓은 시럽을 가장자리에서 가는 실처럼 천천히 부어가며 힘차게 저어준다.
4. 이렇게 완전히 혼합된 크림을 완성하여 식힌다.

INGREDIENTS	W/MEASURES		
설탕(Sugar)	70g	물(Water)	40mL
달걀노른자(Egg Yolk)	75g		

티라미수 크림

1. 믹싱볼에 기본 세피프레도 100g을 붓고 그곳에 마스카포네를 넣어 잘 혼합한다.
2. 녹인 젤라틴을 재빨리 섞은 후 휘핑한 생크림을 혼합하여 크림을 완성한다.

마스카포네 250g, 휘핑한 생크림 100g, 기본 세미프레도 100g, 판 젤라틴 2장

만들기

1. 1호짜리 양면이 뚫린 틀 바닥에 구워진 사보이아르디를 넣고 에스프레소가 과자에 충분히 흡수되도록 한 후 티라미수 크림을 절반 채운다.
2. 다시 사보이아르디를 에스프레소로 적시고 마지막에 크림을 완전히 틀에 채운다.
3. 이것을 냉장고에서 1시간 정도 굳힌 후 꺼내어 코코아 가루를 뿌리고 틀을 제거한다.

Ginger Mousse with Fresh Fruits 생강무스와 생과일

1. 젤라틴은 찬물에 불려 놓고 물, 생강즙, 설탕을 섞어 생강 시럽을 만든다.
2. 레몬제스트를 만들고 남은 부위를 반으로 잘라 주스를 짜 놓는다.
3. 달걀을 믹싱볼에 깨고 설탕을 넣고 휘핑기로 힘차게 저어 앙글레이즈 소스를 만든다.
4. 3에 생강시럽과 와인을 조금씩 부어가며 잘 저어준다.
5. 4를 채에 한번 걸른 후 불에 올려 걸쭉하게 될 때까지 저어주며 끓여 얼음물에 중탕으로 완전히 식힌다.
6. 5에 녹인 젤라틴을 넣어 빨리 섞어주고 휘핑크림을 나누어 골고루 잘 섞어준다.
7. 잘 섞은 무스를 운형 틀에 넣고 얼음물이나 냉장고에 식힌다.
8. 생강무스를 틀에서 빼어내 접시에 담고 과일을 곁들인다.

INGREDIENTS	W/MEASURES
생강(Ginger)	10g
달걀(Egg)	1ea
젤라틴(Gelatin)	5g
설탕(Sugar)	45g
화이트와인(White Wine)	30mL
레몬(Lemon)	1/2ea
망고(Mango)	1ea
딸기(Strawberry)	2ea
키위(Kiwi)	1ea
옥수수전분(Corn Starch)	5g
그랑마니에(Grand Manier)	5mL
휘핑크림(Whipping Cream)	60mL

Love is
Forever

Chocolate Mousse 초코릿 무스

1. 믹싱볼에 난황과 설탕을 넣고 중탕으로 거품기를 이용하여 크림화 시킨다.
2. 다크 초콜릿을 중탕(45℃)으로 녹인다.
3. 휘핑크림을 70% 정도 쳐올려2.의 초콜릿 녹인 것을 넣어주고 1.의 크림을 섞어준다.
4. 냉수에 불린 젤라틴을 중탕으로 녹인 후 3.에 혼합한다.
5. 럼주를 넣어 혼합하고 몰드에 담아 냉장고에서 굳힌다.

INGREDIENTS	W/MEASURES
다크 초콜릿(Dark Chocolate)	80g
난황(Egg Yolk)	1ea
젤라틴(Gelatine)	60g
설탕(Sugar)	25g
휘핑크림(Whipping Cream)	200mL
럼주(Rum)	5mL
피스타치(Pistachio)	5g

커피젤리

1. 물에 젤라틴을 녹인다.
2. 커피에 설탕을 섞어 끓인다.
3. 식힌 2.에 젤라틴 녹인 것을 넣어 섞는다.
4. 몰드에 담고 냉동고에 들어간다.

커피50mL, 설탕 10g, 젤라틴 5g, 물 30mL

Lemon Panacota and Coffee Jelly 레몬 파나코타와 커피젤리

1. 생크림에 설탕과 바닐라 빈을 넣고 약한 불에서 끓인다.
2. 냉수에 젤라틴을 불려 1.에 넣어준다.
3. 2에 버터, 레몬제스트, 레몬주스를 넣은 후 식힌 다음 오렌지 술을 넣는다.
4. 몰드에 커피젤리를 파나코타 양의 1/5 정도를 부어 굳힌 다음 파나코타를 부어 냉동고에서 굳힌다.
5. 뜨거운 천을 몰드에 감싸서 약간 파나코타를 녹인 후 빼내어 컵에 커피젤리가 위로 오게 놓고 딸기로 장식한다.

INGREDIENTS	W/MEASURES		
생크림(Fresh Cream)	200mL	레몬(Lemon)	1/2ea
설탕(Sugar)	40g	꽁뜨로(오렌지 술)(Contre)	10mL
버터(Butter)	15g	레몬제스트(Lemon Zest)	some
바닐라 빈(Vanilla Bean)	5g	딸기(Strawberry)	3ea

Pistachio Parfait 피스타치오 파르페

1. 피스타치오를 찬물에 불려 곱게 갈아, 설탕을 섞어 피스타치오시럽을 만들고 다진 것을 약간 남겨 놓는다.
2. 레몬 껍질을 얇게 벗겨 칼로 다져 놓는다.
3. 달걀을 둥근 믹싱볼에 담아 설탕을 넣고 중탕에 얹어 휘퍼로 잘 저어 앙글레이즈 소스상태로 만든다.
4. 3에 레몬 다진 것과 와인을 붓고 잘 저어준 후 끓인 피스타치오 시럽을 조금씩 부어가며 잘 저어준다.
5. 휘핑크림을 넣고 완전히 섞이도록 잘 저어준다.
7. 잘 섞은 피스타치오 무스를 큰 숟가락 2개를 이용하여 형틀에 넣고 얼음물이나 냉장고에서 굳힌다.
8. 피스타치오 무스를 몰드에서 빼내서 접시에 담고 주위를 으깬 피스타치오를 뿌려 주고 초코릿 막대로 장식하고 라스베리 소스를 곁들여서 완성한다.

INGREDIENTS	W/MEASURES
피스타치오(Pistachio)	50g
달걀노른자(Egg Yolk)	1ea
설탕(Sugar)	45g
화이트와인(White Wine)	30mL
레몬(Lemon)	1/2ea
레몬주스(Lemon Juice)	1/2ea
휘핑크림(Whipping Cream)	80mL
그랑마니에(Grand Manier)	5mL
라스베리(Rasberry)	30g
각 얼음(Ice)	1kg

★ 파르페는 응고제가 첨가되지 않는 냉 디저트이므로 아이스크림과 같이 얼려져 있는 상태에서 제공되어야 한다.

저자약력

김 경 환
동의과학대학교 식품영양조리학부 학부장
국가조리기능장

주 종 찬
경남대학교 외식프랜차이즈학과 교수
이학박사/국가조리기능장

김 종 성
군장대학교 호텔조리과 학과장
한국외식산업경영연구소 소장
전국 조리과 교수협의회 이사

이 강 춘
경남정보대학교 호텔외식조리계열 교수
동의대학교 호텔관광외식경영학과 박사
라쿠치나아카데미 원장

고 기 철
부산과학기술대학교 호텔조리학과 교수
동의대학교 호텔관광외식경영학과 박사
힐튼, 농심, 현대호텔 조리부장역임

손 선 익
동주대학교 호텔외식조리과 학과장
국가조리기능장

최 영 준
대구공업대학교 호텔외식조리계열 교수
국가조리기능장

참고자료

1. 김경환 외, 서양조리실무개론. 석학당(2007)
2. 김경환 외, 이론과 실습 서양조리학. 석학당(2009)
3. 김경환 외, 국가직무능력표준기반에 따른 실무지침서 고급서양조리. 석학당(2015)
3. 김현철 외, 호텔식 정통서양조리. 훈민사(2006)
5. 안토니오심 안토니오 세프의 파스타 대가(2010)
6. 안종철 · 염진철, 고급서양요리. 백산출판사(2004)
7. 최수근, 최수근의 서양요리. 형설출판사(1996)
8. 롯데호텔(부산) 직무교재
9. 서울프라자호텔 직무교재
10. 더 파티 뷔페 직무교재
11. 해오름 허브농장 자료제공
12. 캐나다우스톡출협회 자료제공
13. 뉴질랜드 식육공사 자료제공
14. ncs 학습모듈

고급서양조리

NCS The professional western cuisine

2020년 02월 28일 1판 1쇄 인쇄 / 2020년 03월 02일 1판 1쇄 발행
지은이. 김경환, 주종찬, 김종성, 이강춘, 고기철, 손선익, 최영준
펴낸이. 윤 용 호
펴낸곳. 석학당 출판사 121-856 서울시 마포구 토정로 222 한국출판콘텐츠센터 301호
등록. 2001.10.23. 제10-2238호 | 전화. 02)719-6116 | 팩스. 02)719-6120
홈페이지. www.shdbooks.co.kr | E-mail. shd6116@chol.com

ISBN 979-11-87621-39-3 가격 38,000원

Seok Hak Dang 석학당 www.shdbooks.co.kr